作者简介

耿宝强 山东邹平人，先后求学于古城曲阜和泉城济南，获学士硕士学位，滨州学院教学名师，主要从事中国现代文学史的教学与研究，兼及现代思想史、文学思潮史，出版专著《中国现代文人的唱和与辩驳》、《人生苦旅：中国现代文人的心路历程》，编著教材《中国现代新诗通识》，发表各类文章100余篇。

CHUANYUE MANGQU
JIUWEI XIANDAI ZHONGGUO
NVZUOJIA LUNLVE

当代人文经典书库

穿越盲区

九位现代中国女作家论略

耿宝强◎著

九州出版社
JIUZHOUPRESS

图书在版编目（CIP）数据

穿越盲区：九位现代中国女作家论略／耿宝强著．
－－北京：九州出版社，2017.2
ISBN 978－7－5108－5087－5

Ⅰ.①穿… Ⅱ.①耿… Ⅲ.①女作家—人物研究—中
国—现代 Ⅳ.①K825.6

中国版本图书馆 CIP 数据核字（2017）第 034782 号

穿越盲区：九位现代中国女作家论略

作　　者　耿宝强　著
出版发行　九州出版社
地　　址　北京市西城区阜外大街甲 35 号（100037）
发行电话　（010）68992190/3/5/6
网　　址　www.jiuzhoupress.com
电子信箱　jiuzhou@jiuzhoupress.com
印　　刷　北京天正元印务有限公司
开　　本　710 毫米×1000 毫米　16 开
印　　张　17.5
字　　数　295 千字
版　　次　2017 年 3 月第 1 版
印　　次　2017 年 3 月第 1 次印刷
书　　号　ISBN 978－7－5108－5087－5
定　　价　68.00 元

有温度的书写

周海波

在 20 世纪中国文学的舞台上,女性作家是一道最动人的、最亮丽的风景。从辛亥革命时期的女性豪杰、诗词作家秋瑾,到中国现代第一代留美学生、第一个白话小说作家陈衡哲;从中国现代文学史上第一位女性婚恋作家庐隐,到学者型作家冯沅君;从爱的赞美者冰心,到"太太的客厅"的主人林徽因;从一生奔走于动荡不安、为爱而错爱人生的萧红;从潜入汪伪特工总部李士群家、执行特殊任务的女作家关露,到一生情路坎坷、角色多变的丁玲;从穿旗袍的张爱玲,到穿人民装的苏青;还有凌叔华、苏雪林、方令孺、白薇、梅娘、沉樱、施济美、俞昭明、程育真、陈学昭、石评梅、郑家瑷、练元秀、汤雪华、邢禾丽……她们或被称之为"闺秀派",或被称之为"左翼作家",或者被称之为"海派",或者她们并不属于什么派,她们成为现代文学史上不可忽视的一支力量,也是文学史上不能被忘记的一些作家。她们受到时代的感召,冲出了家庭的门槛儿,成为社会这个大舞台上某一种角色。她们或为生存而不得不写作,她们或为优裕的生活而吟咏,但她们毫无例外地成为 20 世纪文学激流中的弄潮儿,因为与文学结缘而寻找到了自己的人生价值。她们为现代文学留下了华丽的身影,留下了滋养读者的别具风格的文学作品,留下了一个个风花雪月的故事。她们,也成为 20 世纪中国文学研究的重要文学现象,成为文人书写不可缺少的材料,成为网络文章不能不提及的八卦对象。

克伦在《现代中国女作家作品统计》①中说:"在过去,中国女子教育是特别不发达的,她们镇日闲坐深闺,很难得到受教育的机会,所以在中国能够产生几

---

① 克伦:《现代中国女作家作品统计》,《女子月刊》,1936 年第 4 卷第 2 期。

位女作家,当然很容易被人注目,一些研究女作家的书,便也都出现了。"这里所说的"过去",应该是指中国古代,古代女性多深锁闺中,难得迈出大门一步,难得接受教育,当然难以成为作家,即使成为作家,也难以有什么大气象的作品出现。民国以后,尤其是"五四"新文化运动之后,随着中外文化的碰撞与融汇,一批女性不但冲破了家庭的束缚,甚至冲出了国门,成为潮头涌动中的幸运儿。现代女性作家的大量涌现,主要是伴随着"个性解放"和"妇女解放"两种时代潮流而出现的,个性解放的思想给予时代女性追求个性自由、追求爱情自由、追求婚姻自由的思想和权利,让她们对自由幸福的生活有所向往,她们不仅进入校门接受了教育,而且有了自己书写的可能性,从"闺秀"改变为作家;而"妇女解放"的思潮让她们看到了"走向社会"的时代召唤,不再满足于家庭生活的封闭状态,从而试图打破家庭壁垒,走向社会,追求男女平等。北京女子师范学校的学生李超,当她以果决的态度走出家门,逃避抵制家庭为她包办的婚姻之时,已然表明中国女性在新的时代面前所迈出的重要一步。李超是中国国立大学教育史上第一届女性大学生中的一员,但她却在一年后因贫病交加而病逝。正如胡适在《李超传》中所说:"李超的一生,没有什么轰轰烈烈的事迹。"就这样一位平常的女性,却因为她的死而引出了一场轰动全国的大讨论,人们将批判的矛头对准了导致李超死亡的社会制度,李超的遭遇是中国无数女子的真实写照。正如《晨报》编辑渊泉在 1920 年 1 月 20 日为编辑的一篇文章所加的"附记"中说:"现在讲妇女解放的人很多了,当时我以为空说解放是不相干的,我们必定要有具体的解放行为,然后妇女一步一步地才能够达到我们所设想的那一种地位。"李超之死引发的虽然是他对妇女解放理论与实践的思考,但她提出的却是中国女性的现实性问题。正是在这种思潮的鼓动下,一批时代女性为了自己的幸福而不顾一切地走出了家庭,有如庐隐这样敢于在叛逆中冲出家庭,迈进学校大门,享受受教育的权利与义务的弄潮儿,也有如陈衡哲这样迈出国门,接受国外名牌大学教育的先驱人物。当然,李超、庐隐等一代青年女性以她们的生命,绽开了女性解放的社会之花。她们的意义在于,不仅用自己的行动为一代中国女性开辟了一条带血的人生之路,而且为中国新文化的发展提供了性别意识的可能性。

就"五四"之后的中国女性来说,能够进入学校接受教育,是追求幸福生活的第一步,李超、庐隐、萧红等,莫不是以此作为人生的首选目标。对文化的向往,对知识的追求,甚于经济生活的现实利益,让她们不顾家庭的反对、社会的冷眼,而义无反顾地做自己想做的事;对自由爱情的向往,对自主婚姻的追求,甚于荣华富贵的生活,更甚于生命的苟且。所以,我们在那一代女性身上读到了几个重要的关键词:自由、爱情、革命。人们会在这其中看到诸如沈佩贞、马青霞、吕碧城、万冰如、刘清扬等这些热血女子,看到她们身上所体现着的自由、爱情、革命的文化特征。同时,我们也看到陈衡哲、冰心、庐隐、丁玲等女性作家,她们以另一种形式践行着自由、爱情、革命。也恰恰是由于 20 世纪初期这些女性的情感世界和生活中充满的思想张力,在对自由、革命的追求中成就了个人的生命价值,促成了她们的抒写诉求,身体的解放与情感的解放需要文字的书写,或者说时代的文字书写需要有女性的参与。前一类政治生活中的女性们,以自己的行动书写着女性传奇,而后一类文学生活中的女性们,则在文字书写中为女性解放添加了浓重的一笔。

也许,较之男性作家,女性作家在其创作中更多地运用了自己的情感。草野在《现代中国女作家》中说,"女作家是不能与一般作家并论的,看她们或批评她们的作品,需要另具一副眼光——宽恕的眼光",[1]所谓"宽恕的眼光"就是能够充分理解女性作家的情感特征及其社会地位。女性作家受生活经历、生理特征、社会地位等限制,创作多在爱情、家庭中表现自己,带有鲜明的个人化色彩。比如冰心在爱的世界中的书写,庐隐在爱情婚姻问题上的执著,冯沅君在爱情的自由与不自由上的纠缠,丁玲在个人与群体之间的徘徊,都让我们看到了女性与男性的鲜明差异。胡兰成在谈到苏青时,曾把她和周作人的文章相比较,认为他们二人"有共同之点,就是平实"。胡兰成从苏青的生活出发,看到了"她的才气使他冒险",因而那种平实就呈现出与周作人的不同特点:"周作人的是平实而清淡,她的却是平实而热闹。她的生活就是平实的,做媳妇,养过孩子,如今是在干着事情。"[2]周作人与苏青的异同,也可以说正是男女作家的不同,"清淡"和"热闹"是两种不同的艺术境界,也是两种不同的美学追求,虽然不能以此分别高低,但其中所体现着的性别的不同,也是现代女性作家自身无可回避的。

不过,这里也提出了如何理解女性、尊重女性以及如何才是妇女解放的另一个命题。1927 年,马寅初在北京女子学院中学部以《女子之正当运动》为题

① 草野:《现代中国女作家》,人文书店 1932 年,第 1 页。
② 胡兰成:《谈谈苏青》,《无所归止》,中国长安出版社 2016 年,第 104 页。

发表演讲,在这个演讲中,马寅初并没有像那些妇女解放运动倡导者所常说的那样,而是自觉把自己放在"兄弟又是旧派"的文化立场上,提出了妇女解放的一些引人思考的问题,并且很"不合时宜"地认为"男女间两方因心理上和生理上各种的不同,所以这种平权运动到底不得不受若干的限制"。马寅初在这里得出了一个基本的理论认识,男女怎样才能算是真正的平等,男女在怎样的情况下才能平等,这是现代妇女解放运动需要思考和解决的问题。无视男女生理和心理上的差别,简单地强调男女平等,简单地以妇女走向社会,男人能做什么妇女也能做什么,作为妇女解放的条件,并不是真正意义上的妇女解放,"如果女子想弃其特长,跟着男子一块儿跑,去做男子所做的工作,结果,男女两方必起纷争",女子发挥了自己的特长,就是男女平等,就是获得了解放,"女子本来应当发挥自己的特长,做自己应做的事情,正不必求同于男子"。① 马寅初所提出的课题,是20世纪中国女性一直试图解决却一直没有解决的问题。1934年3月4日,一位叫柴家禾的作者曾在《大公报》副刊《妇女与家庭》上发表文章,阐述了自己有关妇女解放的认识:"盖社会发展之诸方面,均有其内在的关联,即妇女问题,亦非单纯的孤立的问题,乃为社会诸问题中之一环。故欲解决当前中国妇女问题,必须认识并把握中国整个社会问题,而决定其解决的方式;同时也可以说,中国妇女解放问题,不是可以脱离中国社会其他问题而能单独解决的;相反,欲解决社会问题,妇女问题亦绝对不可忽略。"那么,什么是柴家禾所说的"根本问题"呢:"我们可以说中国妇女解放运动的根本问题,不是要求女子参政,也不仅是参加生产,更不是单纯的要求两性社会地位平等,而是要求妇女们去从事中国社会解放运动!"

　　如果基于这样的认识再来看现代女性作家及其女性文学,就应该在充分尊重"女性文学"这一特定文学概念的同时,对女性文学应有更加深刻的认识,对女性文学与20世纪中国妇女解放的关系有更充分的认识。当然,我们在研究女性文学这一特定概念时,首先会对女性作家进行关注与研究。多年来,由于种种原因,无论女性文学还是女性作家都既存在着一些盲区,也被遮蔽了诸多需要进一步讨论的问题,尤其在女性作家研究方面,由于文献资料以及研究方法等方面的局限,一些基本的问题都还没有真正弄清楚,仍然需要对资料的考论和文献的整理,也仍然需要对研究方法进行必要的梳理。20世纪80年代以

---

① 马寅初:《女子之正当运动》,《女性潮汐》,天津人民出版社,1998年版,第229-231页。

来,女性作家研究开始成为一门显学,人们开始站在女性立场上,运用女性视角、女性主义理论观照女性作家及其创作,出现了一批有代表性的学术成果,女性作家研究回归到女性本身,成为女性主义思潮的一个组成部分。

新世纪以来,我们不能不注意到随着新媒体的崛起,有关民国时期女性作家的题材重新被炒作。读书界、出版界以及各种新媒体,在过度消费着现代女性用热血和生命换来的自由与爱情。各种版本的女性读物,各种名目的对那个时代女性作家、女性学者的肆意渲染和八卦,在一些女性人物的个人生活和情感世界中翻来找去,民国红粉与风花雪月同在,此情可待与绯闻女友相伴,在人们感兴趣的女性作家的风流生活与交际场上的偶遇中寻找材料,甚至鲁迅与萧红,也可以被暗示为具有不可言传的暧昧关系。人们关注丁玲的"廊桥遗梦"甚于关注她的文学创作,关注"太太的客厅"里的来客及其故事比讨论林徽因的创作或者沙龙文化的传播学意义要重要得多,书写张爱玲的倾城之恋,要比研究她的小说叙事有出版价值。正是如此,女性作家因过度炒作而被遮蔽。这就出现了一种矛盾的文化现象,一方面是出版界有关民国女性作家图书市场的泛滥;另一方面,文学史书写中的女性作家却渐渐远离了人们的视线,这些年来,有关女性作家的创作研究反而在一片女性故事书写的热潮中归于平静。正如耿宝强在他这部书中所指出的,"遮蔽"是严重制约现代女性作家研究的一个障碍:"所谓文学史的遮蔽,指不少文学史上某些具有一定思想价值、审美价值或文学史意义的作家、作品,因某些原因而罕有人知,未能在文学史中得到及时的应有的评价和阐释。"这种"遮蔽"或因意识形态,或因性别歧视,当然,也存在着被愈演愈烈的商品经济和新媒体过度炒作的遮蔽,而这种遮蔽可能更具文化危险性。

宝强认为,"遮蔽机制,使很多有价值的作家作品,因为某种原因被排除出了文学史叙事之外,从而造成了文学史叙事的盲点、盲区"。女性作家的过度书写也会遮蔽了女性文学应有的美学价值和文化意义,一方面是出版界有关女性图书的出版热,一方面却是文学史或学术研究中女性的缺失;一方面是女性作家在"被看"中成为网络"红人",一方面却又是文学史的"失踪者"。"张爱玲已经走进了文学史,甚至已经成为研究界的'显学',而当时与她齐名的苏青、关露还依然被埋没着;冰心早就成了文学史的经典作家,当时与她并称的苏雪林、凌淑华,还仅仅存在在研究者的视野中。"当本书的作者耿宝强意识到这些问题时,他试图要"穿越盲区、揭开遮蔽、还原历史"。也许,身居鲁北平原的耿宝强无力也无意于抗衡新媒体时代的"看客"心理的书写，他也无力将这些女性作家纳入文学史著作，他只有以自己的方式，给予这些女性作家以有温度的书写，用自己的眼光，自己的理解，自己的言说方式，写出这些被文学史"遮蔽"的女性作家的创作价值及其文学史意义。所以，他主要选取那些"当下流行的中国现代文学教材没有涉及，或仅仅一笔带过的，而在当时影响甚大、文学创作具有相当文学史意义的女作家"。从某种意义上说，宝强的这种书写带有堂吉诃德式的风格，但他还是要写，要"穿越盲区"，寻找那些被遗忘的身影。当现代中国文学随着时间的流逝，越来越多的作家和作品被时间淘洗，被文学史淘汰，宝强笔下的这些女性作家也就越可能淡出人们的视线，因而也就越显出宝强的这种"穿越……揭开……还原"的文学史书写的可贵。当他目送着这些女性作家渐渐离文学史远去的时候，他还要努力于这些作家的书写，而且拒绝那种"看客"心理的书写，拒绝为网络写作，拒绝消费女性作家的个人隐私及其故事，我们面对这样的书写，只能心怀敬意，用心灵去安顿这些带有温度的文字。

其实，宝强有意选择这些为文学史"遮蔽"的女性作家作为他的研究对象，就是对网络炒作的一种抗争，是对文学史书写的一种补充，他不是去消费这些女性作家，而是站在文学史的立场上，以学术的眼光重新看待这些被图书市场过分消费过的民国红粉们。不过，宝强所说的"穿越盲区"主要是指文学史的盲区，是那些无法进入正统文学史的女性作家的盲区。在宝强的笔下，陈衡哲、苏雪林、石评梅、凌叔华、谢冰莹、沉樱、赵清阁、苏青、关露，这九位民国女性作家几乎都被各种版本的文学史有意无意地"遮蔽"了，或者说她们在男性视野中的文学史书写中根本就无法进入文学史，这并不是说她们的创作成就不高，而是无法进入到中国现代文学的既定话语系统之中。就一般读者来说，人们可能很少读到她们的作品，有些名字可能也不太听说，但宝强把她们发掘出来，并给予充分的分析研究，试图在"穿越"历史中恢复这些作家的真实面貌。应该注意的是，在启蒙、革命的文学史话语中，这些比较重视表现情感世界和个人生活的女性作家，当然难以进入到文学史中，即使那些能够被写进文学史的作家如冰心、丁玲、张爱玲、萧红，也是被进行了一定的"重读"之后才勉强进入正宗文学史的，而未能进入文学史的这些女性作家，则无法根据要求进行"重读"，或者无法进入传统的文学史框架，无法用这些非正统的女性作家证明其文学史的正统性。从这个角度说，宝强在他的著作中，也并非一定要为她们争一席文学史地位，并非要把她们纳入到正统的文学史中，而是通过对这些作家的解读与书写，重新理解什么是文学史，什么是有这些女性作家存在的中国现代文学史，或者说，文学史的书写如何面对这些非正统的女性作家。从文学消费的角度来看，上述作家显然具有不少"卖点"，宝强虽然不能完全拒绝关于她们爱情、婚姻书写的诱惑，无法回避她们在一个男权社会中对女性自我的追求，她们的浪漫与曲折，传奇与故事，但他努力于学术的视角与文学史的叙述，试图还原其文学史的价值与意义。宝强拒绝的是某种消费性的书写，而执著于文学史的解读，在发掘作家创作风格特点的过程中，为作家们确立一个文学史的位置。

当然，如何对这些被遮蔽的女性作家进行到位的研究，还存在着方法上、史料上的诸多问题。女性作家的特殊性在于她们心理世界的隐秘性、生活方式的独特性。如何把握这些复杂的、细微的、独特的女性写作，对于文学史的研究与书写，是一个不得不面对的挑战。作为男性学者的耿宝强在观照女性作家的过程中，也许更具某些性别优势，也许更能超越某些局限，而他试图"穿越"的勇气与真诚，使他能够从容地面对他所书写的对象。当然，他还需要更多的翔实资料的佐证，更多文献的支撑。同时，他仅仅选择了诸多被文学史"遮蔽"的女性作家中的九位，这也就给我们留下了更多的期待，因为在女性文学的天空下，闪烁着更多耀眼的群星，我们有理由提出这样的要求，表达我们的期待。

是为序。

2016 年 12 月 16 日

前　言

为什么写与怎样写

一

2009 年 12 月 19 日晚上,康式昭先生接到了他的老朋友,传记文学作家柯兴的电话,要他为即将出版的《回归京都:关露传》写一篇序言。盛情难却,康先生同意了。

要动笔了,康先生说,他感到惭愧,为自己的无知和浅陋。他说,早在 1950 年代,他在观赏电影《十字街头》的时候,在为赵丹、白杨的演技倾倒之际,也曾经哼唱过影片的插曲《春天里》,但他只知道它的曲作者、著名作曲家贺绿汀,不曾注意过词作者关露,尤其不知道当时她受潘汉年杨帆冤案的牵连,正被关押在北京功德林监狱接受"审查"。

康先生 1953 年考进北大中文系,1957 年创办了《红楼杂志》,并担任主编,是有名的才子,曾聆听过多门文学、文学史课程,包括著名学者王瑶先生的现代文学史,阅读过相关的为数不算少的文学作品。走出校门后的四十年间,历任《前线》编辑,中共北京市委宣传部文化处处长,文化部政策法规司司长,中国社会主义文学会会长,北京电视艺术家协会副主席等,一直在文学圈里行走,大大增加了阅读量,也大大开阔了眼界,著述颇丰。如此视野开阔、学养丰厚的大家,"对关露其人其事其贡献其成就其经历其坎坷,竟然一无所知,几近文盲!"[①]

康先生这样说,有谦虚的成分,但更可能是事实。谈到我国现代文学史上的女作家,人们想到的往往是冰心、丁玲、萧红、张爱玲、林徽因,很少会有人知道或想起陈衡哲、苏雪林、苏青、沉樱、赵清阁、关露这样一些名字,因为即使到

---

① 康式昭:《自有芳名昭史册》,柯兴:《魂归京都:关露传》,金城出版社 2010 年。

了今天,这些名字还仅仅是出现在个别学者的研究论文、著作里。在我们常见的高校本科段汉语言文学专业的各种版本的"中国现代文学史"教材上,这些名字都几乎不曾被提及,更不用说专门的介绍和论述了。但是如果回归历史现场,我们会发现,在现代中国文学史上,这些名字是应该和冰心、丁玲、萧红、张爱玲、林徽因等人的名字并列在一起的。

比如陈衡哲,作为五四以来中国妇女界的一大骄傲,只要数点她所夺得的锦标,我们就会清楚地知道,这位成就斐然的知识女性是不应该被后人遗忘和忽略的:她是享受庚子赔款留美的第一批中国女留学生,她是中国现代文学史上第一位女作家,她是执教北京大学的第一位女教授,她是出席太平洋国际学会(连续四次)的第一位中国女学者,连杨绛都称美她"才子佳人兼在一身"。

比如苏雪林,1930年代初,就曾被阿英称为"女性作家中最优秀的散文作者"。① 她笔耕不辍,被喻为文坛的常青树。其执笔时间之长,在中国新文学史上是绝无仅有的。她的作品有小说、散文、剧本、诗词及多种学术著作,形式多样、内容广泛。她还是一位优秀的文艺评论家,且目光敏锐,能洞悉许多同时代作家——如鲁迅、周作人、戴望舒、李金发、徐志摩、冰心、沈从文等——的作品在文学史上的价值,并给予中肯的评价。

比如凌叔华,当年薄薄一册《花之寺》就赢得了"闺秀派"的美誉,徐志摩、沈从文、苏雪林都说她师承爱尔兰女作家曼珠斐儿(今通译曼斯菲尔德),并誉之为"中国的曼殊斐儿"。她堪称"现代评论派""新月派""京派"的重要作家,被朱寿桐先生推为"新月派作家中的小说圣手",②被严家炎等诸位先生看作京派小说的代表作家,③海外的文学史家夏志清甚至说:"整个说来,她的成就高于冰心。"④她的独特取材与独到表现,为中国现代文学史做出了难以替代的贡献。

比如赵清阁,凭着一颗艺术家的良心进入文坛,伴着祖国的苦难与欢乐,沿着坎坷的道路,经历了个人与社会的动荡和转折。作为作家、剧作家,她辛勤耕耘了数十年,以她独特的艺术表现,向人民展示了独特的历史画面,写下了丰富

---

① 黄人影:《当代中国女作家论》,上海书店出版社1985年,第131页。
② 朱寿桐:《新月派的绅士风情》,江苏文艺出版社1995年,第440页。
③ 参见严家炎著《中国现代小说流派史》(人民文学出版社1989年)、许道明著《京派文学的世界》(复旦大学出版社1994年)、吴福辉编选《京派小说选》(人民文学出版社1990年)。
④ 夏志清:《中国现代小说史》,刘绍铭等译,复旦大学出版社2005年,第35页。

多彩的小说、散文、诗歌、戏剧及电影文学剧本,为中国新文学做出了杰出的贡献。她"直以见性,柔以见情",被杜宣①先生称赞为"高标动人"。

比如沉樱,早在 1931 年,沈从文就曾说,虽"气派因生活与年龄拘束,无从展开、略嫌窄狭;然而能使每一个作品成为一个完美好作品,在组织文字方面皆十分注意,且为一个女作者极有希望的,还有一个女作家沉樱"。② 1944 年,《风雨谈·文艺月刊》第 11 期刊出"现代女作家书简"专栏,刊发了冰心、丁玲、许广平等十二位女作家的书信,其中就包括沉樱的。田仲济说:"沉樱是继冰心、丁玲之后而为人所瞩目的以文字的秀丽与富有诗意的风格为特点的女作家。"③在台湾,沉樱同苏雪林、谢冰莹一样,被大家尊为"先生"。1986 年 8 月,台湾《中国时报》"人间"副刊特辟两个专栏,刊登了沉樱的四篇散文和六位友人林海音、琦君、罗兰、张秀亚、刘枋、司马秀媛怀念沉樱的文章。编者按中说:这些文章,是祝贺这位奋斗了大半辈子的文坛先辈八十寿庆的。

这些女性,都被文学史遮蔽了。当然,被遮蔽的,又何止于女性? 就现代中国文学而言,周作人、废名、沈从文,甚至徐志摩,在 1985 年前的文学史叙事中仅仅是一笔带过;即使是今天,在汉语言文学专业的大学教科书中,周作人也还没有专章论述,胡兰成还仅仅是作为张爱玲的背景提及了一次。这说明,文学史书写存在着很严重的遮蔽现象。所谓文学史的遮蔽,指不少文学史上某些具有一定思想价值、审美价值或文学史意义的作家、作品,因某些原因而罕有人知,未能在文学史中得到及时的应有的评价和阐释。这就造成了现代中国文学史的盲区。那么,文学史的遮蔽机制是如何形成的呢?

二

众所周知,文学史书写者不是著作权中所标明的单个人! 作为一个文学史家,他从属于某个社会群体,而这个群体的价值尺度、情感特征和政治需要不可

---

① 杜宣(1914–2004),原名桂苍凌,著名剧作家、散文家、诗人、国际文学活动家,《文学报》的创始人之一,1932 年参加中国共产党,曾先后在上海、桂林、昆明、重庆、香港等地从事革命文化活动,新中国成立后,曾任国际政治经济所所长、上海市剧协主席、中国剧协顾问、上海市对外文化交流协会副会长等职,在中外文学界、戏剧界等领域里享有很高的声誉。
② 沈从文:《论中国现代创作小说》,《文艺月刊》1931 年 4 月第 2 卷第 4 号与 1931 年 6 月第 5、6 号合刊连载。
③ 田仲济:《沉樱去台湾以后》,《新文学史料》1992 年第 2 期。

避免地左右着他的选择和写作。这些因素包括伦理道德、意识形态等方面，它们对文学史的撰写，自然形成了一种遮蔽。

首先，传统伦理道德的"因人废文"。中国文学史有将文品和人品结合起来评价的传统，从孟子、曹丕提出"浩然之气""文以气为主"始，传统文论就一直在强调作家要加强操守，先做好人，再为文。这最终导致了一种伦理居首的文学批评观，并逐渐形成了"以文废人"的编史传统，虽然，文艺研究者们都清楚，一个人的文笔、才华是不能与气节、操守、人品画等号，或直接联系起来的。严嵩"是个文人，是个诗人，或者，加上'著名'，都是可以的"；①《明史》称他"为诗古文辞，颇著清誉"。王世贞的父亲王忬是被严嵩杀死的，但他说"孔雀虽然毒，不能掩文章"。然而，就因为《明史》将之列为明代六大奸臣之一，称其"惟一意媚上，窃权罔利"，清人修《四库全书》时，就否定了其创作："迹其所为，究非他文士有才无行可以节取者比，故吟咏虽工，仅存其目。"之后的各种文学史教材都对其只字不提，在市面或者高校图书馆寻找他的作品也非常困难。这是中国文学史上"以人废文"的一个很典型的例子，现代中国文学中的周作人、胡兰成等，也是如此。

其次，意识形态的"一票否决"。社会意识形态——政治——对文学史编写有着深刻的影响，在中国现当代文学史的叙事中甚至到了"一票否决"的程度。福柯说："我们知道得很清楚，我们不是想说什么就说什么，我们不能何时何地都说我们喜欢的东西，谁也不能想说什么就说什么。"②不是所有的文学文本和文学事件都能进入文学史叙述，也不是所有进入文学史叙述的文学文本和文学事件都能得到同等程度和同样方式的展现。韦勒克·沃伦称："大多数文学史是依据政治变化进行分期的，这样，文学就被认为是完全由一个国家的政治或社会革命所决定的。"③孟繁华、程光炜也曾说到，"中国文学的历史叙述，通常是以重大的政治事件作为重要标示的，这一叙事方式本身就意味着政治与文学的等级关系或主从关系"。④

所以如此，是因为一部文学史著作的出版，要经过主流意识形态的审查。

---

① 李国文：《濯缨随处有沧浪》，《当代》2003年第3期。
② 王治河：《福柯》，湖南教育出版社1999年，第156页。
③ 刘象愚：《韦勒克与他的文学理论（代译序）》，[美]韦勒克·沃伦：《文学理论》，刘象愚译，三联书店1984年。
④ 孟繁华、程光炜：《中国当代文学发展史》，人民文学出版社2004年，第6页。

这种审核的首要一条就是政治标准,在新中国成立后相当长的一段时间内,作家的政治立场,作品的思想内容,乃至作品的审美风格,就决定着作家作品能否进入文学史。这自然造成了现代中国文学史书写的遮蔽,如20世纪二三十年代美文小品的小资情调,就决定了它在1985年之前的文学史书写中被遗忘的命运。①

这种外在的遮蔽还与身份(名家名作对无名作家作品、雅文学对通俗文学的遮蔽等)、种族(种族中心主义对异族文学的遮蔽)、地域(经济发达区域对落后区域文学的遮蔽)等因素相关,不赘。

此外,文学史书写者自身的素养,诸如他的文学观、文学史观,撰写时的叙事特征等,都不可避免地会导致一种选择和遮蔽。这主要体现在两个方面:

其一,文学观念的差异性造成的遮蔽。对于一部成功的文学史来说,史料的搜集、挖掘、考证固然重要。但在更大的程度上制约着历史书写的并非史料,而是撰写者的文学观、文学史观、文学批评观,即对文学、对历史的本体反思和定位。"没有一套课题、一系列概念、一些可资参考的论点和一些抽象的概括,文学批评和文学史的编写是无法进行的。"②任何文学史的书写,都需要在一定的文学观念、理论指导下来进行,这种指导不管撰写者自觉与否,都是存在着的,因而有一种理论先验性。这些观念、理论有很大的差异性,掌握了不同理论的撰写者,对文学史对象的取舍,一定会有不小的差异。也就是说,撰写者的主观性使文学史的呈现不可能没有遮蔽。比如,要想清晰地描述文学发展的历史,理论上必须先确定什么是文学,即界定文学观。文学观是文学史编写的逻辑前提。文学观不同,所关注的文学现象和描述的文学事实不同,所选取的作家、作品自然会有差异,文学史的面貌当然两样。这就不可避免地造成了遮蔽。

另外,历史是时间意识线性发展的真实产物,但是对于历史的叙述却常常受到各种因素的影响,尤其是史述者本身的喜好偏废和他所秉持的"历史观"。编写文学史,不仅要有文学的观念,而且还要有对于文学发展的历史认识,即文学史观。文学史各有自己的述史机制,如雅文学观、经典的文学史观、进化的文学史观、原型文学史观,③这些述史机制或多或少地导致部分作品被有意无意地

---

① 何轩:《被遗忘的现代性:二三十年代美文小品的重新评价》,《求索》2005年第10期。

② [英]特里·伊格尔顿:《二十世纪西方文学理论》,伍晓明译,陕西师范大学出版社1986年,第196页。

③ 张荣翼:《文学史的述史秩序:原型、经典和进化》,《齐鲁学刊》1999年第1期。

忽略而遮蔽。比如,在现当代中国文学史的书写过程中,史家们对于20世纪大量的旧体诗词创作或视而不见,或避而不谈,自然不可能真实而完整地反映20世纪文学发展的历史面貌。

其二,文学史叙事同一性造成的遮蔽。文学史的编著体制,主要按时间的先后,以文体或流派发展的脉络为主轴,采用归纳与演绎的方法,先把纷繁复杂的文学现象归纳成条理分明的流派或思潮,然后区分不同流派或思潮的特点和差异,在同一流派或思潮的内部,选择出代表性的作家及其作品,竭尽所能地归纳出各个作家作品共同的创作倾向和个性特征。有时为了达到系统内部的和谐与一致,甚至到了牵强的地步。显然,这其实是在预设好的圆周内寻找统一性。

文学史撰写对这种叙事同一性的追求,导致了惊人的对差异性的遮蔽。以现代中国文学史为例,习惯上我们只知道,鲁郭茅巴老曹等文学大师们反封建的精英立场,却不知道鲁迅的虚无,郭沫若的善变,茅盾的庐山逃逸,巴金的无政府主义,老舍的世俗,曹禺的痛苦等等。如此种种,都是我们从传统的文学史中无法获取的文学事实,因为这些都不符合文学史同一性的叙述规范。①

三

遮蔽机制,使很多有价值的作家作品,因为某种原因被排除出了文学史叙事之外,从而造成了文学史叙事的盲点、盲区。这当中,有男作家,也有女作家,但女性作家无疑更多。

男女有别,表现在生理、心理、思维、情感等各个方面。这没有优劣高低之分,但就从事文学艺术而言,可能女性更适合些。不过,漫长的中国文学史,女作家屈指可数。五四以降,从事文学创作的女性多了起来,但在现代中国文学史的书写中,依然存在着女性话语缺席的现象。这主要有两个原因:首先,中国的妇女解放是由男性作为启蒙者、指导者的角色发生的。女性作为实际在场的言说者并未建立起真正的话语主体姿态,而是因"双性同盟"的模式,使自我的话语淹没在以男性为基质的时代主流话语中。其次,当女性建构起自我言说的

---

① 李洪华:《"中国文学史"的遮蔽与"区域文学史"的空间——以"现当代文学史"为中心》,《山西师大学报》(社会科学版)2006年第6期。

方式时,因其与主流话语的距离而被忽略,造成文学史上的历史空白。①

令人欣慰的是,改革开放三十多年来,文学史家们的思想在逐渐解放,他们以回到历史现场的态度,拂去尘埃,穿越盲区,消除盲点。就现代中国文学史而言,张爱玲就是个典型的例子。

作为一个处于时代主流文化边缘位置上的女作家,张爱玲的作品描绘了旧中国城市生活的一种独特生态,使心理分析小说达到一个小小的高峰。她的创作无疑具有难以取代的文学史意义。然而,她的独特书写却在很长的一段时间内,被载上了"离民族救亡之经,叛大众文化之道"的恶名,排斥于主流文化之外,她的名字在中国现代文学史——像相当流行的高等学校文科教材《中国现代文学史》唐弢本、林志浩本——中根本没有涉及,一直到1984年出版的黄修己的《中国现代文学简史》才有所转变,略加提及,致使这位才华横溢的女作家新中国成立三十余年来在国内的大学校园、国内的读者中鲜为人知。

所以如此,一是碍于张爱玲复杂的政治身份,二是碍于张爱玲1950年代在香港期间曾写过《赤地之恋》和《秧歌》等具有一定反共色彩的小说。这显然来自于意识形态方面的质疑与排斥。

这种现象在1980年代逐渐改观。文学研究者、美籍华裔教授夏志清的《中国现代小说史》那时传入内地,使得张爱玲的名字和她的作品像"出土文物"一样浮出历史地表。由此,便有了《收获》刊出的《倾城之恋》以及文学界的相关评论。其后,张爱玲迅速走红,形成内地的第一次"张爱玲热"。一批被尘封已久的作家,如钱钟书、沈从文等人,也因为夏志清的推崇而同期走红。

作家止庵说,自己从一篇文章中看到夏志清教授的《中国现代小说史》用了26页论鲁迅,却花了42页论张爱玲,就很关注张爱玲,1991年到香港,专门去买了夏志清的这本书。"夏志清在这本书里面推出了四个人,沈从文、张爱玲、钱钟书和师陀,前三个人因此声名鹊起并在海外引发研究热潮,台港一些著名作家如李昂、白先勇等人都对张爱玲推崇备至,这股风潮回过头来影响内地。"②

写过《张爱玲传》的于青回忆,她1978年上大学之前,从未听说过张爱玲的

---

① 贾玉婷:《被文学史遮蔽的女性——以陈衡哲为例》,《重庆科技学院学报(社会科学版)》2011年第1期。

② 张弘:《张爱玲热:30年未曾冷却》,《小康》2008年12期。

名字。"七十年代末正是门户洞开,思想解放之时,我们这批'老学生'如饥似渴地找书读,越是开禁的,或未曾闻识过的,就越是有兴致。我们从图书馆尘封的'库本'中找到张爱玲的《传奇》,当然还有钱钟书、沈从文、废名、路翎等一批作家作品,这骤然改变了我们的'文学史观'。初接触张爱玲非常个性化描写所产生的那种艺术感受称得上是一种'冲击'。不久,大概是1979年,我们磕磕巴巴读了夏志清英文版的《中国现代小说史》,越发相信我们自己的艺术判定:一位杰出小说家。"①

"不应被文学史遗忘"的不仅仅一个张爱玲,而穿越盲区、揭开遮蔽、还原历史的任务依然在路上。即以女作家而论,张爱玲已经走进了文学史,甚至已经成了研究界的"显学",而当时与她齐名的苏青、关露还依然被埋没着;冰心早就成了文学史的经典作家,当时与她并称的苏雪林、凌叔华,还仅仅存在于研究者的视野中。

本书即是继续努力穿越盲区、揭开遮蔽、还原历史的产物。所选皆是当下流行的中国现代文学教材没有涉及,或仅仅一笔带过,而在当时影响甚大、文学创作具有相当文学史意义的女作家。这样做的目的,一方面是要把现代中国文学史的本来面目告诉更多的朋友和读者,给文学史的充实、文化的传承提供依据;另一方面,是为当下社会所存在的诸多现实问题,提供一个历史性的解释。换言之,本书穿越的是现代中国文学史叙事的盲区,所要发扬光大的却是21世纪的生命感悟和公民理性。

因此,对于每个作家的叙述,就侧重在两个方面:人生历程中影响重大的事件的剖析;文学作品的思想、艺术价值及文学史意义。比如苏雪林,侧重于分析她的小说、散文的独特性,她的"半生反鲁""一生尊胡"的合理性,以及影响她一生世俗幸福的与张宝龄的婚姻。比如陈衡哲,侧重阐释新文学的第一篇白话小说《一日》的文学史地位、小说集《小雨点》以及以文学家的身份撰写的《西洋史》所展露的才华。另外,关注她社会评论家的一面,强调她提出的"超贤妻良母主义"的女子教育观的当下价值。比如关露,侧重于她传奇的一生,作为"红谍"为国家、民族所付出的重大牺牲;侧重于她作为作家的贡献:她的小说记录了当时人们真实的生活状态和心理状态,是对现代中国文学史的一种丰富;她在中国无产阶级革命文学运动发轫不久的1934年就明确提出,新诗歌的创作

---

① 于青:《后记:尘埃落定》,《张爱玲传》,花城出版社2008年。

方法应该是"社会主义现实主义和革命的浪漫主义";她的诗作,有诗与政治联姻的印记,激励和鼓舞了无数的革命青年,发挥了特有的作用。

也就是说,本书努力于用学术的视角,总结这些女作家的创作风格与艺术贡献,还原她们在现代中国文学史上的价值与意义,但并不回避她们的爱情婚姻之类的书写。所以如此,是因为这是她们生活的一部分,甚或是很重要的一部分,是解释她们的创作"何以如此"的一个不可或缺的方面。

最后要说的是本书的言说方式。学术性的文字由于是理辩思考的结果,往往追求"言之凿凿",逻辑性比较强,结果会一层层地垒墙架屋,文字有时就不免呆板和佶屈聱牙起来,极容易变成死文和呆文。道理很深奥,但言说也很枯燥。这是很多学术文章、专著之所以不被看好的地方。本书想避开这个误区,以历史随笔式的生花妙笔,对选取的女作家做从容打量,写成生动的"趣文""趣书"。这是我喜欢的,我想文字有人读远比被束之高阁要重要得多。当然,追求行文的摇曳多姿,与顾及学术文字的严谨、注意言说的持之有据,并不矛盾。

目　录
CONTENTS

陈衡哲:才子佳人集于一身

陈衡哲是清华庚款留美首次派送的十名女生之一,是我国新文化运动中最早的学者、作家、诗人,也是我国第一位女教授,有"一代才女"之称。她的文学史地位,主要由新文学的第一篇白话小说《一日》确立,但才华却主要由小说集《小雨点》,以及以文学家的身份撰写的《西洋史》展现。另外,她还是社会评论家,随时对社会问题仗义执言,发飙问难。她提出的"超贤妻良母主义"的女子教育观,虽有过于理想之处,但所提倡的女性自我价值的实现,以及对女性家庭、事业价值的肯定,时至今日,仍有一定的价值。

1949 年,储安平在家宴请任鸿隽、陈衡哲夫妇。他已离婚,家无主妇,便邀杨绛做陪客,帮他招待女宾。席间,刘大杰①夸赞因事未到场的钱钟书与杨绛是一对才子佳人。杨绛多么敦厚妥帖,忙说:"陈先生可是才子佳人兼在一身呢。"那是杨绛第一次见到陈衡哲,后者早已在学术界功成名就,一些虚荣者甚至以跟她相熟为炫耀。谀辞听得很多了,但杨绛的赞美,还是让她很受用。"陈衡哲先生……听了我的话,立即和身边一位温文儒雅的瘦高个儿先生交换了一个眼色,我知道这一位准是任先生了。我看见她眼里的笑意传到了他的嘴角……"②

杨绛的话之所以让陈衡哲感到悦耳、可心,实在是她无意间将穴位揉得很准。既是富有才气的艺术家,又是贞静娴雅的女人,代表了陈衡哲的价值标准以及自我评判:一个优质女人应该是才华横溢的女人——可不就是才子佳人兼于一身么。

一、造命

陈衡哲,湖南衡山人,1890 年 7 月 12 日生于江苏省武进县。她的祖父陈钟英、伯父陈范、③父亲陈韬都是有名的学者和诗人,祖母赵氏、母亲庄曜孚④能文善画。从陈衡哲的曾祖母开始,开创了这样一个家族传统:"每个出生于或嫁入陈家的女子,或出于天性或由于环境,都在文学艺术方面有或多或少的造诣。"这种家学渊源,在江南并非孤例。明中后期至清代,江浙一带女诗人、女画家层出不穷,往往是一个大家庭或亲属圈里的女子,都有深厚的文学艺术造诣。对此,陈衡哲难掩骄傲:"我们应该记住,这种情况在西方文明开始影响中国的知识阶层之前就存在了。"⑤

---

① 刘大杰(1904 – 1977),中国著名文史学家、作家、翻译家。
② 杨绛:《怀念陈衡哲》,《杨绛作品精选·散文(2)》,人民文学出版社 2004 年,第 213 页。
③ 陈范(1860 – 1913),曾任《苏报》馆主,是一位精通诗文、很有气节的清末报人,也是中国最早提出节制生育人口的人。详细情况可查阅《辛亥革命先驱者——〈苏报〉馆主陈范》,载《炎黄纵横》2011 年第 3 期。
④ 庄曜孚(1870 – 1938),清末民初著名画家和书法家,与吴昌硕、齐白石齐名。育有六女二男,成人后多有不俗成就,其中尤以二女陈衡哲最为知名。见甘建华主编,尔雅文化出品《湖湘文化名人衡阳辞典》。
⑤ 陈衡哲:《陈衡哲早年自传》,安徽教育出版社 2006 年,第 32 页。

对她一生发展影响最大的是舅舅庄蕴宽。① 十三岁那年，父亲到四川乐山做知县，陈衡哲求学心切，要求母亲让她到广东的舅舅那里上学。母亲同意了。于是，舅舅成了陈衡哲的思想启蒙老师。他不但自己教陈衡哲，还请了一位客籍广东的杭州先生教她初级数学和新时代的卫生知识。他公务繁忙，但每天下午总要穿着新军统领的服饰，骑着马，匆匆回家教她阅读一个小时《普通新知识》《国民课本》和一些报章杂志。陈衡哲说，舅舅"对于现代的常识，也比那时的任何尊长要丰富，故我从他的谈话中所得到的知识与教训，可说比从书本上得到的要充足与深刻得多。经过这样一年的教诲，我便不知不觉的，由一个孩子的小世界中，走到成人世界的边际了。我的知识已较前一年为丰富，自信力也比较坚固，而对于整个世界的情形，也有从井底下爬上井口的感想"。

除了给了她新学的启蒙和立身处世的教诲，舅舅还为她开启了一扇稀有的张望世界的窗户，更交给她"造命"的信念。舅舅强调，世人对待生命的态度有三种：安命、怨命与造命，他相信她是"造命"的材料，对她说："希望你造命，我也希望你能造命——与一切恶劣的命运奋斗。"②她的成长与成就也因了这种观念，这样的宗旨，她说："督促我向上，拯救我于屡次灰心失望的深海之中，使我能重新鼓起那水湿了的稚弱的翅膀，再向那生命的渺茫大洋前进者，舅舅实是这样爱护我的两三位尊长中的一位。"③这感激，这深情，从舅舅去世后她的挽联可见："知我，爱我，教我，诲我，如海深恩未得报；病离，乱离，生离，死离，可怜一诀竟无缘。"④

一年以后，陈衡哲又到江苏常熟的姑母家居住。姑母"上得厅堂下得厨房"，侍候公婆、抚育孩子、作诗、读史、写魏碑，还烧得一手的好菜，是陈衡哲眼中"才女贤妻"的范本。姑母对她进行了系统的教育，并给了她很大的鼓励，使她增强了自信心。

十七岁那年，父亲要陈衡哲和一位人品良好的"官二代"结婚。她态度坚决，表示"永远都不结婚"。她看似笃定的执拗、偏激中，更多的是少年的茫然。在上海学医的经历，让她见过太多不正常的分娩，所以绝不想亲身经历；与此同

---

① 庄蕴宽（1866－1932），中国近代政治家、书法家，在辛亥革命前后做出了自己独特的贡献。

② 陈衡哲著，朱维之编：《陈衡哲散文选集》，百花文艺出版社2004年，第80页。

③ 陈衡哲：《陈衡哲早年自传》，第74页。

④ 抢救民间家书项目组委会：《任鸿隽陈衡哲家书》，商务印书馆2007年，第184页。

时,她朦胧意识到,自己既抱有在知识界发展的渴望,就必须保持自由,而周围的已婚女子显然没有人能享受多少自由。

抗婚成功了。然而,接下去的日子过得心乱如麻,假如她不能像当时官绅人家的同龄女子那样嫁人,成为士大夫家庭的少奶奶,等待她的会是什么?她固然素有抱负,但那是清末,中国还没有女子能上大学,很可能她要为自己的叛逆与另类付出惨痛代价。"那两三年中我所受到的苦痛拂逆的经验,使我对于自己发生了极大的怀疑,使我感到奋斗的无用,感到生命值不得维持下去。"①时间在苦闷愁烦中流逝,她即将二十四岁了,"如何实现在文艺方面发展的志向",却还看不见一丝微弱光线。

清末民初是中国亘古难逢的大变局,旧社会瓦解、新格局渐进中的秩序重建,令多少人从此改写命运,更让无数心高气傲却只能绕室彷徨的陈衡哲们有机会投身社会,成为有独立意志与自主能力的新女性。陈衡哲幸运地成为其中的先行者。1914 年夏,清华学堂②在上海招生,录取的学生将由中国政府用美国归还的庚子赔款保送赴美深造,这是第一次允许女生参加考试。陈衡哲在姑母的鼓励下,前往报考,终于实现了赴美留学的愿望,成为第一批十位庚款女留学生之一,开启了她"在文艺方面发展"的夙愿。

到美国后,她先在纽约州的一所女子学校学习英语,后进入瓦萨女子大学历史系,主修西洋历史,副修西洋文学。这对文学的兴趣,使抱定终身不嫁的独身主义者陈衡哲与任鸿隽③相识,成就了一段才子佳人的传奇。

1915 年夏,正在康乃尔大学学习的任鸿隽作为《留美学生季报》的主编,收到了署名"莎菲"的来稿《来因女士传》,读来兴味盎然,认定作者很有小说天才,便在编发了这篇文章后,向"莎菲"约稿,开始了通信。这"莎菲"便是陈衡哲的笔名。

---

① 陈衡哲:《陈衡哲早年自传》,第 126 页。
② 1909 年清政府成立了游美学务处,负责直接选派学生游美,同时着手筹设游美肄业馆。1910 年 11 月,游美学务处向外务部、学部提出了改革游美肄业馆办法。其中提到,因已确定清华园为校址,故呈请将游美肄业馆名称改为"清华学堂",是清政府设立的留美预备学校;翌年更名为"清华学校"。1925 年设立大学部,1928 年更名为"国立清华大学"。
③ 任鸿隽(1886 – 1961),字叔永,现重庆市垫江县人。著名学者、科学家、教育家和思想家。中国最早的综合性科学团体——中国科学社和最早的综合性科学杂志——《科学》月刊的创建人之一,杰出的科学事业的组织领导者之一,中国近代科学的奠基人之一。

1916 年暑假期间,任鸿隽邀几位科学社①的朋友到伊萨卡郊游荡舟,座间除了梅光迪、杨杏佛等老朋友外,还有一位新朋友——陈衡哲。这是任、陈二人首次会面。不久,任鸿隽为陈衡哲作了一首诗:

> 新陆不复见兰蕙,每忆清芬心如醉。
>
> 何来幽介空谷姿,为君采撷书中缀。
>
> 瓣蕊纷披香未残,葱茏细茎叶微宽。
>
> 莫向湘沅觅彼偶,似此孤芳岂多有。②

从康乃尔大学毕业后,任鸿隽进入哥伦比亚大学读研究生。这里与陈衡哲就读的瓦沙女子大学坐火车只需要三个小时。1917 年 4 月的春假期间,任鸿隽约上胡适,专程拜访陈衡哲,三人成了很要好的朋友,几乎每天都有书信往来。胡适在后来出版的中国第一部白话新诗集《尝试集》中,有《我们三个朋友》之作,任鸿隽亦作减字木兰词答之,成为文坛佳话。

1918 年 10 月 26 日,已经获得哥伦比亚大学化学硕士学位的任鸿隽,抵达上海。他并不急于参加工作,而是立志用一至两年时间进行社会调查,"以观国中局势"。期间,他经常造访孙中山。当时孙中山蛰居在莫利埃路私宅,正在撰写《孙文学说》。他将书中涉及科学的部分嘱托任鸿隽校读,"并力言留学生应自有组织以图于国家有所贡献"。任鸿隽向孙中山汇报了科学社的组织情况,孙表示很赞同。其后,科学社事业得到国民政府多次资助,对其发展壮大起了很积极的作用,"盖承孙中山之志也"。

1919 年冬,为了在四川筹办钢厂,任鸿隽携周仁③前往美国,考察美国的钢铁产业,1920 年夏回国。因为战乱,钢厂一事暂时搁浅。这年秋天,任鸿隽、陈衡哲分别被蔡元培聘任为北大化学系、历史系教授。不久,两人结婚了。

坚持"永远都不结婚"的陈衡哲结婚,是因为她被任鸿隽深挚的爱情感动

---

① 是由留学美国康乃尔大学的中国学生赵元任、任鸿隽、杨铨等在 1915 年发起成立的民间学术团体,以"联络同志、研究学术,以共图中国科学之发达"为宗旨。1918 年迁回国内,1959 年停止活动,存在近半个世纪。在中国现代科学文化的发展中,贡献颇大。

② 此诗名曰《为陈衡哲女士题异兰记》,见任鸿隽:《五十自述》,樊洪业、张久春选编:《科学救国之梦——任鸿隽文存》,上海科技教育出版社,上海科学技术出版社 2002 年,第 679 页。

③ 周仁(1892 - 1973),南京人,冶金学家和陶瓷学家,中国科学院学部委员(院士),中国最早进行特殊钢和合金铸铁研究和生产者之一。

了。他曾对她说："你是不容易与一般的社会妥协的。我希望能做一个屏风，站在你和社会的中间，为中国来供奉和培养一位天才女子。"1961 年 11 月 9 日，任鸿隽与世长辞。次年，陈衡哲写下了《任叔永先生不朽》抒发哀思，她总结了丈夫一生的主题："对于科学的建设与推进，实是任君一生精神生命的中心点。"也有对两人夫妻关系的感慨："这样的深契与成全，又岂是'丈夫生而愿为之有室'的那个平凡望愿所能了解的？"①在悼亡词《浪淘沙》中，她说：

何事最难忘，知己无双；人生事事足参商，愿作屏山将尔护，恣尔翱翔。

山倒觉风强，柔刺刚伤；回黄转绿孰承当？猛忆深衷将护意，热泪盈眶。②

"屏风"之说蕴含的厚爱深恩，让陈衡哲到老来依旧有"知己无双"之叹。任何时候想来，她都还是要热泪盈眶的。

二、《一日》

从新中国建立之后一直很少有人提起陈衡哲，直到唐德刚在《胡适杂忆》的"较好的一半"中，专门讨论与胡适有关的女性。唐德刚认为，陈衡哲是胡适倡导"诗国革命""文学改良""烟丝披里纯③最大的来源"，"所以新文学、新诗、新文字，寻根研究，功在莎菲"。④ 胡适曾这样写道：

民国五年七八月间，我同梅任诸君讨论文学问题最多，又最激烈。莎菲那时在绮色佳过夏，故知道我们的辩论文字。她虽然没有加入讨论，她的同情却在我的主张的一方面。不久，我为了一件公事就同她通第一次的信，以后我们便常常通信了。她不会积极地加入这个笔战；但她对于我的主张的同情，给了我不少的安慰与鼓舞。她是我的一个最早的同志。⑤

通常新文学史上，讲起第一篇现代白话小说，总推鲁迅的《狂人日记》，依据的是茅盾、鲁迅的说法。茅盾在《中国新文学大系》"小说一集"的"导言"里，一开头就这样写道：

民国六年（1917），《新青年》杂志发表了《文学革命论》的时候，还没有

---

①　陈衡哲：《陈衡哲早年自传》，第 231 页。
②　陈衡哲：《陈衡哲早年自传》，第 233 – 234 页。
③　烟丝披里纯，即英语 inspiration（灵感）的音译，最早这样翻译的是林语堂。
④　唐德刚：《胡适杂忆》，广西师范大学出版社 2005 年，第 155 页。
⑤　胡适：《序》，陈衡哲：《小雨点》，新月书店 1928 年。

"新文学"的创作小说出现。

民国七年(1918)，鲁迅的《狂人日记》在《新青年》上出现的时候，也还没有第二个同样惹人注意的作家，更其找不出同样成功的第二篇创作小说。①

鲁迅在《中国新文学大系》"小说二集"的"导言"里也同样肯定了自己的功绩：在《新青年》上最早"发表了创作的短篇小说的，是鲁迅。从1918年5月起，《狂人日记》《孔乙己》《药》等，陆续地出现了，算是显示了'文学革命'的实绩"。②

事实上，最早一篇现代白话小说是陈衡哲的《一日》。它是1917年的作品，发表于同年任叔永、胡适主编的《留美学生季报》③上。胡适很明确地说：

> 当我们还在讨论新文学问题的时候，莎菲却已开始用白话做文学了。《一日》便是文学革命讨论初期中的最早的作品。《小雨点》也是《新青年》时期最早创作的一篇。民国六年以后，莎菲也做了不少的白话诗。我们试回想那时期新文学运动的状况，试想鲁迅先生的第一篇创作——《狂人日记》——是何时发表的，试想当日有意作白话文学的人怎样稀少，便可以了解莎菲的这几篇小说在新文学运动史上的地位了。④

根据《新文学大系》"史料索引"，《小雨点》刊于《新青年》1920年9月，比《狂人日记》要迟多了。因此，胡适说其是"《新青年》时期最早创作的一篇"是不确的。当然，也可能胡适早已看到手稿，或者早已在《留美学生季报》上发表过；所以它虽然在国内刊出较迟，在胡适的印象里，它比《狂人日记》发表得更早。

细细琢磨胡适所认定的"《一日》便是文学革命讨论初期中的最早的作品"，和所设问的"试想鲁迅先生的第一篇创作——《狂人日记》——是何时发表的"这两句话，可以看出，他虽没有直接明说，但他心目中哪篇是新文学"最早

---

① 茅盾：《中国新文学大系·小说一集·导言》，《中国新文学大系》，赵家璧主编，上海良友图书印刷公司1935年。
② 鲁迅：《中国新文学大系·小说二集·导言》，《中国新文学大系》，赵家璧主编，上海良友图书印刷公司1935年。
③ 由于《留美学生季报》目前看不到，不能确定该期出版月份。
④ 胡适：《序》，陈衡哲：《小雨点》，新月书店1928年。

的"小说不是已经呼之欲出了吗?

八年以后的1936年,陈衡哲有感而发,对《一日》进行了详细的说明:

> 《一日》是我最初的试作,是在一九一七年写的。那时在留美学生界中,正当白话与文言之争达到最激烈的时候。我因为自己在幼时所受教育的经验,同情是趋向于白话的;不过因为两方面都有朋友,便不愿加入那个有声有色的战争了。这白话文的实际试用,乃是我用来表示我同情倾向的唯一风针。①

因此,假如承认胡适是"白话文运动"的始作俑者、是"五四文学革命"的发起人,那么在他直接影响下诞生的《一日》,无论从时间上还是因果关系上,都应该是新文学第一篇小说,尽管它远不及鲁迅《狂人日记》"表现的深切和格式的特别"。②

任鸿隽把《小雨点》看作陈衡哲的第二篇小说创作。他说:

> 我们看了这十来篇短篇小说,至少可以看出她文学技术的改变与进步。她的《一日》是最初一篇作品,差不多不算是一篇小说,我已经说过了。第一篇《小雨点》虽然足以表现作者的想象力。但是她的叙述还不免有欠圆满的地方。第三篇《波儿》就不同了……③

他是胡适所说的"我们三个朋友"之一,是陈衡哲的丈夫,当然最清楚当时的情况,因此,他的话该是有根据的,可信的。

除了该篇外,小说集《小雨点》里另外九篇"都以著作的时间为次序"。④ 排在《一日》下面的两篇——《波儿》和《老夫妻》——同样是美国背景,很可能也先在《留美学生季报》上发表过,虽然在《新青年》上,《老夫妻》初刊于1918年10月,《波儿》刊于1920年10月。这两篇的创作日期,是否比《狂人日记》更早,一时无法断定,但《一日》毫无疑问,是响应胡适"文学革命"最早的一篇小说。

《中国新文学大系》由出版家赵家璧在1930年代创意并主编,第一辑(1917-1927)由上海良友图书印刷公司于1935年印行,共10卷,收入了新文

---

① 陈衡哲:《改版自序》,《小雨点》,商务印书馆1936年。
② 鲁迅:《〈中国新文学大系·小说二集〉导言》。
③ 任叔永:《序》,陈衡哲:《小雨点》,新月书店1928年。
④ 《陈衡哲自序》,陈衡哲:《小雨点》,新月书店1928年。

学运动头十年的绝大多数优秀作品,由蔡元培作总序。其中,"小说一集"由茅盾负责编选文学研究会同人的作品;"小说三集"由郑伯奇负责编选创造社同人的作品。其他文学团体的小说都由鲁迅编选,归入"小说二集"。

鲁迅为什么不提《一日》,原因是很复杂的。最早一本《中国新文学运动史》是王哲甫写的,1933年出版。他搜集了不少作家略传、文学团体始末、新文学创作书目等资料,功不可没。遗憾的是,他没有提到《一日》这最早的一篇白话小说,再加上《小雨点》出版于1928年,他便把陈衡哲归入"新文学创作第二期",比胡适、鲁迅、冰心晚了一期。他没提,以后的史家也就忽略了,但这是很不符合历史事实的。

陈衡哲不认为《一日》是篇小说:它"既无结构,亦无目的,所以只能算是一种白描"。① 鲁迅写《狂人日记》当然是有"目的"的,但凭其结构而言,同样不能算是小说;但也可以说,《一日》《狂人日记》代表了两种创新的短篇小说体裁。《一日》更可说是第一篇留学生小说:1916年出版的向恺然(平江不肖生)的长篇《留东外史》继承了晚清讽刺小说的余绪,严格说来,算不上是"新文学"。今天,一般人心目中的"留学生小说",是1950年代后一部分留美华人小说家所写以美国为背景的长短篇小说,其代表作家是於梨华。我们如把於梨华早期的短篇小说《她的选择》和《小琳达》等同《一日》相比,便会发现后者毫不逊色。最主要的不同是:於梨华的主角总是那位刚留学的中国女生,而陈衡哲却能很冷静地也很"幽默"地观察她好多美国女同学的生活状态,也把她们的会话改写成极自然的中文。而在《小波》《老夫妻》里,陈衡哲完全把她的同情心寄予她所观察到的美国人。对一个身处异乡的中国女学生来言,这是很不容易的。

陈衡哲的小说集取名《小雨点》,显然表示她对小说《小雨点》的偏爱。对于这篇小说,王哲甫说:

> 作者用了象征的方法,有趣味的故事,和浅显而精练的文笔,写成了这一篇《小雨点》。内中的情趣,很像一篇童话……这虽然是一篇浅显的象征化的故事,但因为作者善于运用这种题材,所以不觉得平凡,而巧譬善喻地,把人生的意义表现出来,在中国文坛上,可称为特创的作品。②

王尔德童话集《快乐王子》在英美两国一直是极流行的儿童读物,新文学初

① 《陈衡哲自序》,陈衡哲:《小雨点》,新月书店1928年。
② 王哲甫:《中国新文学运动史》,北平杰成印书局1933年,第229-230页。

创期间也极受国人重视,陈衡哲写《小雨点》及其他同类作品可能受了王尔德的影响。《小雨点》二版第五至十篇,不是说理的寓言,就是伤感气息较重,以女性为主角的故事。《孟哥哥》自传性较强,写的是童年期表兄妹之间纯真的爱恋,可与冰心的小说媲美。只是五四时期,冰心的小说异常丰富,陈衡哲只写了这么几篇,得不到文学史家的重视也就很自然了。

这是可以说的过去的原因,更重要的原因也许是:陈衡哲是胡适"最早的同志",加上当时大家公认《狂人日记》是第一篇新小说,如选上了《一日》,鲁迅岂非自贬身价? 这样说,好像对鲁迅先生很不恭敬。但一个公认的事实是,鲁迅一向同《现代评论》《新月》社的"正人君子"不睦,凌叔华的小说只选了一篇《绣枕》,沈从文的一篇也没选上。当时的沈从文已经名满天下,怎么着也该选上一篇两篇的。八十年过去了,沈从文的小说依然受到读者的欢迎,而鲁迅选中的许多作品却已经鲜为人知了。我们不能怀疑天才作家鲁迅的审美能力,不就只能怀疑其他因素影响了他的判断?

当然我们也可以假定:鲁迅编选工作做得很马虎,根本没有参考《小雨点》这本书。但鲁迅把一些无名作家——赵景法、林如稷、顾琅等——的小说都选录了,陈衡哲当年"女教授""女作家"名气不小,《小雨点》他是应该能看到的。

当然,查现存鲁迅藏书,并无《小雨点》,《鲁迅全集》中也没有关于陈衡哲的一星半点的记载。因此说鲁迅没有读过《小雨点》——尤其不知道《一日》的存在——好像也能说得过去。但是,如果鲁迅读到了《小雨点》,知道了《一日》,他会做出怎样的判断,会不会也承认《一日》的"最早"呢? 很有意思,却也永远是个谜了。

三、《小雨点》

1928年新月书店出版了陈衡哲的小说集《小雨点》。文学史家阎纯德说:"当中国新文学还在襁褓之中的时候,陈衡哲作为女作家之林的第一个女战士,先于冰心和庐隐踏过时代的风暴,用那支才华横生之笔,为新文学呐喊助威,她的创作不多,但那珍贵的《小雨点》,却似及时雨一般,预示了新文学丰收季节的到来。"他呼吁:"中国新文学已经跋涉了六十多年,如果我们要建立光辉的里程碑的话,那么这纪念碑上,也应该写下这个被人们遗忘的名字——陈衡哲!"①

---

① 阎纯德:《陈衡哲及其〈小雨点〉》,《新文学史料》1981年第4期。

小说集《小雨点》共收了陈衡哲的十篇小说，大致可分为三类：

一是借助自然景观抒发人生感悟的，如《小雨点》《一日》《西风》《运河与扬子江》。除《一日》是现实题材外，其他三篇均是通过自然景观抒发作者对社会人生的看法的。《小雨点》以童话的形式把气象知识和人生哲理熔于一炉，通过描写清新可爱的小雨点在大自然中的经历，寄予了作者对社会人生的看法。《西风》《运河与扬子江》则是作者人生观的直接宣泄。前者通过西风对人世的垂怜表现了作者关注社会的人道主义思想，对恶浊人世的忧虑较之《小雨点》更有时代性。后者通过运河与扬子江的对话反映了积极向上的人生观。"生命的奋斗是彻底的，奋斗来的生命是美丽的"（《运河与扬子江》）可看成是陈衡哲的人生宣言。

二是表现作者对婚姻爱情问题的看法的，如《孟哥哥》《老夫妻》《络绮思的问题》《一支扣针的故事》，这些作品分别代表了作者对婚姻爱情的三种看法。《孟哥哥》和《一支扣针的故事》均写的是一段未能实现的爱情，前者朦胧纯真，后者理智浓郁。而《老夫妻》，则通过一对结婚三十年终日吵闹，但却情深意浓的老年夫妻一天的平凡生活，表现了作者对爱情的认识。如果说这三篇小说在爱情的表现上还带有较为浓厚的浪漫情调的话，那么《络绮思的问题》则深入到知识女性面对家庭与事业的矛盾时内心情感的困惑，络绮思在成为一个著名学者的同时，却经历着情感生活的孤独。就这个问题而言，小说已经不再是简单的表现男女的情爱问题，而涉及人们——尤其是知识女性——的生存状态和生活质量。

三是对劳动妇女寄予同情的，如《波儿》和《巫峡里的一个女子》。《小雨点》的十篇小说中，有七篇是妇女儿童题材，涉及劳动妇女的只有这两篇。《波儿》通过卧病在床的波儿与家人的对话表现了作者对劳动人民生存状态的关注与同情。《巫峡里的一个女子》描写一个为躲避后母虐待的女子在丈夫死后，与世隔绝地在巫峡深处艰难度日的困苦生活；其艺术性，尤其是较完整的情节与心理刻画的细腻，在五四女作家的众多妇女题材作品中是较为成功的。

妇女问题是五四时期文学创作的主题之一，恋爱自由，婚姻自主，妇女人格独立和教育问题成为社会普遍关注的话题，"妇女解放的声浪振得无人不知，新的杂志也一时出了五六种，在文化运动中实在热闹极了！"①沈雁冰以文学杂志

---

① 沈雁冰：《我们该怎样预备了去谈妇女解放问题》，《妇女杂志》第 6 卷第 3 号。

的涌现来说明当时妇女问题所受到的普遍关注,但是他却忽略了一个值得重视的现象,那便是女性作家的参与对妇女解放运动的推动作用。

陈衡哲的创作大都是在五四新文化运动的高峰和转折时期,因此她的作品多是具有浓郁启蒙色彩的"问题小说"。不过,她在思考社会人生、妇女家庭问题时,不像早期一些女作家那样,只以身边琐事为限。

她的取材更为广泛,也具有较强的理性思辨色彩。追求哲理是五四时期作家的共同特点,但是,当时许多女作家在创作中大多以某种观念为出发点,常使自己的作品成为作家思想的传声筒,而在《小雨点》中,作者则将两者结合得较好。作品能够通过人物的命运和情节的生动来表现自己的观点,这在新文学的初创时期是极为难能可贵的。任鸿隽就认为陈衡哲的创作具有三个特点:"一、技巧获得了相当的成功;二是作品中表现了锐敏的感觉;三是作者对人生问题有很好的见解。"①阿英也说:"她创作中所表现的思想,显然是代表了五四运动初期的青年的思想。"②就五四时期的小说创作来看,《小雨点》中确有几篇在人物的心理刻画和故事情节的叙述上是较为成功的。如《老夫妻》《巫峡里的一个女子》《络绮思的问题》和《一支扣针的故事》等。

陈衡哲说:"我的小说不过是一种内心的产品,他们没有师承,也没有派别,他们是不中文学家的规矩绳墨的,他们存在的唯一理由,是真诚,是人类感情的共同与至诚。""我每作一篇小说,必是由于内心的被扰。"③而这种内心的被扰则是以其人道主义思想为出发点的,关注人的生存状态和同情劳动人民是五四新文学的主题之一。在《小雨点》中我们可以真切地感受到陈衡哲对社会人生问题的思考。当时颇受社会关注的爱情、婚姻、家庭等均被她收入笔下,并且蕴含了自己对人的生存价值的关注和重视,这种思想,与五四时代精神是一致的。

当然,我们在肯定作者启蒙思想的同时,也应看到在陈衡哲的人道主义思想中有一种与众不同的孤高感,她的理智中多了一点清冷,缺乏冰心那样柔和的情调:在她的作品中并未给读者提供解决问题的答案,这与冰心、庐隐等人以爱和宗教来解决社会问题是不同的;她不苟同于人世间的污浊,但也不积极去改造社会,就像她的《西风》所寓示的那样,她以一种月亮式的清高怜悯着恶浊

---

① 任叔永:《序》,陈衡哲:《小雨点》,新月书店1928年。
② 钱杏邨:《现代中国文学作家》,泰东书局1928年,第46页。
③ 陈衡哲:《小雨点·自序》,《小雨点》,新月书店1928年。

的人世,使人感到一种秋风的清冷,那种西风式的赐福于苦难人世的情感,使其"问题小说"带有了一个留洋学者的孤傲感。这该是陈衡哲小说的局限所在。

与冰心和同时期的女作家的作品相比,《小雨点》的社会性和时代氛围确实要稍逊一些,但是其小说味道却更浓。她在小说艺术形式上的探索是值得肯定的。《波儿》几乎是一个对话体小说,主人公们在生活化的语言中去展示她们的不幸与困苦,作家的观点也自然而然地隐藏其中。在《巫峡里的一个女子》中,作者在较短的篇幅里以第三者的视角冷静地叙述了一个农村妇女的艰苦生活。《络绮思的问题》的心理描写,《老夫妻》叙事的简练生动,《孟哥哥》《一支扣针的故事》文笔的细腻凄婉等,与当时流行的观念化的"问题小说"相比,确实与众不同。在五四时期,现代短篇小说究竟应该怎样写还是一个引起探讨的话题。胡适曾下过这样的定义:"短篇小说是用最经济的文学手段,描写事实中最精彩的一段,或一方面,而使人充分满意的文章。"①司马长风认为,如果将"事实"二字改为"人生",把"充分满意"改为"有所共鸣"则可看为是现代短篇小说的定义。② 作为五四新文化运动初期的尝试者,陈衡哲以独特的视觉和表现形式为我们提供了一个了解现代短篇小说发展的窗口,其贡献是有目共睹的。

四、《西洋史》

作为第一代受过良好西方史学训练的教授,陈衡哲很快辞去北大教职,转而持家兼著述,其主要作品是商务印书馆 1925 年、1926 年出版的高中教材《西洋史》上下册。虽是普及读物,虽陈衡哲本人不是十分满意,但到 1927 年已印了 6 版,流传之广,可以想见。

已经成为学界领袖的胡适,公私兼顾,在《西洋史》下册出版后不久,撰文推介:

> 陈衡哲女士的《西洋史》是一部带有创作的野心的著作。在史料的方面她不能不依赖西洋史家的供给。但在叙述与解释的方面,她确然做了一番精心结构的工夫。这部书可以说是中国治西洋史的学者给中国读者精心著述的第一部《西洋史》。在这一方面说,此书也是一部开山的作品。③

---

① 胡适:《论短篇小说》,1918 年 5 月 15 日《新青年》第 4 卷第 5 号。
② 司马长风:《中国新文学史(上卷)》,昭明出版社有限公司 1980 年,第 146 页。
③ 胡适:《介绍几部新出的史学书》,1926 年 9 月《现代评论》第 4 卷第 91 – 92 期。

胡适的书评写得很认真，不仅仅是为朋友说好话，而且搔到了痒处："史学有两方面，一方面是科学的，重在史料的搜集与整理；一方面是艺术的，重在史实的叙述与解释。""这样综合的，有断制的叙述，可以见作者的见解与天才。历史要这样做，方才有趣味，方才有精彩。""作者的努力至少可以使我们知道西洋史的研究里尽可以容我们充分运用历史的想象力与文学的天才来做创作的贡献。"①说得明确些，就是胡适认为，《西洋史》的好处不在专业深度，而在于作者的"精心结构"，以及"叙述与解释"方面的特殊才华。而这，也正是陈衡哲的自我期许。

陈衡哲谈到写这本书的目的时说："历史不是叫我们哭的，也不是叫我们笑的，乃是要求我们明白它的。"整本书就是要叫人"明白的"。当时，第一次世界大战的硝烟刚刚散去，中国就陷在了内战中。在原序中，她说，近年来读史的结果，"深悟到战争是一件反文化的事"，因此写史的动机之一便是"揭穿武人政客的黑幕，揭穿他们愚弄人民的黑幕"。《西洋史》当然不纯然是"战争史"，但作者是抱着上述的良知来动笔，以教育学生的。因此，"著者的目的，兼在以西洋历史的常识供给一般人士，故并未为教科书的体例所限"；如此编写原则，使其得以腾挪趋避，而不严格按照教学大纲"亦步亦趋"，故几十年后还能阅读。而此书之所以能兼及教科书与一般读物，其诀窍在于作者相当高超的叙事技巧。陈衡哲称：

> 我编辑此书时，有一个重要的标鹄，便是要使真理与兴趣同时实现于读者的心中。我既不想将活的历史灰埋尘封起来，把他变为死物，复不敢让幻想之神将历史引诱到他的域内，去做他的恭顺奴隶。或者因此之故，我将不能见好于许多的历史家及专门文学家，但我若能藉此引起少年姊妹兄弟们对于历史的一点兴味，若能帮助我们了解一点历史的真实意义，那我的目的也就达到了。②

既然是学问家的著述，自然注重知识的传授；但因作者讲求文章技法，其笔墨情趣自有生命。这本书最突出的特点，也是优点，就在于它的"写法"。文学和历史，现在分为两科，陈衡哲则是文学家写历史，所以是"史中有文，文中有史"。胡适说："陈女士是喜欢文艺的，所以她作历史叙述的文字也很有文学的

---

① 胡适：《介绍几部新出的史学书》。
② 陈衡哲：《西洋史》，辽宁教育出版社1998年，第3－4页。

意味。叙述夹议论的文字,在白话文里还不多见。陈女士在这一方面的努力,很可以给我们开一个新方向。"①

如罗马文明盛极而衰、影响深远,这是人人都知道的,但是作者不满足于平铺直叙,更不简单化地评说。她写道:

> (罗马衰落了)但是诗人说得好,"落红不是无情物,化作春泥更护花"。上古的末年,西罗马的文化,却并不曾以此忘其天职,结果是中古末年古文化的大复活。意大利的文艺复兴,又何尝是无情之物呢?……(它)走入了西欧各土,后来便在那里发芽展叶起来,为近代产生了一个灿烂的文化。②

陈衡哲由此抒怀:"武力的胜利在一时,文化的胜利在永久。意大利所受的委屈,不过数百年,而它在文化史上的功绩,却真是千古不朽的了。"③

作者广阔的文化史观跃然纸上,她的视野不围于一时一事,而是动态的、跨时空的,也就是今天所说的"穿越"。如,在写到彼得拉克④时,她说,他常有杜甫面对夔州古迹时发出的"怅望千秋一洒泪,萧条异代不同时"的感慨,常将身体"穿越"到古文人的社会中去。⑤

这类亦史亦文的书中佳什,如行山阴道上,目不暇接。这只是该书魅力的一方面,另一方面则在于作者的史德、史识和史才。

写历史是很难的。难处之一在于历史材料是"死"的,时代愈久远,材料愈是"死"的;你可以搜集之、挖掘之,但你绝不能凭空"制造"之。然而,如何认识和处理这些"死"材料,使其"活"起来,那就要靠史家的想象力、认识力以及文采风华了。古人说,治史需要有史德、史识和史才。陈衡哲三者兼备。

历史是复杂的,由于"国际的混乱",《西洋史》更是复杂的,所以不能只拘泥于某一种史观,陈衡哲在给胡适的信中说:

> 你说我反对唯物史观,这是不然的;你但看我的那本《西洋史》,便可以

---

① 陈衡哲:《西洋史》,第 296 页。
② 陈衡哲:《西洋史》,第 208 页。
③ 陈衡哲:《西洋史》,第 208 页。
④ 弗兰齐斯科·彼特拉克(1304 – 1374),意大利学者、诗人,文艺复兴的第一个人文主义者,被誉为"文艺复兴之父"。他的十四行诗为欧洲抒情诗的发展开辟了道路,被尊为"诗圣"。与但丁、薄伽丘并称为文学史上的"三颗巨星"。
⑤ 陈衡哲:《西洋史》,第 188 页。

明白,我也是深受这个史观的影响的一个人。但我确(实)不承认,历史的解释是 unitary(一元的)的;我承认唯物史观为解释历史的良好的工具之一,但不是它的唯一工具。①

说得多好啊:以"多元"代"一元",这不就是破除各种"八股",也是解放思想的不二"法门"吗?

这本书,依作者"例言",其范围以"文化的欧洲"及"纯粹欧化的美洲为限"。也就是从古希腊、古罗马到 1914 年。后来由于想把美洲另出一册,所以现在的《西洋史》没有包括美洲。遗憾的是,拟另出一册的美洲,作者始终没有腾出手来撰写。

在欧洲近代史中,英国革命和法国革命的比较,至今仍是一个时髦话题。有些论者往往不究国情,不问革命的起源和复杂的过程,直奔革命的爆发点和某些后果,再加以有倾向性的"比较",每每感情用事或以偏概全,以致好就一切都好,糟便从头糟到底。近几年来,此间以英国革命批评法国革命的声音越来越多,大体上是认为法国革命是以暴力(攻打巴士底狱)起,以暴力(白色恐怖)终。这其实是多少缺少了史识的表现。法国的情况与英国不同,那时想走英国的道路也走不了。

历史是叫人明白的。陈衡哲在英法两种革命上着墨甚多,而且是在历史进程中把两个革命的异同客观地交代清楚。她说:法国革命的结果是:"(一)旧制度的毁灭,(二)平民的失望,(三)中等社会的大交鸿运。第一项是收束已往的史迹,第二第三项,却是此后百年间欧洲社会上的一个大问题的开端。法国革命在欧洲历史上的位置,如是如是。"作者略带调侃地说,法国革命虽不免流了许多血,闯了许多祸,委屈了许多人士,做了许多可笑的改革,但对于它所举的"三个标鹄(自由、平等和博爱)","大致终算是达到了"。②

这些评论是否公允,可以见仁见智。但可以确定的是,如果没有法国革命这样的"大地震",自由、平等、博爱这类口号可能不会很快就在欧洲大陆传播开来;这些法国革命时期的口号,在法国以及其他欧陆民族,无论谁当政,真心也好,假意也罢,都不能避而不谈。小拿破仑在竞选时的"广告",通栏就写着这三

---

① 中国社会科学院近代史研究所中华民国史研究室编:《胡适来往书信选(上)》,社会科学文献出版社 2013 年,第 166 页。
② 陈衡哲:《西洋史》,第 327 页。

个口号。这表明,这些口号已经深入人心了。就像我们今天,民主自由已没有人能公开否定了。

更难能可贵的是,《西洋史》的最后一章《欧洲与世界》,已经不自觉地透露出"全球化"的前景。她写道:

> 自 19 世纪下半叶以后,欧洲历史的重心,已由欧洲本土渐渐移向世界,所以我们对于这时期中欧洲历史的注意点,也就侧重在它与世界关系了……19 世纪的欧洲历史,便成为世界化,而世界的历史,也就不得不以欧洲为中心点了……19 世纪欧洲的文化,如民治主义等,也就无限止地输入到世界各国了,这也是助成欧史世界化的又一原因。①

作者是太重视精神、文化了,大量的历史材料终是要托出时代的精神。这种关怀时时在夹叙夹议中自然流动出来。如她写到中世纪和近代的区别时,把"中古"比作"戴着面罩,关在小屋子里"的僧侣,近世却是一个享受"现在"和"此地"之美的"强健少年"。

2007 年中国工人出版社出版了《西洋史》的插图本,除本文外,前面有著名学者孙郁的"推荐序",在附录中重印了胡适当年写的《一部开山的作品》和陈衡哲本人写的《我幼时求学的经过》,封面上赫然写着"大师写给大众的经典历史读物"。

"经典历史读物"的评价,《西洋史》当之无愧。2002 年,欧洲问题专家、中国社会科学院欧洲研究所研究员陈乐民先生,曾对北京大学国际关系学院的学生说:"到现在为止,中国人写的《西洋史》当中,我还没有见到比这本书写得更好的。"②南开大学教授朱维之编《陈衡哲散文选集》,收入《历史小品》十则,所撰《序言》,引述《西洋史》中若干文字,然后称:"这样的历史插曲,可算是历史随感或历史小品。在她的《西洋史》中随处可以看到这样的小品文或历史随笔。例如上册的末尾处的《纪念但丁》,本来是一篇独立的散文。……本书选入陈衡哲的历史小品十则,供读者欣赏,并可以从此看出这位历史学家兼文学作家的散文特色。"③

---

① 陈衡哲:《西洋史》,第 367 页。
② 陈乐民:《陈衡哲和她的〈西洋史〉》,《南方周末》2008 - 06 - 12。
③ 陈衡哲:《陈衡哲散文选集》,第 132 页。

五、社会评论

民国黄金十年的知识分子,有一个最大的特征,那就是不管自己学的是文史法还是理工医农,首先都是社会评论家,随时对社会问题仗义执言,发飙问难。陈衡哲虽为女性,也不例外。

杨绛先生说陈衡哲"眼镜后面有一双秀美的眼睛",①她的眼睛何尝又不是锐利的。她常常能在旁人习以为常的问题中发现新问题,提出新见解。她的目光并不是投向白热化的激烈的政治斗争,而是把更多的时间和精力用来关注儿童问题、妇女问题、教育问题以及其他种种社会问题。她以女性的视角观察社会,同时不失批评家的锋芒和学者的睿智。透过她那双眼睛,我们依稀可以看到一个女性知识分子,在动荡岁月中对自由、对人性、对家国、对未来的那种信仰。

赵慧芝女士编制的《陈衡哲年表》说,1931 年日本关东军蓄意制造了九一八事变,陈衡哲和参加太平洋国际学会的中国一流学者胡适、丁文江等六人,马上分别数次急电呼吁大会延期并敦促日本代表退会。

1932 年,陈衡哲参与筹办胡适任总编的自由知识分子著名刊物《独立评论》,任主笔之一,就"鸦片公卖"、"自由婚姻"、"儿童健康"、"清华大学与国耻"等当时社会热点问题发出自己声音,还曾针对田汉话剧《暴风雨中的七个女性》致信丁玲共同讨论。她八十多年前的声音,在今天听来仍然滚烫而新鲜。

正是这种滚烫和新鲜,使陈衡哲惹怒了四川军阀当局,使任鸿隽的川大改革半途而废。

1935 年 8 月,任鸿隽就任四川大学校长,陈衡哲随夫入川。据任以都回忆:"他们刚到成都,便有许多不认识的人一窝蜂跑到他们住的地方来,说是来看博士。问他们看什么博士呀? 他们就回答说要看女博士。家母看到这个场面,觉得啼笑皆非,因为她并没有拿到博士学位,就算拿到了,女博士又有什么了不起呢? 诸如此类的事情,使她深深感到四川的文化实在太落后了。"

1936 年 3 月、4 月和 6 月,陈衡哲在胡适主编的《独立评论》上发表了三封公开信,即总称《川行琐记》的系列篇章,始料不及的是,这三封公开信引发了一场轩然大波。起因是,任鸿隽与四川军阀刘湘的关系不谐,他力图改革川大,刷

---

① 杨绛:《怀念陈衡哲》,《杨绛作品精选·散文(2)》,第 213 页。

新天府之国的教育现状，解聘了一些学力有限、人望不足的川籍教授，因此招致忌恨。陈衡哲的文章成了火药桶上那根嗞嗞冒烟的导火索。

在《川行琐记》中，陈衡哲秉笔直书，批评川人的保守观念和落伍行为。她指出四川有"二云"——天上的乌云和人间的鸦片烟云，四川的"有些女学生也绝对不以做妾为耻"；四川的鸡蛋缺乏蛋味，水果缺乏甜味，兰花缺乏香味……她还给川人开出五副"救药"：掘除鸦片烟苗的铲子、销毁烟具的大洪炉、太阳灯、鱼肝油和真牌社会工作人员。

文章发表后不久，陈衡哲被四川新闻界的专栏记者和专栏作家"棉花匠"、"乡坝佬"和"佛公"，还有一些"义愤填膺"的读者，牢牢揪住，不肯放手。他们群起而诼之，群起而攻之，口诛笔伐，气势汹汹，不乏措辞极其恶毒的人身攻击，甚至还有一些协会指控她犯了"诽谤罪"，欲向法院提起公诉。当年，成都是刺刀见红的讨伐地，《新新新闻》和刘湘直接掌控的《新民报》是弹无虚发的打靶场。

陈衡哲被骂为"学了点洋皮毛的女人""摆洋架子和臭架子的阔太太""卖弄华贵的知识分子"和"文化领域中的汉奸"。有的作者攻得兴起，竟然拿陈衡哲的私生活说事，揭露她内心暗恋胡适，因为江冬秀河东狮吼，不容许卧榻之侧还有其他女人鼾睡，胡适惧内而不敢离婚，她想做白话文祖师爷的夫人亦不可得，没奈何才下嫁给川人任鸿隽。她挑剔川人的种种劣病，实际上是歇斯底里的泄私愤，是恨屋及乌。有些游击高手则更具政治敏感度，说"陈衡哲的《川行琐记》，不是湖南女子眼中的四川，而是美帝国御用学者眼中的中国"。当年，留学欧洲的学者多半看不起留学美国的学者，法国留学生李思纯①即趁机起哄，质疑任鸿隽、陈衡哲的学者身份和地位。还有一些文化人将进攻的矛头直指整个独立评论派和胡适极力倡导的实用主义哲学。

平心而论，陈衡哲、胡适、任鸿隽，这些喝过洋墨水的知识分子，均具有强烈的民族意识，但他们对中国根深蒂固的乡土观念不以为然。1936 年 3 月 4 日，黄炎培赴川大演讲，即提醒川大学生"就是做梦也要做爱国的梦，不要做思乡的梦"。正因为如此，陈衡哲以诤友的角色出现，她对乡土观念极强的川人横竖看

---

① 李思纯（1893 – 1960），著名历史学家，元史学家。1919 年赴法国巴黎大学勤工俭学，后转赴德国柏林大学。归国后，任东南大学、四川大学等校教授。与陈寅恪、吴宓等史学大师多有交往。著有《李思纯文集》。

不顺眼,批判起来毫不留情,连一点商量讨论的余地都没有。《川行琐记》确实贬损了川人的形象,有以偏概全之嫌。事后,陈衡哲自己也承认:"有几位他们的太太不在成都的朋友近来对我说,我们的太太看了您的第二封公信之后,不肯到成都来了,这怎么办?"再者,该文发表的时机也不对,当时民族矛盾急剧上升,抗战已迫在眉睫,陈衡哲选定此时批判川人的种种弊病和劣根性,只会授人以柄。被惹毛了的川人发誓不肯饶恕她,"乡坝佬"上纲上线,指责陈衡哲的《川行琐记》完全是"发泄畛域观念,挑拨地方感情,有背中枢统一团结之旨"。至于那些老对头,他们又趁机找到了攻讦独立评论派的活靶子,对胡适大肆泼粪。

1937年,陈衡哲忍无可忍,决意远离那片是非之地,任鸿隽毅然辞去了川大校长职务。尽管行政院、教育部和四川省政府极力慰留,胡适、王世杰、翁文灏等好友反复劝驾,但任鸿隽去意已决。

国难当头,陈衡哲关心的不光是一些具体而迫切的社会问题,而且她还思考更深入、关乎民族长远命运的大问题。1935年6月,她写过一篇《我们走的是哪一条路》,指出横在我们面前的道路有四条:第一条是浑浑噩噩、行尸走肉的路,第二条是在"刀头上舔血吃"的廉耻扫地的路,这两条都是辱身亡国的死路;第三条是"知其不可为而为之"的路,第四条是忍辱含垢以求三年之艾的路,这两条是自救的活路。在第一条路上走的人最多,最让人感到无地自容的是走第二条路的人,或借国难营私自肥,或做汉奸,或将种种手段聚敛的财产转移到国外,随时准备开溜。对于第三条反抗之路,或者说自毁之路,她的评价是"即使有时抗拒的结果仍挽不回一个国家的厄运,但它的荣誉与人格却至少是保全了,它的民气也就不会一天一天的消沉下去,终至于无可救药了"。她最赞成第四条路:

> 即是在大难当前的时期中,每一个人都应该咬着牙齿,先把自己的身体培植到受得起磨折的程度。然后再把自己造成一个有用的专门人才,各在各的本分之内,把能力与知识弄得充充实实的,听候国家的征求与使用。但最基本的预备却是在人格的一方面。俗语说的,"真金不怕火烧";故一个有气节的民族是不但不会畏惧外来的侵凌,并且还能利用它,使它的磨折成为一个身心交织的火洗礼,然后再从那灰烬之中,去淘出那愈烧愈坚的真金来。①

---

① 陈衡哲:《我们走的是哪一条路》,《陈衡哲散文选集》,第178页。

六、新贤妻良母主义

陈衡哲 1924 年给三姐任心一的信中有这样一段:

> 当叔永在美国对我提起结婚的事的时候,他曾告诉我,他对于我们的结婚有两个大愿望。其一是因为他对于旧家庭实在不满意,所以愿自己组织一个小家庭,俾他的种种梦想可以实现。其二是因为他深信我尚有一点文学的天才,欲为我预备一个清静安闲的小家庭,俾我得专心一意的去发达我的天才。现在他的这两个愿望固然不曾完全达到,这是我深自惭愧的一件事;但是我们两人的努力方向是不曾改变的。①

这话可以解释当初陈衡哲是如何被任鸿隽的求婚所感动,以至抛弃原先所抱定的"独身主义"的。只是现实生活竟如此残酷无情,很快地,女诗人"清静安闲"的梦想便破灭了。结婚生子,以及由此带来的无数日常琐事,对于一个既有文学才华又有学问志趣的女教授来说,很可能意味着无穷无尽的烦恼。

1920 年 9 月 1 日,陈衡哲、任鸿隽结婚时候,胡适曾赠联"无后为大,著书最佳"。冬天,陈因怀孕而休假,第二年年底辞去教职。此后,除了精心抚育三个子女,她仍力图在事业上有所作为。身为北大最早的女教授,也是中国现代史上第一位女大学教授,陈衡哲的自我期许无疑是很高的。到底是出来教书好,还是在家专心著述更合适,陈衡哲很是挣扎。

在家庭事务之外还有事业志向的已婚女性,应该如何处理两者的矛盾? 陈衡哲认为,在当时中国的社会情形下,解决的方法有三种:其一是牺牲了自己的野心与天才,以求无负于家庭与儿女。其二是牺牲了家庭与儿女,而到社会上去另做别的事业。其三是同时顾全到家庭与儿女以及女性自身三个方面。采取第三种方法的女性,大抵是个性甚强,责任心甚重,又甚有天分的。因为不肯牺牲任何一方面,所以她们内心的冲突是特别强烈的。假如能战胜这个冲突,则未尝不能找到一个两全其美的办法:一方面既能靠了自己的努力,使儿女与家庭,成为她的人格与风范的写照,使一般人士不得不相信,女性的高等教育不但不能妨害她的母妻的责任,并且能使她的成绩格外优美。另一方面,又不忘修养自身的学问与人格,使自己所发的光明,不仅仅照及家庭的四壁。② 这第三

---

① 抢救民间家书项目组委会:《任鸿隽陈衡哲家书》,第 95 页。
② 陈衡哲:《衡哲散文集》,开明书店 1938 年,第 184 – 185 页。

种方法,是女性的美梦和女子教育的目标,也是陈衡哲的"夫子自道"和人生写照。只是,这个美好构想的另一面将是难以计数的艰辛与困难。确实,多重角色的扮演,常常让陈衡哲感到分身乏术。1929 年 10 月陈衡哲作为太平洋学会中国理事会的代表计划赴日本出席第三届常会,但是家庭事务却牵绊着她,在写给任心一的信中,陈衡哲流露出了务求鱼与熊掌兼得的忙碌与焦愁:

> 今秋日本之会,我十分想去,但家中太没有人,小孩子不放心。你如肯先来,俾我能得到一点自由,那真是感激极了。①

> 我们这里大小幸均安好,书书(注:陈衡哲次女)爱哭极了,因为我不能专心带她的缘故,不知道将来能否在孃孃(注:指任心一)处得到一点专爱?此孩聪明极了,因此常感痛苦,她要一人专心一意只爱她一个人,我小孩多,家务忙,还要著作,所分给她的注意也少得很,所以希望将来她能做你的唯一的宠侄,不知你要她否?②

对于陈衡哲为人母后的回归家庭,胡适感到惋惜不已,在 1921 年 9 月 10 日的日记中感慨道:"莎菲因孕后不能上课,她很觉得羞愧,产后曾作一诗,辞意甚哀。莎菲婚后不久即以孕辍学,确使许多人失望。此后推荐女子入大学教书,自更困难了。当时我也怕此一层,故我赠他们的贺联为'无后为大,著书最佳'八个字。但此事自是天然的一种缺陷,愧悔是无益的。"③其实,胡适不必如此失望,他对于陈衡哲"著书最佳"的希望并没有落空。陈衡哲辞去教职,是为了更好地照顾孩子和家庭,同时也是为了有更充裕的精力投入历史学的研究和著述,《西洋史》上册的资料搜集和写作工作伴随着长女的出生与成长,下册则与次女是差不多同时长成、出世,并因此取乳名"书书"。陈衡哲没有因为回归家庭而中断了对理想的追求,并且她绝大多数的文学作品和学术著作都是在婚后的人生岁月中写就的。可是,将家庭与事业全力肩起,务求兼顾的抉择,意味着更多的付出和更坚忍的意志。

她对中国女性现代身份的构想,是基于中国传统与西方文明的兼容并蓄:将中国文化传统中的修身立德,与西方现代文明中的独立精神相糅合,融汇出中西平衡的"独立"精神,这种精神在现代中国女性身上体现为"个性"与"女

---

① 抢救民间家书项目组委会:《任鸿隽陈衡哲家书》,第 100 页。
② 抢救民间家书项目组委会:《任鸿隽陈衡哲家书》,第 140 页。
③ 胡适:《胡适的日记》,中华书局 1985 年,第 211 页。

性"的和谐并进:在尽女性为妻为母的责任之外,还要有权利去发展个性与施展才华。陈衡哲同时指出,一个健全社会的基础,当在女子的"个性"与"女性"的两重人格的平衡发展上,而且这个平衡还应该是"正比例"的。也就是说,一个最好的母亲也应该是一个才能智慧超越的女子。

更进一步,陈衡哲认为,服务家庭不但可以是女性的职业,并且应该是所有已婚女性的基本职业。家庭是女性终身努力的基础,是一件可敬的职业,是女性最大的事业。她指出,做贤妻良母的女性,都是一种无名的英雄。"她们的努力常在暗中,而她们的成绩却又是许多男子努力的一个大凭借。她们是文化的重要基础,但正像一个塔或其他建筑的基础一样,她们承受的压力是很大的,而她们的生命却是埋藏于地下的。她们不能像那塔尖的上蠢云霄,为万目所瞩,为万口所赞,但她们却是那颤巍巍与天相接者的重要根基。我们明白了这一层,便不敢因为女子从事家务以外职业者少,即否认她们在文化上的贡献了。"①

陈衡哲从文化建设的意义上对贤妻良母的价值给予了充分的肯定,并为这个传统女性身份注入了现代内涵,她将困守家中、顺从无知等卑陋因子从这个形象中抽离,替换以文化教育的基石、社会事业的基础等更加体现女性智识价值的现代因子。正是在这个意义上,她指出贤妻良母虽然不是女性人生的唯一道路,但却是值得尊敬的人生选择,不应受到鄙弃,"我深信,女子不做母妻则已,既做了母妻,便应该尽力去做一个贤母,一个良妻。世上岂有自己有子女而不能教,反能去教育他人的子女的? 又岂有不能整理自己的家庭,而能整理社会的?"②

由此,在陈衡哲的人生观中,一个新贤妻良母的形象便构筑起来了,这个形象有传统的相夫教子的内涵,但又超越了其对女性困守家庭的限定,不仅赋予其文化建设之基的社会价值和民族复兴之基的历史使命,更重要的是肯定了女性兼任家庭与事业两重职业的能力,指出了融合"个性"与"女性"的人生发展道路。这个新贤妻良母的人生理想,既反对旧式家庭女性的依附与无知,拥有现代文明知识与独立自主能力,又反对新女性中以操持家务为无价值无前途的偏激认识,建设和谐健全的家庭生活,承担为母为妻的家庭责任。

---

① 陈衡哲:《衡哲散文集》,第 5 页。
② 陈衡哲:《衡哲散文集》,第 169 页。

　　值得注意的是,这个新贤妻良母主义是对社会现实和时代环境的某种妥协和让步。经历了初期的热情鼓吹和激进浪潮之后,至1930年代,中国女性解放思潮潜隐在更为宏大与迫切的社会革命思潮之下,新女性自身的反抗姿态也经历了由决绝到和缓甚至退却的变化,在初期突出强调的男女绝对平等的观念被淡化,而另一个被突出强调的"国民之母"的角色则得到延续并日益强化。这是因为前者已经完成了它激起社会关注、引发救弊纠偏的舆论力量、参与反传统同盟的历史使命,而后者则随着民族危机的日趋严重,被再次凸显在历史舞台的前景当中。于是,当倡导女性解放的男性启蒙者将兴奋点从女界革命转向社会政治革命后,女性对自我解放道路的思考也沉潜到相对保守与停滞的层面上。

　　而传统文化对于女性职能的界定和复古舆论对新女性"比旧女子尚不如"的攻击,也让知识女性在努力追求学问事业的同时,还需要符合社会对于女性的角色定位——贤妻良母,满足社会对于女性的职能要求——相夫教子,从而被纳入社会主流意识的价值领域,为自我实现扫清障碍,铺平道路,同时也借助于社会认同,来实现自我认同。虽然"新女性"作为一种女性时尚,为社会所推崇,以至于人们提起"太太"两个字都带着嘲笑轻视的意味,视之为自甘堕落,但是社会心理仍然认定母职是女性的首要职责,治家是不可推卸的责任,在倡导女性就业的同时,更加认同"贤妻良母"的女性角色。同样,知识女性一方面认为从事社会职业是女性实现自我的权利,也是对于社会国家的责任;但另一方面也认为需以善尽母职为前提条件。无论是普遍的社会心理,还是女性的自我认识,在家庭与事业这个问题上,都在文化定势的制约下不自觉地回归着传统。

　　陈衡哲——其实何止陈衡哲!那个年代的杰出女性,如文坛上的冰心、袁昌英、①林徽因等——所遭遇的家庭与事业的冲突,又给我们怎样的启示?

　　在今天的社会环境中,这个冲突虽然不曾完全解决,但是已为人们甚至女性自身所忽略,其中的困扰也不再显得那么深切严重。这是历史发展社会进步的结果。今天的职业女性,不需要忍受希特勒的让女性"回到厨房去"的叫嚣,不需要面对"女子无才便是德"的旧调重弹,而且她们拥有更切实的社会保障和

---

① 袁昌英(1894-1973),女,作家、教育家,湖南省醴陵人。先后求学于英国爱丁堡大学、法国巴黎大学学习,获文学硕士学位。任教武汉大学期间,与苏雪林、凌叔华被人称作"珞珈三杰"。

法律保护。可是，仍然有必要指出，在女性获得与男性同等的就业权利，并且同男性一样参加工作，成为自食其力的"胜利者"的同时，她们所面对的家庭事务的分配原则却几乎没有任何改变。"男女都一样"这个绝对化实则含混不清的表述，掩盖了男女之间的性别差异，也成为女性表达自身感受的屏障。家庭与事业的冲突——这个被陈衡哲视为女性解放最大障碍的问题，以一种悬置的方式，得到了解决，两重职业的两全其美——这个女性解放的美好前景，也以一种强制实现的方式，得到了实现；但是，在这个"解决"和"实现"中，女性面对着怎样的困难，她们对此又有怎样的思考，却成为一个空白，男女平等和同工同酬让这一切成为一个不必要的问题。数学式的男女平等不是女性解放的中心目标，性别差异也不是一个应当抛弃的概念，在此，陈衡哲的体验和思考，不在于是否为中国女性的前景描绘了切实可行的蓝图，而是一种提示——以她们的困惑和矛盾来提示一个不应该被忘却被淡化的问题。

对今天的女性而言，陈衡哲们以一种更健全合理的生活轨迹，完成着更平实切近的人生梦想——家庭生活的和谐圆满，个性才能的充分发展，社会价值的成功实现，正是在这个意义上她们更具有现实参考价值；或许她们缺少了一点在那个风云际会澎湃激昂的年代里跌宕起伏的传奇色彩和轰轰烈烈的生死纠葛，或许今天的人们对她们缺少了一点了解的欲望，事实上，她们也在相当长的历史时间中被遗忘被消隐。然而，她们为神圣母职暂时牺牲创作事业的选择，对今天的职业女性仍然具有提示意义，她们对女性独立自主的坚忍执着的追求，仍然可以激励人心，她们在两重职业的全力兼任中表现出的坚忍的意志、慈悲的心怀和智慧的创造，仍然值得汲取和学习。她们的独特价值在于兼容并蓄，在于均衡平和，她们的难能可贵在于，当女子教育和女性解放的起始阶段，身为为数不多的接受高等教育的女学者、女教授，她们在顽固的性别偏见和艰难的社会处境中，尽力圆满地解决了家庭责任与事业追求的冲突，这是中国女性所面对的"前无古人"的难题，也是古老中国的新身份——职业女性，开始以独立姿态踏入社会时难以避免的困扰。另一方面，她们的平衡兼顾和牺牲奉献，也阻碍了她们对女性独自承担家务的传统习俗和社会心理中的性别歧视进行更本质更深入的反思和批判；她们所处的时代，女性解放任重道远，女性不仅在教育、就业等社会事务方面需要享有同等的权利，在承担家庭事务上，女性一力肩起的状况同样需要得到改善，夫妻共同分担家庭事务，该是男女平等的应有之义。

苏雪林：享年最长的"另类才女"

苏雪林，正如她自己所说，是"一个充满矛盾性的人物"。一方面，她集作家学者教授画家于一身，执教五十年，笔耕八十载，著述六十五部。1930 年代，她因《绿天》打破了"美文不能白话"的迷信而被阿英称之为"女性作家中最优秀的散文作者"，并与冰心、凌叔华、冯沅君和丁玲一起并称为 1930 年代五大女作家。她享年一百零二岁，跨越两个世纪，是现代文学史上享年最长的作家，可堪"世纪才女"。另一方面，她的求学经历、出国、婚姻、研究、写作等，都称得上是特立独行，惊世骇俗，用"另类"一词来形容她，真是一点也不过分。

　　苏雪林,正如她自己所说,是"一个充满矛盾性的人物"。一方面,她集作家学者教授画家于一身,执教五十年,笔耕八十载,著述六十五部。1930 年代,她因《绿天》打破了"美文不能白话"的迷信而被阿英称之为"女性作家中最优秀的散文作者",并与冰心、凌叔华、冯沅君和丁玲一起并称为 1930 年代五大女作家。另一方面,在时代潮流影响下,她靠个人奋斗,从安徽太平县的一个普通女子成为一名女师大学生,并出洋留学,最终成为著名作家学者教授。其百岁人生可谓经历丰富,命途坎坷。她的求学经历、出国、婚姻、研究、写作等,均可称得上是特立独行,惊世骇俗,用"另类"一词来形容她,真是一点也不过分。

一、成就

　　在《浮生九四》里,苏雪林称自己是四川眉山苏辙的后裔。或许正因为如此,她遗传了远祖"三苏"的豪迈才思与文学才华,故聪颖早慧,艺术灵感超乎常人。读私塾时候,就"好像天生与书有缘",广泛阅读《三国》《水浒》《聊斋志异》《阅微草堂笔记》等作品,对林译小说更是爱不释手,还模仿其笔调来写日记。直到晚年,苏雪林还认为她幼年那些描写生活琐事的日记,写得"清新流丽,活泼自然","其中包蕴我一段最娇嫩的青春无忧的岁月",是她"最初的创作","值得纪念"。①

　　十一岁左右,她"模仿蒲留仙②和林琴南的调调儿,颇能逼肖。写了几个月,居然积成厚厚的一册,后因嗔人偷看,自己一把撕掉,烧了"。这该是她"踏上写作生涯的第一步"。③ 由此推算,她的笔耕生涯,自十余岁至百龄,几近九十载,在整个文学史上,绝无仅有。十二岁时,她就写出了别有风味的《种花》:

　　　　满地残红绿满枝,宵来风雨太凄其。

　　　　荷锄且种海棠去,蝴蝶随人过小池。④

　　她还很有绘画天赋。看了一部日俄战争的写真帖(类似今日的连环画),浏览炮火连天的战争画面,竟激发了她艺术创造的冲动,用彩笔勾勒了猫儿国里猫鼠开战的故事,情节穿插极其热闹,自成章回。"虽然尚不知用文字记录,但

---

① 　苏雪林:《苏雪林自传》,江苏文艺出版社 1997 年,第 17 页。
② 　蒲留仙,即《聊斋志异》的作者蒲松龄。
③ 　苏雪林:《苏雪林自传》,第 18 页。
④ 　苏雪林:《灯前诗草》,台北正中书局 1982 年,第 131 页。

却有图为证……记得当时是画了一厚册,可算我幼年绘画的杰作。"①

　　1915 年 9 月,当陈独秀在上海创办《青年杂志》,点燃思想启蒙运动火炬,鼓吹"欲脱蒙昧",当以"科学与人权并重",号召莘莘学子,做"自觉而奋斗"精神的"新青年"时,还叫苏小梅的苏雪林正在安庆女师读书。她以故乡一个童养媳被恶婆虐待致死为题材,作了一部短篇小说《童养媳》,对乡村中蓄童养媳的陋习与罪恶,进行了有力的控诉。用的是林译小说体,"辛酸刻骨,悲风满纸"。倾心新文化运动,自觉投身到奔腾澎湃的时代洪流中,并以短篇小说创作积极参与,其切入点正是新文化所要反对的旧传统与旧道德,在民国初年的年青女学生里,实属罕见。可能是因她涉足文坛较早的原因,钱杏邨才会有这样恰如其分的评语:"苏绿漪(注:即苏雪林)和中国的新文艺运动,是有着很久的关联的。"②

　　新文化运动带给人们的,一是以科学的、理性的眼光估量一切,决定取舍,二是人的自我意识的发现,亦即人人有自主抉择的权利。她说,"我的性格相当顽强,同时又是五四思潮翻滚过来的人","是一个平日喜以唯理主义'五四人'自命者"。"五四以前,对'我'的认识不明确;五四后,对'我'有深刻的了解,认为'我'应该有独立的人格与权利,可以决定自己的前途和命运。"她后来连即将到手的文凭也不要,等不到从国立北京女子高等师范学校③毕业,就毅然报考中法大学赴法留学,用她自己的话来说就是,求学上进的机会、主宰命运的权利应该自己来把握,"我们心龛里供奉着一尊尊严无比仪态万方的神明——理性"。④

　　新文化运动对苏雪林影响如此之大,是因为五四运动爆发后不久,她就放弃小学教员的职位,就读女高师国文系,直接受教于胡适、李大钊等先驱,她整个心灵都被一种新思潮所鼓动。因此,虽然在女高师求学只有短暂的两年,但却是她迈向文坛的起点。也是在这里,她开始舍弃林译文言体,练习用白话写

---

① 苏雪林:《我的生活》,台北文星书店 1967 年,第 144 页。
② 张若谷:《现代中国女作家》,1928 年《真美善》女作家号。
③ 国立北京女子高等师范学校,原为1898年设立的京师女子师范学堂,是国内建立的最早的女子师范学院,校址设在原为清末斗公府旧址。1919 年,学校改称国立北京女子高等师范学校,1924 年,又改为北京女子师范大学。以下简称女高师。
④ 苏雪林:《苏雪林自传》,第 23－24 页。

作，并用许多笔名向报刊投稿；她还应成舍我①之约，与同学周寅颐、杨致殊三人主编《益世报·妇女报周刊》，对当时的社会热点问题，比如妇女解放、女子享有教育权、继承权、经济权等，她都有自己独特的思考，并诉诸文字。"那刊物既为周刊，每个月需写二三万字的文章，始可应付。那雪地里冻死的小乞丐、被恶姑虐死的童养媳、一心想着贞节牌坊牺牲青春和幸福的节妇"，②都是写作的素材。对于一位尚在求学的文学青年，积极投身于时代潮流，并能独当一面主持周刊编辑达一年之久，撰写各种体裁文章数十万言，显示了她冠绝侪辈的才情。

她写了很多文章，有文学作品，也有学术性较强的论文和零乱的随感。但她只愿以文字与读者相见，而从来不想以真面目示人。1928年《真善美》杂志的女作家专号上，就有人说：她是一位不喜欢用自己真姓名发表作品的作家，雪林女士是用于《李义山恋爱事迹考》的，绿漪女士用于《绿天》与《棘心》上，还有其他许多仅用一次即行作废的笔名，不胜枚举。

从1925年留法归来，一直到抗战爆发的十多年时间里，苏雪林先后任教于苏州东吴大学、上海沪江大学、省立安徽大学、国立武汉大学。这是她一生精力最充沛、创作最旺盛、成果最辉煌的时期，一面从事教学，一面勤奋创作与研究，"她的作品很多，她写诗，她创作小说，她写剧本，她也作散文"。③1928年和1929年上海北新书局先后出版了以绿漪女士署名的散文集《绿天》及长篇自传体小说《棘心》。这两部作品数月之内，一版再版，受到读者特别的青睐，尤其是《棘心》中女主角杜醒秋女士特立独行的品格和个性，当时确曾引起不少出自旧家庭、接受新思想的知识青年的强烈共鸣。台湾读者一萍撰写回忆文章说："《棘心》出版后，京沪爱好文艺的青年，莫不争相购买，有人结婚，送《棘心》是很时髦的礼品。"④

《绿天》与《棘心》是她蜚声文坛的成名作，也使她成为与冰心、凌叔华、冯沅君、丁玲并列的五四后文坛五大女性作家之一。

① 成舍我（1898－1991），中国著名报人，原名成勋，后名成平，舍我为其笔名。湖南湘乡籍人。从1913年为安庆《民岩报》撰稿，到1988年在台北创办《台湾立报》，直至1991年去世，从事新闻业近七十七年，是从事新闻教育事业最长、影响重大的新闻教育家。当时任《益世报》编辑。
② 陈玉玲：《寻找历史中缺席的女人——女性自传的主体性研究》，南华管理学院1998年，第40页。
③ 黄人影：《当代中国女作家论》，第131页。
④ 《庆祝苏雪林教授百龄华诞专集》，台北正中书局1997年。

　　其中,《棘心》是作者的自叙传,以自己留学法国的经历,展现了五四后知识女性在新旧文化交替、新思想旧道德碰撞时面临人生抉择的心路历程,开新文学描写留学生生活长篇小说之先河。主人公杜醒秋女士是具有鲜明时代特征的艺术形象,深刻揭示了五四后旧家庭出身的知识女性独特的个性。沪上名宿曾孟朴①在自己办的《真美善》杂志上连载《棘心》,赞苏雪林:"此才非鬼亦非仙,俊逸清新气万千!"当时担任《生活》周刊主编的韬奋先生,②在《棘心》出版后几天,就撰文向读者推介:"我们知道这本书全由事实为背景,而最能使人感动而永莫能忘的,是主人公醒秋女士磊落的做人态度……这种冰玉清洁的人格,浩然不羁的正气,最使人感动","处处动人心弦,好像拉了读者恍然如亲身加入里面的悲欢离合","全书328页,我费了两整夜的工夫,很仔细地看完,还嫌它太短!"③

　　而《绿天》则是1920年代留传至今的一本现代散文名著。童心、自然、母爱的主题,率真、清新、隽丽的文字,清倩、灵活、豪放的才思,抒写人间的温暖与人性的芬芳,打破了"美文不能白话"的迷信而赢得盛誉:"苏绿漪是女性作家中最优秀的散文作者,至少在现代女性作家的比较上,我们可以这样说。"④林海音曾深情地说:"《绿天》实在是一本富有诗意的散文,描写大自然景色的情意之文,书中很多;我在中学生时代读它,和今天我做了祖母再读它,一样使我深得其味。"⑤笔下学养深厚的智慧澄澈,内心高雅充实的生命力,这是抒写心灵散文夺人共鸣的魔力所在。正缘于此,苏雪林才被现代文坛公认为散文大家,《绿天》才被视为散文名著。

　　这两部作品,很好地体现了她的文学观念:"我以为文学是思想、情感(或说情绪)和艺术的一种作用,无论写实也好,象征也好,浪漫也好,什么也好,要没有高远的思想,丰富的情绪,洁炼的艺术,不配叫作文字,更谈不到创作";"文学家和艺术家的使命,是以丰富的想象,高超的意境,美化人生,提高人们的情感

---

①　曾孟朴(1872-1935),江苏常熟人,文学家、文学翻译家、翻译理论家。清末曾参加"立宪运动",鼓吹改良主义,辛亥革命爆发后加入共和党,后从事文学创作与翻译活动,所著《鲁男子》和《孽海花》均为清末小说名作。

②　韬奋先生,即邹韬奋(1895-1944),祖籍江西余江,出生在福建永安。著名记者、政论家、出版家、革命先烈,2009年被评为100位为新中国成立作出突出贡献的英雄模范之一。

③　左志英:《冰雪梅林》,民主与建设出版社2012年。

④　黄人影:《当代中国女作家论》,第134页。

⑤　林海音:《剪影话文坛》,中国文联出版公司1987年,第26页。

和思想,他们要在荒地上散布花种,要在沙漠里掘开甘泉,把这个荒凉的世界,逐渐化为锦天绣地的乐园"。①

除了小说与散文,她还出版了研究唐诗的学术专著《李商隐恋爱事迹考》,独幕童话象征剧《玫瑰与春》,以及取自佛经与印度史实的三幕剧《鸠那罗的眼睛》。以上二剧皆用唯美文体,艺术感染强烈,尤其是《鸠那罗的眼睛》,是真实的历史故事,与莎翁名剧《哈姆雷特》一样是"太子悲剧",恻人肺腑,因作者写此剧参考不少梵典,良工心苦,成为当时水准相当高的唯美剧。

创作之外,为了教学的需要,她还热切关注当时文坛的现状,对二三十年代活跃于新文学园地的诸多作家及其作品进行了批评,撰写了数十篇切中肯綮的作家作品专论,纵横捭阖地展现了新文学运动十五六年间蔚为壮观的创作风貌。新文学运动以来,还没有哪一位评论家写过如此多的作家作品论。她的文艺批评虽是一家之言,但无门户、派别之见。论证作家及其作品,注意将作家生活经历、所处环境、艺术风格与所属流派作综合观察,故对其艺术倾向、作品优劣把握准确;笔锋犀利,精当谨严,出刀见血,淋漓痛快。加之才大学博,新旧文学学养深厚,故议论恢宏,行文开阖动荡,波澜起伏,并时时迸射出睿见与激情——发表自己的文学理念和见解,来加深读者对所论作家及作品的认识,给人以一气读完才肯释卷的阅读兴致。

如在《沈从文论》中,她首先指出沈氏作品的艺术好处,第一是能创造一种特殊风格,第二是句法短峭简练,富有单纯的美;其次则言沈氏做小说过于随笔化的缺憾,最后剖析这位文体作家在作品中所要表现的哲学思想:"他的作品不是毫无理想的,不过他这理想好像还没有成为系统,又没有明目张胆替自己鼓吹,所以有许多读者不大觉得,我现在不妨冒昧地替他拈了出来。这理想是什么? 我看就是想借文字的力量,把野蛮人的血液注射到老态龙钟、颓废腐败的中华民族身体里去,使他兴奋起来,年轻起来,好在 20 世纪舞台上与别个民族争生存的权利。"②金介甫先生说:"在当时的中国,评论界并不把沈的作品看作文学,诋毁他的创作多半出于空想,因而否定了他的作品在中国社会生活中的作用。"他在《沈从文传》中,特别提到苏雪林的《沈从文论》"有真知灼见"。③

---

① 苏雪林:《序》,王佐才:《蝉之曲》,上海真善美书店 1929 年。
② 苏雪林:《沈从文论》,1934 年 9 月《文学》第 3 卷第 3 期。
③ [美]金介甫:《沈从文传》,符家钦译,国际文化出版公司 2010 年。

再比如,20 年代中期,中国新诗坛象征派诗人李金发的《微雨》《为幸福而歌》等诗集流传并引起论争——一部分人抱怨他的诗读不懂,称其为"诗怪",一部分人又喜爱他那一种异国情调而着意模仿,贬褒不一,是苏雪林最早从艺术上进行了阐述。她说,李金发诗歌"朦胧恍惚,骤难了解",是因为"观念联络奇特","不固执文法的原则","感觉敏锐、幻觉异常","省略与跳过句法"。在此基础上,她厘清了颓废派与象征派的区别:颓废派诗人要求强烈及奇异之刺激,而象征诗人则幻觉丰富,异乎寻常,心灵作用也较常人进步。在此基础上,肯定了李金发的贡献:"中国象征派的诗至李氏而始有,在新诗界中不能说他没有相当的贡献。"①

最难能可贵的是,虽与现代作家并肩而行、声气相通,但从总体上看,不论亲疏长幼,她都以作品为凭,好处说好,坏处说坏,持论基本公允,从不违心。即令敬之为"现代圣人"的胡适,该指摘处也不回避,照样据理辩驳,表现出可贵的学术品格。比如,她曾对郁达夫、张资平小说里的病态颓废色彩与色情倾向提出过严肃的批评:"赤裸裸描写色情与性的烦闷的郁达夫,又好写鸦片、酒精、麻雀牌、燕子窠、下等娼妓、偷窃、诈骗,以及其他各种堕落行径,所以人家给他戴上颓废作家的冠冕。"②"张资平虽然自称为新文学作家,但他专以供给低级的趣味、色情或富于刺激性的题材娱乐一般中产阶级……作品产量虽丰富,而十九粗制滥造,毫无艺术价值可言。"③她语重心长地说:"高尚纯洁的文学,在于作家有优美的技巧和健全的人格","粪土里生不出美丽的花,下流淫猥的脑筋里,也产不出高尚纯洁的文学,所以文学家的品格不能不注意培养";"在文人生活不能独立的现代,拿文字换面包,是没法避免的。但决不可为了想赚钱,便做迎合读者的文字"。④

苏雪林说:"我评论一个作家,都以其作品为凭,作品是一个人'心灵的写照',是最有力的证据,而这些作品我是都仔细读过的。"⑤后来结集的《中国二三十年代作家》四十五万言,七十二章,论评作家(含诗人及剧作家)四百余人,评点作品近千部。可以想见,她付出了多么辛勤的努力。

---

① 苏雪林:《论李金发的诗》,1933 年《现代》第 3 卷第 3 期。
② 苏雪林:《郁达夫及其作品》,《中国二三十年代作家》,纯文学出版社 1983 年,第 316 页。
③ 苏雪林:《多角恋爱小说作者张资平》,1934 年《青年界》第 6 卷第 2 号。
④ 苏雪林:《郁达夫及其作品》,第 325 页。
⑤ 苏雪林:《中国二三十年代作家·序》,纯文学出版社 1983 年。

二、攻击鲁迅

苏雪林研究中,有一个不能回避的问题,那就是她对鲁迅的攻讦。对此,李何林早在 20 世纪 30 年代就指出:苏雪林的这些文字是一种"泼妇骂街式的文字",暴露了她自己的"卑劣和下流",根本不是文艺批评,所以也不值得批驳。① 他的说法,带有强烈的左翼气息,维护鲁迅的意图很明显,但由于他是中国现代文学研究学科的奠基者,也是鲁迅研究的奠基者,更由于毛泽东同志对鲁迅的极力推崇,这种说法就这样约定俗成地流传了下来,以至于到现在,很多研究者还没有跨越出来,最多只不过在"追求鲁迅不成,反而成仇","这个老太太疯了"之外添加一点心理分析,或者强调她是对政府谄媚。如厉梅就在推测苏雪林有一种自恋情绪的基础上,说她攻击鲁迅是因为,她最初视鲁迅为父亲,而鲁迅却拒绝了她。② 如寇志明认为:"对苏雪林而言,无论是在国民党统治下的中国大陆还是后来被国民党占领的台湾,鲁迅都只不过是一个靶子,一个政府用来操控离心份子的靶子。"③ 一片詈骂声中,很可喜地看到了王富仁和丁增武理性客观的判断。前者说:"苏雪林对鲁迅的攻击极直接而又激烈,同时也显示着她的一种真诚。"④ 后者则肯定苏雪林,"对时势极为敏感,逻辑思路非常清晰,思考也相当深入"。⑤ 可惜的是,两位先生均没有详尽展开。事实上,由于苏雪林的反鲁持续时间很长,用她自己的说法是"半生反鲁",不同时期当然该有不同的论断。

(一)反鲁开始:真诚

苏雪林反鲁是从 1936 年 11 月 12 日给蔡元培写信开始的。该信以《与蔡孑民先生论鲁迅书》(以下简称《论鲁迅书》)为题发表于 1937 年 2 月的《奔涛》半月刊第 1 卷第 2 期。1936 年 11 月 18 日,她又给胡适写了一封信。该信以《与胡适之先生论当前文化动态书》(以下简称《动态书》)为题发表于 1937 年 2 月的《奔涛》创刊号。这两篇文章拉开了她"半生反鲁"的序幕。我们要考察的

---

① 李何林:《谈谈苏雪林女士论鲁迅》,1937 年 4 月 9 日《北平新报》。

② 厉梅:《苏雪林的两种姿态》,《书屋》2005 年第 6 期。

③ [澳]寇志明:《苏雪林论鲁迅之"谜"》,《鲁迅研究月刊》2011 年第 4 期。

④ 王富仁:《中国鲁迅研究的历史和现状》,浙江人民出版社 1999 年,第 70—71 页。

⑤ 丁增武:《民族主义与自由主义视阈中的文化领导权问题——对苏雪林与胡适关于文化动态问题通信的考察》,《安庆师范学院学报(社会科学版)》,2011 年第 8 期。

是,苏雪林为什么要写信,又为什么会把私人信函公开发表。

　　为什么写信,看起来很简单,事实上并不简单。说简单,是因为苏雪林本人说得很清楚。致信蔡元培,是"力劝孑民先生勿参加"鲁迅治丧委员会;致信胡适,是和自己尊崇的师长探讨当时的文化动态问题。① 说并不简单,是因为长期以来,人们只关注了她对鲁迅的评价问题,而在某种程度上忽略了另一个问题——如何从左翼文化界手中夺回新文化领导权。这个问题其实更为关键,对鲁迅的评价只是这个核心问题的触发、延续和补充。

　　苏雪林称鲁迅为"玷辱士林之衣冠败类,廿五史儒林传所无之奸恶小人",言其参加"左联"后,"密布爪牙,巧设网罗",且"文网之密,胜于周来之狱,诛锄之酷,不啻瓜蔓之抄",等等。的确是狠毒! 但不能忽略的是,她是在写信,并没想着公开发表。就这一点来说,情绪,或者语言,无论怎么激烈都可以理解。举个鲁迅先生的例子。鲁迅说,1932年他回北京到孔德学校时候,顾颉刚"见我即踌躇不前,目光如鼠,状极可笑"。如果不是给许广平写信,相信鲁迅不会这样不留情面,即使是对他不喜欢的顾颉刚。胡适给苏雪林的回信,长期以来人们只称许胡适的"持平"之论显示的宽容和公正,韩石山却提出了"胡适真的敬重鲁迅吗?"的质疑:胡适是把鲁迅对包括自己,也包括苏雪林在内的"我们"的攻击看作"猜猜",也就是狗的狂叫的。② 把对手的攻击比作狗的狂叫,体现着胡适对鲁迅蔑视与厌恶的程度。如果不是在私人信函中,胡适会这样说吗?

　　何况苏雪林本身就是一个喜欢笔走偏锋、好意气用事的人,对反感或厌恶的人,竭尽贬抑;对喜欢或欣赏的人,顶礼膜拜。他讨厌郁达夫的颓废,断言其是"一个元气被酒色断尽的作家"。因此,她否定郁达夫作品的内容,说《沉沦》主人公的行为是"作者自己神经有病"所为,说《她是一个弱女子》是"集卖淫文学之大成";还一概抹杀他在艺术上的成就,说他只喜欢"尽量地表现自身丑恶"。③ 他钦佩徐志摩的风度,甚至学着朱熹批评陆放翁的口气说"近代惟此人有诗人风致"。徐志摩曾在景海女校做过一次关于女子与文学的演讲,采用的是剑桥大学的宣读方式。这样的照本宣科,很少人能接受,苏雪林却推崇备至,多年之后,仍然记忆犹新:

---

① 苏雪林:《苏雪林自传》,第89页。

② 韩石山:《胡适真的敬重鲁迅吗?》[DB/OL].http://blog.sina.com.cn/s/blog_473d7d850102dtnx.html[2014/1/2].

③ 苏雪林:《郁达夫及其作品》,第318页。

他诵读时开头声调很低,很平,要你极力侧着耳朵才能听见。以后,他那音乐一般的调子,便渐渐地升起了,生出无限抑扬顿挫了,他那博大的人格,真率的性情,诗人的天分,都在那一声一韵中流露出来了。这好似一股清泉起初在石缝中艰难地,幽咽地流着,一得地势,便滔滔汩汩,一泻千里。①

另外,我们不能不说,虽然苏雪林用词过于狠辣,但她对鲁迅的认识也不能说就是毫无来由的个人攻击。比如,她说鲁迅"染指于政府支配下之某项经费",就是不容置疑的事实——鲁迅从国民党政府的中华民国大学院每月领取300元的津贴——当时私立复旦大学教授的月薪才200元。需要注意的是,这并不是政府因为鲁迅搞学术研究主动赠予的,而是他通过包括许寿裳在内的诸多朋友去幕后活动,向民国政要蔡元培三番五次说情才得到的。尤其值得玩味的是,鲁迅通过他的同乡章廷谦、郑奠等人运作到浙江大学研究院谋职是1927年五六月间——此时,距离把他"吓得目瞪口呆"的国民党的大屠杀只有一两个月——运作失败后,他还为未受国民党政府赏识而大怒,而大发牢骚,而咒骂蔡元培赏识他人。然而不久,当蔡元培主政刚刚成立的中华民国大学院后,鲁迅和许寿裳紧密配合,积极运作,终于谋得了个"特约撰述员"的名义,不上班,却可以领津贴了。②

这件事,当然可以做各种各样的解读。如有人从思想者的责任角度,认为国民党政府做了祸国殃民、对不起百姓的事,鲁迅先生以笔为旗,对其进行批判和讨伐——不管自己是否从那里领取俸禄——的做法,是弥足珍贵的。③ 当然可以这样想,但念及鲁迅在不同政权下都能享受很好的待遇——在清朝被选为留学生,在北洋军阀政府任教育部金事、主任,在国民党政府领到优厚津贴——再念及这份待遇的来由,苏雪林言及他的世故与矛盾人格,也不能说是空穴来风。

以下材料能够进一步证明这一点。鲁迅逝世当天,周作人接受记者采访说,鲁迅的思想"最近又转到虚无主义上去了,因此,他对一切事,仿佛都很悲

① 苏雪林:《花都漫拾》,群众出版社1999年,第129-135页。
② 独孤大虾:《鲁迅拿国民党政府津贴的台前幕后揭秘》[DB/OL]. http://bbs. tiexue. net/post2_3973955_1. html[2013/12/29].
③ 施文:《也谈鲁迅拿着俸禄骂政府》[DB/OL]. http://shiwen2011. blogchina. com/1202437. html[2013/12/29].

观"。叶公超也发表文章,支持周作人的意见,认为鲁迅"始终是个内倾的个人主义者"。①

《大公报》还发表短评说:"他拿刻薄尖锐的笔调,给这个文坛划了一个时代,同时也给青年人不少的不良影响。"上海一些报刊,也指责鲁迅"用很大精神打无谓的笔墨官司","把许多力量浪费了"。②

也就是说,对鲁迅的人格提出质疑的,即使在当时,也不仅仅只有苏雪林。她曾说,发表致蔡、胡的信函后,她是很盼望着左翼著名理论家郑振铎、胡风,左翼著名作家茅盾、田汉、丁玲等"站出来同我说话"的,谁知"左派重要文人并无一人出面"。这也许有她的文字充满了胡适所说的"旧文字的恶腔调",不予理睬、视若无物才可能是最好的反击的因素,但也不是没有——甚至更有——这样的可能:郑振铎、茅盾等人从内心里面是认可苏雪林的看法的。

另外,她关于鲁迅的影响,即她说的"鲁祸",也就是新文化领导权的见解不可谓不深刻。身居书斋,苏雪林却能敏锐地认识到,作为当时中国唯一合法政府的国民党政权正在一步步丧失其在文化界的领导权。基于深刻的民族主义立场,她察觉到了左翼团结鲁迅、利用鲁迅,进而争取青年、控制文化界的意图。这一判断符合抗战前中国共产党领导下的左翼文化界的生存与斗争策略。例如,据王彬彬先生论证,1936 年声势浩大的鲁迅丧仪正是中国共产党及其领导的上海左翼文化界精心组织筹划的一场政治运动;③鲁迅被称为"民族魂",也不过是在那样一种特殊的时刻,由救国会这样一个特殊的政治组织,怀着逼蒋抗日的明确目的加诸鲁迅的。④

这和九一八事变后,在国立青岛大学任教的闻一多反对学生赴南京请愿,主张挥泪斩马谡一样。而在西安事变爆发后仅仅四天,《清华大学校刊》第 799 号发布《清华大学教授会为张学良叛变事宣言》,谴责张学良软禁蒋介石是"假抗日之美名,召亡国之实祸,破坏统一,罪恶昭著",号召国人"共弃之"。执笔者就是十多年后"宁死不吃美国救济粮"的朱自清和做了"最后一次演讲"就被暗杀的闻一多。

被后世敬仰的这两位先生当时不仅公开发表宣言,还在各种场合表达着自

---

① 鲁迅先生纪念委员会:《鲁迅先生纪念集》上海书店 1937 年,第 24 页。
② 鲁迅先生纪念委员会:《鲁迅先生纪念集》,第 33 页。
③ 王彬彬:《往事何堪哀》,长江文艺出版社 2005 年,第 217-229 页。
④ 王彬彬:《并未远去的背影》,广东人民出版社 2010 年,第 142-159 页。

己的愤怒。西安事变后几天的"毛诗"课,闻一多横眉怒目地扫视课堂后说:"真是胡闹,国家的元首也可以武力劫持!一个带兵的军人,也可以称兵叛乱!这还成何国家?……国家绝不容许你们破坏,领袖绝不容许你们妄加伤害!"①朱自清在事变次日的日记中,称张学良扣蒋是"真一大不幸";再次日的日记说:激进学生"制造谣言,称……约四十人被蒋的卫士开枪打死,因此张学良的行动是正当的。多么肮脏的骗局"。②

评价西安事变,不是本文的任务。但西安事变客观上将抗战提前,从而结束了中国经济的飞速发展时期,却已是史学界的共识。而蒋介石日记的提前曝光更使他"用十年时间来准备抗日"的战略暴露在日本人眼前,日本遂加紧了侵华的步骤。被迫抗战的结果是不到一年,大半国土沦丧,而外交上的孤立无援也使国家在1941年12月7日珍珠港事件之前一直独立抗战。倘若没有盟国的支持,我们可能十年也走不出来。

因此,可以说,支持政府,或者说,反对共产主义,反对中国共产党,是当时右翼知识分子的共识。苏雪林能够认识到左翼(也就是中国共产党)与鲁迅的合作是相互利用——前者利用后者来争取青年,抢夺文坛的控制权;后者利用前者的影响,奠定他自己的文坛霸主地位——可见她的清醒。而能够在左翼已经基本控制文化界的情况下大胆表露自己的观点,攻击左翼盟主,显现的自然就是她的真诚了。

真诚的苏雪林,素以"反共反鲁"者自居,时有恶意调侃和瞎骂。例如,她姐姐寄钱时不慎跌断腿,她便借题发挥,莫名其妙地骂是共产党害的。

但这不能抹杀苏雪林的爱国情怀。1915年1月18日,日本妄图鲸吞中国,向袁世凯提出无理的"二十一条"。消息传来,国人震惊。当时在安徽省立第一女子师范读书的苏雪林,激于义愤,戎装倚剑留影,以申斩倭报国之志,一腔热血,洋溢诗中:

> 也能慷慨请长缨,巾帼谁云负此身。
>
> 摩拭宝刀光照胆,要披巨浪斩妖鲸。③

抗战岁月,她毅然将全部积蓄和陪嫁兑换52两黄金,捐给国家。即使到了

---

① 闻黎明、侯菊坤:《闻一多年谱长编》,湖北人民出版社1994年,第492页。
② 姜建、吴为公:《朱自清年谱》,安徽教育出版社1996年,第167页。
③ 苏雪林:《灯前诗草》,台北正中书局1982年,第124页。

台湾,爱国之心依然强烈,始终坚决反对"台独",曾撰文《割除毒瘤》痛斥"台独"。"今见郝柏村院长谈话,谓台独为癌病,必须割治消毒,方可保全生命,似乎我那篇《割除毒瘤》文章已产生影响。"①(1991.11.20)她借他人之口挑明李登辉"他有台湾独立建国日期表"。(1994.11.21)"今日上午看报,立委选举,国民党获得八十余席,民进党获六十余席,新党获二十余席。我对政治已毫无兴趣,但民进党居然获得如此多席则出意外,想将来立院有得闹,并非好事。"(1995.12.3)1996年"大选"前夕,李登辉为装门面,与妻曾文惠作礼贤下士状登门拜访苏雪林,赠款送酒,媒体爆炒一阵。

面对"李登辉果然当选",苏雪林诧异,在日记中又写道:"但新奇怪者,彭谢乃民进党,即台独党,何以得票如此之多? 此可大虑。"苏雪林以好骂人出名,80年代初,她给大陆亲友汇款,台北"国防部"特工上门,称寄钱助"匪"区,是"资匪"。她愤怒:"你们国民党自己无能,把大陆断送了……还不许我做这小小的救济吗?"②

(二)厌鲁原因:为人

在给蔡元培先生写信的同时,苏雪林还给传言中也将列名鲁迅治丧委员会的马相伯先生写了一封信,估计内容差不多,但收到了预期的效果。马先生回信道:"我年龄太老,久不与世事,人家邀我列名,想无大害,是打算列的,既得你信,深知底里,就拒绝了。"③给蔡的信,蔡先生在1937年2月公开发表之前没有收到,如果他及时看到了,他还会参加鲁迅治丧委员会,并亲自执绋送葬吗? 谁也不敢妄言,但一定存在着不再去列名、执绋的可能! 虽然蔡元培的确如郭沫若所说,"对于鲁迅先生始终是刮目相看的"。

致蔡的信,当然是写给蔡元培看的,但他当时没有看到。致胡、蔡的信,没想发表,但最终发表了。关于这中间的阴差阳错,苏雪林说是"不意竟被武昌一个新办的杂志名为《奔涛》的得去发表了"。④ 这恐怕不是事实,因为将信交给《奔涛》不存在"不意",而是有意为之。

---

① 本章中引自《苏雪林日记》的文字,只在引文后注明日期,如这段文字后的(1991.11.20),表示引文出自苏雪林1991年11月20日的日记,下同。《苏雪林作品集·日记卷》(1—15卷),台湾成功大学,1999年版。
② 苏雪林:《浮生九四》,台湾三民书局1991年,第131页。
③ 苏雪林:《苏雪林自传》,第89页。
④ 苏雪林:《苏雪林自传》,第89页。

先还原一下大致过程:信写好后,因她不知蔡元培在上海的地址,就让一个正欲从武汉去上海的熟人带去面呈;这位熟人在轮船上偷看了这封信,认为她批判鲁迅的言辞过于尖锐,便没将之交给蔡元培;一个多月后,写信告知苏雪林实情,并劝之慎重考虑。那时候鲁迅的葬礼早已结束,蔡元培不仅列名,还执绋送葬,这朋友便劝她不要再多此一举。①

苏雪林很生气,但更多的是愤怒。她把这看作了是"鲁党"垄断文坛的又一例证。由于认定自己是正确的,又有那种"众人皆醉我独醒"的自信,苏雪林的斗志与英雄气概被激发了起来;是啊,我不下地狱,谁下地狱? 我不与"鲁党"战斗,谁与"鲁党"战斗? 于是他把《论鲁迅书》和《动态书》,以及胡适的复信,一起交给了前来约稿的《奔涛》的主编。

公开发表后,茅盾、夏衍等左翼大家没有出来反驳,左翼青年们则无比愤慨。上海、南京、北平那些大都市的报纸不必说,连那些偏远省份,如陕西、甘肃,甚至新疆,凡有报纸者,都争相刊登愤怒声讨她的文章。怕她看不到,还纷纷寄到她当时任职的武汉大学。她一方面将之收存,"足足有比手臂更粗一捆",直到抗战爆发,迁移入川,才失落;②一方面抖擞精神,继续撰文攻击鲁迅的人格与文章,尤其是杂文,连续写了《论鲁迅的杂感文》《论偶像》《论诬蔑》等多篇文章。

新中国建立之际,苏雪林婉拒了袁昌英、吴贻芳等朋友邀她定居大陆的邀请,滞留了香港,之后于1950年到法国,1952年赴台湾。1962年撰写的悼念胡适的《悼大师,话往事》引起了寒爵、刘心皇的攻讦。她由此看到了1930年代左翼文学的影子,担心台湾出现鲁迅崇拜现象,便写了《鲁迅传论》等文辩驳,并于1967年结集出版了《我论鲁迅》。

写信给蔡、胡,是出于真诚;公开发表,出于愤怒;之后的坚持,无论是1930年代在武汉,还是1960年代在台湾,都是出于她"我不下地狱,谁下地狱"的英雄情怀,出于她压迫愈大、反抗愈烈的斗争精神。这一切的一切,归根结底,是出于对鲁迅的厌恶。问题在于,她为什么那么厌恶鲁迅,且如此持久?

很多论者提到了鲁迅对苏雪林的怠慢。说的是1927年秋冬,北新书局老板李小峰在上海四马路一家酒楼,宴请鲁迅和许广平、林语堂夫妇、章依萍夫

---

①　左志英:《一个真实的苏雪林》,东方出版社2008年,第203页。
②　石楠:《另类才女——苏雪林》,东方出版社2004年,第178页。

妇、郁达夫和苏雪林。那是苏雪林和鲁迅的唯一一次见面。她回忆说,当别人将她介绍给鲁迅时,他对她"神情傲慢",他们之间只是点了一下头,彼此未说一句话。苏雪林猜度说:鲁迅对她冷漠,缘于她在《现代评论》发表过文章,又与留美的袁昌英等是好友,而"鲁迅因陈源写给徐志摩一封信,恨陈源连带恨《现代评论》,恨《现代评论》连带恨曾在《现代评论》上写文的我"。①

在鲁迅藏书中,至今还保存着一本苏雪林的散文集《绿天》,扉页上写着:"鲁迅先生教正,学生苏雪林谨赠 7,4,1928。"这说明,起码在赠书之前苏雪林对鲁迅还是满怀着尊敬的,而赠书就发生在李小峰的宴请之后。而在这以后,她对鲁迅的文学作品,尤其小说,还一直给予很高的评价。她认为,鲁迅的小说艺术具有用笔深刻冷峻、句法简洁峭拔、体裁新颖独到的特点,仅仅凭着《呐喊》和《彷徨》就足以"使他在将来中国文学史占到永久的地位了"。所以如此,是因为鲁迅对中华民族的病态具有深刻的研究的,并"立下了许多脉案和治疗之方",是"中国最成功的乡土文学家"。② 在鲁迅去世三十周年的时候,她还在《我对鲁迅由钦敬到反对的原因》中表达了对鲁迅的钦佩之情:《阿 Q 正传》把我们闹疯狂了,大家抢着读,读后又互相批评。当时我们欢喜的只是文章里的幽默与风趣,……后来获得了深一层的看法,更觉得这篇小说的价值之高。

由此可见,那次宴会可能会让苏雪林不快,但不会让她厌恶鲁迅,不然她不会赠书,而对鲁迅小说的激赏,昭示了作为学者的苏雪林能够不因人废文的客观公正。也就是说,她的厌恶鲁迅,另有原因。这就是,鲁迅对她所尊敬的胡适,尤其是杨荫榆的攻击。

先说胡适。苏雪林曾说,她一生两次大哭,一次为母亲病逝,一次为胡适猝死。所以如此,是因为,对文化界人物,她"最敬重者,唯有胡适先生一人"。在她心目中,胡适"德行的高尚与完美"无以复加,堪称"圣人"。胡适生前,执弟子之礼;死后,亲临吊唁,撰文缅怀。此外,她自掏腰包为胡适塑了个半身铜像,以示永久纪念。因此,她不仅在做学问上学习其考据的方法,而且终生以维护他的荣誉为己任。从一定意义上说,胡适在苏雪林心中的神圣是不容颠覆的。恰恰,鲁迅在晚年,曾经多次批评胡适。

虽然胡适表白他对周氏兄弟始终保持着最诚意的敬爱,但在私人交谊上他

---

① 苏雪林:《苏雪林自传》,第 73 页。
② 苏雪林:《鲁迅的〈呐喊〉与〈彷徨〉》,《中国二三十年代作家》,第 288－289 页。

显然更接近周作人。他和鲁迅五四时期曾在中国古典小说研究领域有过合作，之后在很多问题上态度不一，感情逐渐疏离。1930 年代，围绕着保障民权和对日政策的问题，鲁迅对胡适进行了尖锐的批判。如根据 1931 年 10 月上海《申报》上的一则《丁文江、胡适来京谒蒋》的假新闻，鲁迅作《知难行难》一文，讽刺胡适等人一面与国民党当局争"人权"，一面又接受蒋总统"召见"，要去政府做官。1933 年 3 月的《出卖灵魂的秘诀》一文，更指斥胡适向侵略者"出卖灵魂"，是"日本帝国主义的军师"。前者有对胡适误解的成分，后者则完全是断章取义的人身攻击。据考证，后者系瞿秋白所作，但既然鲁迅看过，并同意以鲁迅之名发表，就表明鲁迅是认可的。于是，我们看到，在《论鲁迅书》中，苏雪林以此为例来攻击鲁迅心理的病态。

再看杨荫榆。太多的人知道杨荫榆，是因为鲁迅在女师大风潮中对她所作所为的嘲讽。虽然现在看来，她在民国之初就有的大胆抗婚的壮举，她在侵华日军面前的不畏强暴，以及她曾是中国近现代历史上的第一位女大学校长，更应该被历史所铭记。

假如生活在和平年代，她也许会成为一名合格，甚至优秀的大学校长。实事求是地说，在女师大风潮中，她强调校风校纪，反对学生分心于功课之外，动机是好的；不好的，是她的处理方式；让警方参与，更是糟糕透顶。鲁迅等文化界名人对学生运动的支持也存在同样的问题：动机是好的，但因此让年轻的学生认为"闹学潮是进步"就不好了；1926 年 3 月 18 日，刘和珍、杨德群君喋血街头，更令人痛心疾首！事实上，学潮在任何时代都不会为任何政府所支持，反对学生动辄上街更是当年几乎所有负责任的教育家的共识：胡适、蒋梦麟、蔡元培，甚至是学生领袖出身的傅斯年、罗家伦等人后来都对自己年轻时的行为乃至五四学生运动领袖的身份作过真诚而且深刻的反省。1930 年代初在国立青岛大学，文学院院长兼中国文学系主任闻一多被学生自治会喝令"急速离校"，也是因为他反对学潮，主张"挥泪斩马谡"，开除学生中的积极分子。他们这些人都信奉"知识即权力"的道理，认为只有继续读书，将来才能担当大事，也就是常说的，爱国也得先学好本事。

因此，从一定意义上说，女师大风潮中的杨荫榆是有理的，但有理的杨荫榆并不能走遍天下，甚至还举步维艰了。所以如此，概因鲁迅的打击是毁灭性的，使她从此与"反动"结了缘，"寡妇"更仿佛成了她的专有名词。因此，即使 21 世纪了，还有人说："鲁迅《华盖集》中谈及'女师大事件'的文章，为我们勾勒出女师大校长杨荫榆的形象。由此给我脑海中留下了可怕的印记。她似乎是童话中那个披着黑斗篷、骑着扫帚、干瘦、翘鼻、凹眼、十指尖尖的老女人。"①

　　在北京待不下去了,她黯然回了故乡苏州。一段时间的反思后,她任教于苏州女子师范学校。当时,《苏州日报·文艺副刊》的编辑是鲁迅的学生,经常重提女师大旧事,指斥杨荫榆为"专制魔君""女性压迫者""教育界蟊贼"和"反革命分子"。如此声名,如何为人师？1935年,她辞去教职,自掏腰包,利用私宅,创办了二乐女子学术社,但那位编辑依然故我,学术社也因此难以为继。1936年夏,苏雪林回苏州休假,前往杨宅拜访,知道了这些事情,便出于义气,在《几个女教育家的速写》中为之鸣不平。在听说杨荫榆去世后的悼念文章里,更曾说:"她原是已故某文学大师的对头,而某大师钦定的罪案是从来没人敢翻的。"②

　　"某大师"指的当然就是鲁迅,语气中的厌恶是明显的。所以如此,应该和她的婚姻生活与杨荫榆同病相怜有关,更与杨荫榆当时处于弱势引发了她的同情心有关,但更根本的还是她出身士绅之家。士绅阶层是中国农村政府和百姓之间的中介,千百年来传统中国社会秩序有条不紊,从一定意义上讲,全赖士绅阶层之力。对于公益性事务,他们自认为负有义不容辞的责任。对于来自政府不合理的政策,他们也觉得有义务面见州县官进言。他们深受儒家礼仪教化,是乡间的道德楷模,有的还兼任族长,维持着乡间社会的礼仪和秩序。

　　出身这样的家庭,自然使苏雪林认为,循规蹈矩地遵从父母言论和政府意志是天经地义的事。所以,在个人婚姻上,她宁愿忍受无爱的痛苦,也要维持名分;在文学理念上,对左翼文学极度反感,自然不会放过左翼文学的旗帜鲁迅。鲁迅也出身士绅,但由于太多变故,就像瞿秋白所言,他背叛了原来的阶级,"是封建宗法社会的逆子,是绅士阶级的贰臣"。③

　　有意味的是,苏雪林辛辣的行文,与性格的偏执,都像极了她所攻击的鲁迅。鲁迅死后,他的论敌,顾颉刚、梁实秋、沈从文等,都出现在了"古都文化界"追悼会发起人的名单上;鲁迅则是至死"一个都不宽恕"。

---

①　徐百柯:《民国那些人》[DB/OL]. http://news. xinhuanet. com/book/2008－02/24/content_7658868. htm[2014/1/5].

②　苏雪林:《花都漫拾》,群众出版社1999年,第175页。

③　瞿秋白:《瞿秋白散文名篇》,时代文艺出版社2009年,第171页。

三、尊崇胡适

苏雪林与胡适是安徽老乡，又有师生之谊，她便一直自命为胡适的再传弟子。她说自己"最敬重者，唯有胡适先生一人"，在她心目中，"一万万个的中国人也换不得一个胡适之先生"。①

1919年，她在女高师求学时，胡适曾讲授《中国文学史》（上）一年。苏自言，她那时生性羞怯，从不敢执卷到胡先生讲桌前请教书中疑义，更不敢趋访。当胡适在班上说他写的呼吁尊重女权、主张男女平等的《李超传》比《史记》中的《高祖本纪》《项羽本纪》还要有价值时，"吓得我们舌挢而不能下"，以为此说是"荒天下之大唐"。后见胡文刊世，女子要求继遗产者不绝，宪法为之修，方有所悟。②

胡适诸人创办的《新青年》《新潮》，"列举旧礼教之害，则颇惬我心"，遂敬意大增，由钦敬到崇拜。1928年胡适在上海执掌中国公学，苏雪林与冯沅君同去拜访，胡适让太太以徽饼招待，胡适说此饼是徽人外出艰难谋生的标志。苏雪林将此次造访的经过撰文刊于报端。后胡适将自己的著作和主编的《努力周报》《独立评论》源源寄赠于她，关系日近。

1936年鲁迅逝世，苏雪林给蔡元培写信，攻讦鲁迅，又将此信底稿寄胡适征求意见。苏雪林"泼妇骂街"式的文字，遭到世人一致的谴责，也受到胡适的严厉训诫：指责她"如此批评""未免太动火气"，那些咒骂"是旧文学的恶腔调，我们应该深诫"。但他们的关系并未因此而疏远。

1948年10月初，胡适到武汉大学作《二十九年后看五四》的演讲，苏雪林与袁昌英结伴去听，并合影留念，还特地多洗了几张"留备送人"。苏雪林日记第一卷开篇有这样的记载："胡先生讲前，有自治会学生代表先作介绍，强调五四学生运动之精神，意欲刺激听众，但自胡先生讲后，该生又上台，出言颇对胡先生不敬。谓胡先生为投机分子，故能适应环境，又谓胡先生靠美国援助云云。然胡先生毫不介意，并含笑与该生握手，殷勤慰问，其气量之宽大，亦称罕有。"又大发感慨："胡先生之所以为胡先生，其在斯乎！其在斯乎！"（1948.10.5）胡适演讲后，苏雪林见汉口《正义报》大骂胡适，遂在日记中斥其言"狂悖"，是左

① 方维保：《苏雪林：荆棘花冠》，广西师范大学出版社2006年，第49页。
② 苏雪林：《浮生九四》，台湾三民书局1991年。

派,"不足一笑"。

数月后,时局骤变,苏雪林辞武大教职到上海,那时胡适在沪正准备出国,苏雪林三次拜访。"胡先生对待我非常亲热,说我写的那封劝他快离北平的信,太叫他感动了",此后天各一方。

数年后,胡适到台湾,苏雪林与他在公众场合见过多次面,但"始终不敢上门去谒",只在某年末"附在钱思亮等人后出名宴请,始得稍稍说话"。50年代末苏雪林正在做屈赋研究,胡适时为中研院院长,为申请长期科学研究会经费事,苏雪林常致信胡适并得到支持。

温而厉的胡适也曾在做学问的"严谨"上和"谈话的分寸"上给其善意的提醒和指导。

苏雪林读书博杂,她不欣赏手边的原本《红楼梦》,认为"文笔实在不甚清爽,但诗词则不错,岂文章被脂砚斋改坏乎?"(1959.2.28)又批评该书:"不通文句简直俯拾即是。"判言"曹雪芹如此不通而浪享盛名二百年,岂不可怪可笑?"(1960.8.4)她又读高鹗续作,写了篇两万字长文《请看红楼梦真面目》,她认为"高氏续作有收敛无发展。完全是结束文字,……笔力至大,文思至密,尤其是黛玉病死,宝钗出阁用倒笔,诚为千古未见之格局,亦千古未有之大文,胜史记、汉书十倍。红楼梦之所以成为名著,皆恃高鹗续文,否则雪芹原文何价值之有?"(1960.8.20)

讵料,文章发表后,胡适在致苏雪林的信中斥曰:"你没有做过比看本子的功夫,哪有资格说这样武断的话!""你没有耐心比较各种本子,就不要做这种文字。你听老师好心话吧!"①苏雪林感到胡适"似颇动气","谓我收罗版本不全,俞平伯校本尤一字未阅,不配谈红楼,又暮年体力与耐心也不足以做需要平心静气的文章!"苏雪林遭棒喝后,始知自己寡陋,"乃答胡老师一函,告以决意不再谈红楼了,请他放心"。(1961.10.5)若干年后,一《红楼梦》研究者出评论集,邀苏作序,苏拒绝,后改请林语堂。

四个月后,胡适心脏病突发去世,苏雪林"宛如晴空霹雳,使我心胆俱落,惊定,悲从中来,掩面大哭"。(1962.2.24)旋于当晚预订车票,次日晨赶赴台北,作最后的告别。用七尺白布书挽联一副:提倡新文化,实践旧德行,一代完人光史册;武士死战场,学者死讲座,千秋高范仰先生。为遣悲怀,她写了《冷风凄雨

---

① 耿云志、欧阳哲生编:《胡适书信集》(下册),北京大学出版社1996年,第1692页。

哭大师》《适之先生和我的关系》等七篇追忆文章，后结集成《眼泪的海》，并对胡适的身后事提出整理遗著、塑铜像、设纪念馆等七点建议。

此后苏雪林相当长一段时日的日记，均记录了胡适诸多相关事宜。她收集悼念胡适的剪报，还出钱为胡适造了个半身铜像。其姐淑孟笑话她犯了"胡迷"。苏雪林写的《悼大师，话往事》又引起她与寒爵、刘心皇的一场恶战。

这场论战从文学意义上的批评，发展到政治上的揭发和思想上的算旧账。苏雪林不示弱，气愤不过时又破口大骂出气。

人走了，茶未凉。胡适停灵南港，苏雪林每月必去灵堂焚香礼敬，作《南港谒陵记》等。一次赴南港公干，因时间紧迫未能赴胡墓拜谒，在临时住地虔诚地朝胡墓方向"遥鞠三躬而已"。以后的日子，她每到台北必持礼品去看望师母江冬秀，或见胡颂平商讨建纪念馆，化解江冬秀与胡颂平之间因胡适藏书缺失造成的误会等等。（1964.9.4）

有趣的是，胡适逝世二十年后，台湾传记文学出版社刊行了胡适的关门弟子唐德刚的《胡适口述自传》和《胡适杂忆》。唐氏在"口述"本中加了不少注释文字，与"杂忆"互读，似可见唐氏有"居高临下嘲讽"、戏弄胡适之嫌。苏雪林认为胡适不是不可以批评，但不能说谎，否则就违背"知识的诚实"。她对唐氏说胡在哥大获的博士是假的，冒认祖宗，乱谈恋爱等等，十分恼火，曾屡请胡适老友王雪艇、沈宗瀚为胡适辨冤雪谤。"看唐著口述生平，一面生气，一面阅读，进行甚慢。"……"匆匆一阅，许多情节未曾明了，非重阅一遍不可。"（1981.4.11）决定反驳后，着手"写胡适问题"（即假博士问题，1981.4.18）。

"今日写完胡传第一篇，开始第二篇，即胡适的恋爱与婚姻"（1981.4.19）。到次年1月已写到第八篇，可题目总是取不妥，"今日始决定为唐某侮辱先贤恶行总述，先列较大题目数款后，乃列其琐节。今日写……"（1982.1.13）"回家未甩手，阅报，早餐，想起犹吻应加一节，即于国际学舍后加点唐某笑胡大师崇信西化，剪剪接接，……又想不如使独立为一段，题为崇信西化。于是全文共为十节，成十全大补汤矣！"（1982.1.16）不几日，刘显琳先生来访。"刘问我有何著作？谈及犹吻，大赞，说写得非常痛快，人皆愤唐某歪书之谤胡而不愿惹是非，遂无人出而说话，见我文乃大称快。"（1982.2.7）

苏雪林认为唐德刚的行为类同犹大，且有过之而无不及，是对乃师的背叛，应大加鞭笞。因此，将这些为胡适正名的文章，先在报上发表，后结集成书，冠名为《犹大之吻》。书出版后她遍送胡适生前好友，还不忘寄给李政道和吴健雄。

　　总之,苏雪林维护胡适是从头到脚,从里到外。九十岁时读《胡适秘藏书信选》,见封面画像不美,斥画家"将乐观的胡大师,画得像个鸦片鬼!"《眼泪的海》和《犹大之吻》是苏雪林维护、颂扬胡适德艺的两本专著,且不说她那堂吉诃德式的举措可笑与否,也姑且不谈该书的学术价值几何,却实实在在显示苏雪林尊师、卫道精神的虔诚和执着。

　　话又得说回来,苏雪林自己也曾批评过胡适的演讲《中国之传说与将来》,认为"惟对于西洋文化推尊太过,对于自己文化抑贬过甚,是其缺点"。(1960.7.22)在评选中研院院士问题上,她不言胡适秉公行事,对胡适对自己的"成见"多有抱怨,在致王雪艇的信中说:"可惜者,胡适之先生坚抱林乃一区区女人,不配做学问之成见,于林著作并不细阅,便当头一闷棍。"还写信给胡适,字里行间流露出不逊。不过,一周后苏雪林又写信请胡适宽恕自己的冒犯,自责信中的不逊之词是"恃宠而骄"。

四、情感

　　祖父苏锦霞寓居上海时,就将苏雪林许配给了在上海经商的江西商人张余三之子张宝龄,当时她还小,也默认了。随着年龄的增长,她对这桩包办婚姻越来越反感。当张家提出完婚时,她以求学相拒,遭到祖母的斥责,她以跳水自杀相威胁。母亲苦求祖母,并声称读师范不需学费和膳食费,才使祖母勉强同意她继续求学。于是,苏雪林与三妹考上了安徽省立第一女子师范学校(以下简称"第一女师")。学校教学方式陈旧,穿着打扮要求整齐划一,这使苏雪林很不习惯。虽然如此,为了不结婚,她仍发愤苦读,考试成绩总是第一名,加上她能诗善画,校长和老师都对她刮目相看。进入师范的第二年,她在学习上遭遇了强劲对手,为了不落到那位女同学后面,她废寝忘食,由于用功过度,导致神经衰弱,落下病根。时至老年,她仍为此耿耿于怀。她反省生性淡泊的自己何以至此,结论是习俗和虚荣心使然。

　　1917年,二十年岁的苏雪林从第一女师毕业,蒙校长器重留在附小任教。1919年,她决定报考女高师。祖母以她要完婚为由加以阻挠。一急二气,苏雪林颈部淋巴结核穿孔,差一点丢了性命。祖母见此情形,只好同意她去上学。于是,苏雪林取名"苏梅",自号"雪林",语出明代诗人高启《梅花九首》第一首的颔联"雪满山中高士卧,月明林下美人来"。

1921 年秋天,女高师毕业后,她成了中法大学首批赴法留学的 105 名学生之一,修习文学与绘画。时年二十五岁的她,"出落得双瞳剪水,秀色迎人,并且装了一肚皮的书"。①"窈窕淑女,君子好逑",何况在女生本来就少的中法大学,苏雪林又十分抢眼,受到男性的爱慕与追求自然难免。

苏雪林初恋的主角,真实姓名已无从考证。《棘心》里他叫"秦风"。石楠在《另类才女——苏雪林》②中称之 H,姓甚名谁并不重要,重要的是,他已长存在苏雪林的青春岁月里。

秦风是从别校转到中法大学来的,主攻艺术史。他留给苏雪林第一印象是:"身体瘦削,脸容微苍,带着两撇小须,神情安闲,大有学者风度。"他是"一个古怪的人",一个"妇女嫉恨者",原因是他经历了一场极度伤心的爱情:十余年前,他和一位富家小姐相爱,遭到了女方家长的坚决反对,说他出身寒门,又无学位官职,不配做他们家的女婿。为了爱情,她决心出洋留学,取得成就后回来迎娶心中的姑娘。在爱情力量的激励下,他一边勤工俭学,一边研究西方艺术,终于获得了艺术史的硕士学位。随即,他启程回国,途经南洋时,他蓦然看见了恋人最喜欢的一种鲜花,就买下来用冰箱装着,打算结婚之日赠送给恋人。谁知,等待他的却是自己的恋人早已结婚的消息。他的整个灵魂和爱情信念,犹如那束被扯碎的鲜花,在天空中飘零。受此毁灭性打击,他从此心灰意冷,一蹶不振。

秦风对苏雪林的文笔很是钦佩,时常在好友中流露出想结识她。或许出于共同的爱好,抑或是秦风的谦逊,初次见面,他给她留下了很美好的印象。自此以后,他们逐渐熟悉起来,一起谈生活、谈艺术。苏雪林的学识和风姿,使秦风业已成灰的心渐渐复苏。当他得知苏雪林喜欢绘画时,就将自己收藏的世界名画和名画家的艺术名片拿给她看,并向她讲解这些名画的由来和名画家的故事,苏雪林如饮甘露。

秦风的大胆和直白,使苏雪林受到了强烈的撞击。但她从小所接受的"聘则为妻"的礼学教育,使她采取了逃避的方式,不再和秦风单独接触。秦风则一方面继续向她表白真诚;另一方面,又投其所好,将自己发表的一些艺术随笔的

---

① 苏雪林:《苏雪林文集》第一卷,安徽文艺出版社 1994 年,第 34 页。
② 石楠:《另类才女——苏雪林》,东方出版社 2004 年。本部分所有引文,除非特别标注,均出自该书。不再一一标示。

剪报,请她批评。如此锲而不舍,犹如香水中毒一样,苏雪林一天天沉醉其中了。不与他见面的决定,在他一次次蛊惑的邀请下,不由自主地更改,有时甚至是鬼使神差地跟着他走出了校门。

苏雪林像一条小鱼那样,被秦风用受伤、真诚和眼泪织就的情网牢牢网住。她虽然极力挣扎和逃遁,可面对一天天收紧的情网,她越是挣扎网得越紧。后来,她竟然打算给家里写信,要求解除她和张宝龄的婚约。

正在这时,她收到了父亲的信。父亲坚信:她"绝不会不征得家庭的同意就结婚的",因为"你的品德决定了你不会做出那等荒唐事来"。父亲的信任,不仅使苏雪林的心灵得到了慰藉,也促使她从爱的迷惘和癫狂中惊醒。唯母命是瞻的苏雪林,虽接受了个性解放的思想,在骨子里却仍然秉承传统的旧式贞操观,在她的信念中,爱情与婚姻是合二为一的。恋爱,无论肉体和精神,都应当有一种贞操;而精神贞操之重要,更在肉体之上。

对母亲的孝顺,业已根植于苏雪林的灵魂深处。她不仅在言语上要时时博母亲欢心,而且在行动上也要处处以母亲的道德规范作为自己的处事原则。所以,在得知家乡有关她的谣传和父亲的疑虑后,她用坚强的意志割舍了自己的感情,义无反顾地断绝了与秦风的感情关系。绝望之余,秦风开始浪迹天涯。在历史的长河中,他像一个过客,只在苏雪林的《棘心》中留下模糊的身影,连他真实的姓名也不得而知。

五年后,苏雪林回忆这场使她迷惘的初恋时没有丝毫遗憾,反而为自己毅然解脱与秦风的感情而自豪,宣称"这是我平生第一个光荣的胜仗,值得我自己颂歌称道于无穷的"。话虽如此,她内心的失落和惆怅还是挥之不去。

表面上看,苏雪林在人伦之爱上大获全胜,可实际上她却丧失了自我的独立,成为"孝心"的奴隶:不仅牺牲了自己怦然心动的初恋情怀,而且由此形成的思维定式,播下了她一生婚姻悲剧的种子。

1922年秋天,苏雪林从堂兄的来信里,惊闻母亲因大哥的离世而病倒了。她深悔自己出国留学,不能侍其左右。悲伤和忧虑使体质本来就虚弱的她更加虚弱了。父亲知道她心境不好,就想让张宝龄与她通信,一是可以缓解她的寂寞,二是增进彼此的了解,培养感情。

苏雪林留法不久,张宝龄就到美国留学了。他秉承父命,主动给苏雪林写了第一封信。文字简洁,字迹秀美,使苏雪林陡生好感,庆幸没有失掉他。用文言通信几次后,苏雪林建议改用白话,张宝龄来信赞同。可他的白话信和文言信一样,不枝不蔓,不愠不火,看不出热情,这使颇富才情又有趋时心理的苏雪林心生不悦。

此时,张宝龄在美国已获得工程学学士学位,即将回国。如果他回国,苏雪林必然要中断学业回国完婚,这是她极不情愿的。为此,她力劝他去法攻读博士学位。在信中,苏雪林分析了到法国留学的好处:费用低廉,风景优美,名胜古迹到处都是,更主要的是,"你到此以后,我可以陪伴你畅畅快快地游玩。我们大好的韶华已将逝去,人生贵乎及时行乐,'花开堪折直须折,莫待无花空折枝',请以《金缕衣》曲为君诵"。

她始料未及的是,张宝龄一口回绝。说他不喜旅行,更看不起徒有虚名的博士头衔,加上他不懂法文,不愿前来,宁愿到工厂实习一段时间。苏雪林接信后,在难堪和羞愧中陡生疑惑:他在感情上如此冷漠,莫非心中另有其人。毕竟两人未曾谋面,爱情从何而生? 他在"风月因缘,柳萍浪迹"的异国他乡,又处在青春年少之际,如何经得起诱惑? 于是,她写信向父亲询问。父亲回信说:

> 你不必怀疑叔健(注:苏雪林在《棘心》中使用的化名,实为宝龄),他比你操守还坚固呢。我听见人说,他在美国洁躬自好,目不斜视,同学无不许为君子。有一个美国女同学,曾示意爱他,他特将你的相片插在衣袋里带到学校,让那女子看见,说是他的未婚妻,那女子才不敢同他兜搭了。你想吧,这样的好青年,现在容易寻得么?

父亲对张宝龄操守的极力赞扬,正合了她的婚恋观,但张宝龄的冷漠,仍使她不快,乃至于她觉得给张宝龄写信,没有情人之间的蜜甜,反而是一项了无生趣的精神负担,每每提笔生涩,不知说什么好。

失望于张宝龄的无趣,苏雪林一头埋进法国文学名著里。她既为 17 世纪古典文学中英雄人物的故事所感动,又沉湎于 18 世纪浪漫主义文学的凄美情感中。1924 年中秋,苏雪林与潘玉良、罗振英等好友相聚中法大学。时值妙龄,又是钟情怀春岁月,朋友相聚,谈论的话题总也绕不过爱情与婚姻。苏雪林看到好友们成双入对,浓情蜜意,不免有一股难以排遣的酸楚。

此时,她收到了张宝龄的信,得知他病了,已请假休养数周。同是天涯沦落人的境遇,使苏雪林对他有了更多的理解和同情,释然了他拒绝来法国的芥蒂,马上回信予以安慰。张宝龄在回信中说,他病中常有思乡之念,游美五载,学业已小有成就,不想再羁绊于此。特别谈及他大哥婚后生了一个可爱的孩子,一家人和和美美,很是羡慕。苏雪林看了这封信后,心生不安,如果张宝龄就此回国,父母一定要她回去完婚,那么自己的留学计划就将夭折,连一张大学文凭也拿不到,将来如何在社会上立足,更何况法国文化艺术之美,自己才刚刚入门,这是她万万不情愿的。于是,她马上写了一封快信给张宝龄,袒露自己的寂寞和思念,恳请他回国时能取道欧洲相聚,最好能在法国留学两年,到时他们一道回国。她相信张宝龄一定会来,便设计了好多种两人相见的情形。沉浸在爱情幻梦中的苏雪林,幸福与快乐之感溢于言表。

希望总是一厢情愿的。苏雪林望眼欲穿的喜讯并没有如期到来。二十多天后,张宝龄的回信,使她如坠深渊。信封上的字迹潦草不堪,一看就是极不耐烦地勉强应付。信的内容更是冷若冰霜:

> 我早告诉过你,我对于旅行,是不感一毫兴趣,到欧洲去做什么?至于结婚,我此刻亦不以为急,你想在法国继续留学,我再等待你几年,亦无不可。

这第二次拒绝,让苏雪林的高傲与自尊丧失殆尽。她视为神圣如生命般的爱情信念,也为此坍塌了。她伤心欲绝,又气愤不已,发誓要和张宝龄解除婚约。于是,提笔给他写信,写了又撕,撕了又写,几经反复,最终写道:"你不愿来欧,我也不便干涉,不过从此我们不要再通信吧,老实说,我同你通信实不感一毫趣味。"张宝龄复信解释他不能来欧洲,是因为"中国朋友已替他在上海工厂觅得一个位置,机会不可失",并告诉苏雪林,他数日内即将束装东归了,信后还附有国内的通信地址。

张宝龄回国后,父亲便催促苏雪林速回国与之完婚。她不想回去,就将张宝龄的两次拒绝来欧等不近情理的事告诉了父亲,并表明她不愿与这样的人结为秦晋之好,她要解除婚约。未曾想到,父亲来信严厉斥责,说解除婚约有辱门庭,万万不可。苏雪林矢志抗争到底。可随之而来的母亲的信,却使她颇为犯难,母亲在信中没有责备之意,字里行间还弥漫着哀求。她不想委屈自己,也不想以一己之幸福去伤害母亲。陷入两难之中的她,皈依了天主教,但礼拜的繁文缛节和清规戒律,使我行我素的苏雪林苦不堪言,她有些后悔了。

谁也未曾想到,因逃避感情而冲动地皈依天主教,使她陷入到了万劫不复的困境。同学们认为她是"五四思潮的叛徒""帝国主义的帮凶""为金钱而出卖人格的无耻者",丢尽了他们的脸。众怒难犯,昔日要好的同学也不得不疏远她,相识的同学更是唯恐避之不及,连先前和蔼的老师对她也面露不屑之色,甚至,还受到匿名信的威胁:"为顾全你的狗命,快滚回中国去吧,否则我们要采取实际行动来对付你!"苏雪林不寒而栗,更使她害怕的是,同学们的攻击之辞传回国内,将使她的父母蒙羞,师友受诟。此时,她又接到父亲和大姐的来信,得知母亲已病入膏肓,希望在有生之年见她一面。

基于这两方面的原因,1925年5月,苏雪林在法留学三年半后决定回国。因挂怀母病,学业未竟,又虑及回国后,要和不解风情的张宝龄相伴一生,苏雪林不禁悲从心来,黯然神伤。离开巴黎的最后一晚,她夜不能寐,无法入睡,只好从《龚定庵诗词集》中集句抒怀,一气集了二十首绝句,题为《惆怅词》。写着写着,似乎一道亮光掠过脑际:人生除了爱情,事业不也能给人带来快乐和幸福吗?醍醐灌顶!苏雪林立志将一生献给自己钟爱的文学创作和学术研究了。

1925年6月,苏雪林回到了太平老家。在母亲的劝说下,她给张宝龄写信,叫他到太平乡下来完婚。乙丑年阴历八月十四日,历经坎坷的苏雪林与张宝龄喜结连理。此时,她的心态是复杂的。岁月不饶人,她已是二十九岁的大姑娘了,她不得不面对这个事实,更主要的是为了完成母亲的心愿。在《绿天·自序》中,她这样写道:"个人的婚姻虽不能算是一场噩梦,至少可说是场不愉快的梦。命运将两个绝对不同的灵魂,勉强结合在一起。"结婚之前,两人的感情就已有了裂痕,只是因她"天生一颗单纯而真挚的童心,善于画梦,渴于求爱,有时且不惜编造美丽的谎,来欺骗自己,安慰自己,在苦杯之中掺和若干滴蜜汁",①才在最初的两年里,没有支离破败,随风而逝。

公正地说,张宝龄"为人也很正派","做事极负责","对朋友也甚忠实","人极聪明",有语言天分,英文、俄文俱佳。结婚时,在太平岭不到一个月,"竟能说一口岭下的话"。他虽木讷,"高兴起来,也能说几句诙谐话,引人唔噱"。②结婚初期,为了使岳母宽心,张宝龄总是在她面前表现出与苏雪林相敬如宾、恩爱甜蜜的样子。不仅如此,他还时时陪岳母聊天。或言之,苏雪林和张宝龄都是不错的好人,只是因为旧的礼教被父母捆绑在一起,才导致了他们婚姻生活的不幸。

张宝龄此时在江南造船厂任工程师,婚假届满,就告别妻子和岳母,回上海

---

① 苏雪林:《苏雪林文集》第一卷,第217页。
② 苏雪林:《苏雪林自传》,第155页。

上班去了。走前,苏雪林画了张《秋山送别图》给丈夫,并在画上填词一阕《尉迟杯》,以表达她的离情别绪。词曰:

> 临歧路,日未出,列嶂暧朝雾,四周翠色空濛,影落乱流无数,骊歌乍唱,望去客身已在烟浦,压征鞍无限诗情,纷纷红叶如雨。
>
> 婿乡一月羁迟,算慰了十载相思辛苦。玲珑豆子何须种,但勤寄鱼笺雁素,纵今朝惜别伤离,也不作寻常儿女语,只收拾一片秋光,教君珍重携去。

张宝龄到上海后,即买了橘子、糕点寄来,苏雪林深感欣慰,填《临江仙》词一阕代母致谢。词曰:

> 伏枕正悬游子,忽闻佳饵遥颁,婿乡归去喜平安,常传青鸟信,休寄洞庭丹(蜜橘毋庸再寄)。
>
> 三起已同禁柳,再眠还是春蚕,药炉茶鼎伴残年,丈人峰上石,原耐雪霜寒。

七个月后,苏雪林回到上海,打算安顿好后,接母亲去上海就医。未曾料到,她离开不足半个月,母亲就病故了。当她马不停蹄地赶回太平乡下时,时年五十四岁的母亲已成了一座新坟。苏雪林伤心欲绝,欲哭无泪。没有母亲,苏雪林的心像风中的柳絮,找不到着落。

安葬母亲后,苏雪林回到了上海夫家。由于住处与张宝龄上班的江南造船厂相距三十余里,张宝龄每天早出晚归,赋闲在家、又性喜自然的苏雪林,终日枯坐,不免抑郁烦闷,便于1926年春到东吴大学任教。期间,张宝龄在节假日也偶尔来苏州探望妻子。或许是小别胜新婚,这个期间,是他们夫妻感情最好的时光。

苏州的幽静和江南水乡的美景,使张宝龄着迷。不久,他也受聘来到了东吴大学。在苏州的二人世界里,他们加深了了解、沟通与磨合,婚前的芥蒂也渐渐消弭。教学之余,他们共同治理家务,一同烹饪美食。苏雪林感受到了婚姻生活中从未有过的温馨与美好。正是这种甜蜜的感触,使她放飞了文学的纪实与想象。而此时,她读到了友人章廷谦为纪念新婚写的散文集《月夜》,便仿效他,以一个十六七岁的少女口吻,将自己婚后的生活,在纪实的基础上,融入自己的爱情理想,以美文写出。这就是《绿天》。

《绿天》的扉页上的"给建中——我们结婚的纪念"一句,开宗名义地向世人宣称,《绿天》是写她和张宝龄的婚姻生活的。事实上,《绿天》并非全是纪实,也有虚构的成分。《小小银翅蝴蝶故事》是《棘心》童话版的缩写,真实地再现了苏雪林结婚前后的经历和真实感悟。文中的银翅蝴蝶、飞蛾和蜜蜂,实际上就是现实生活中苏雪林、秦风和张宝龄的化身。

虽然苏雪林感情浓烈,张宝龄生性孤冷。但新婚燕尔,男欢女爱,两人还是产生过激情的。苏雪林曾回忆说:"结婚后,受我热情的烧炙,他那一颗冷如冰雪的心,稍稍为之融化,所以我们在苏州天赐庄那一年的生活,倒也算得甜蜜。"①好的心境催生了"风光旖旎,情意绵绵"的文字:花儿像一群恋爱的女子,"携着手在微风里,轻颦浅笑的等候太阳的光临"。(《鸽儿的通信》之五)"水",一位娇痴的少女,快乐、活泼,顽皮戏弄着"小红叶儿"和"石头"(《鸽儿的通信》之二)。这是苏雪林理想中的婚姻生活,并非她婚姻生活的真实写照,她后来自嘲为"美丽的谎"。所以如此,是她将现实生活的遗憾,以艺术化的散文再现作为补偿,以满足自己内心的需要。

然而,性格迥异的夫妻,即使新婚初期的夫妻生活如苏雪林笔下幻化般甜蜜可人,也难以持久。苏雪林要的是男女的绝对平等,夫妻双方要相互尊重;而张宝龄以自我为中心,大男子主义思想严重。这就决定了他们都以自己的人生价值观去奢求对方的妥协,这无疑是自欺欺人,是不可能实现的。苏雪林自己也意识到:"我是只蝴蝶,恋爱应该是我全部的生命,偏偏我在这个上仅余一页空白。"②

对和张宝龄观念上的差异,苏雪林曾说:

> 我以后要勇敢地向前奋斗,在我尚未灭亡之前,不但不再叹一声气,再流一滴泪,而且脸上要永远浮漾着温和愉快的微笑。玫瑰,你究竟太自私,你不配作我理想的伴侣。去吧,永远去你的吧!(一掷将玫瑰冠帔掷于脚下)从此我是脱然无累,可以安心干我所要干的工作了。不过,我还怕我力量过于薄弱,支持不了自己。③

对婚姻生活很失望,又不敢打破现有的婚姻格局,苏雪林只好把自己的主要精力放在学术研究中。她从史料中梳理和精心考证,发现李商隐的无题诗并

① 苏雪林:《苏雪林自传》,第180页。
② 石白:《中国才女的红尘旧梦》,哈尔滨出版社2004年,第110页。
③ 苏雪林:《玫瑰与春》,《苏雪林文集》第一卷,第349页。

非托夫妇以言君臣，也非朦胧不可确解，而是隐讳曲折地表现了他与女道士宋华阳和宫嫔飞鸾、轻凤姊妹花的恋爱关系。1927年春天，据此写成了她平生第一本书《李义山恋爱事迹考》，书赠曾朴后，受到了他的大加赞誉，誉之为"学术界的福尔摩斯"。苏雪林深受鼓舞，又开始研究纳兰容若和龚自珍的恋爱史，先后写成《〈饮水词〉与〈红楼梦〉》和《〈丁香花〉疑案再辨》，奠定了她在学术界的地位。

正当苏雪林在学术上小有成就时，却因宗教信仰被同事们所排斥、所敌视。她当然很委屈，也很自然地想从丈夫那里得到安慰，但张宝龄对此很是不屑，夫妻之间的矛盾更加激化，争吵、和好，再争吵、再和好，乃至于恶性循环，积重难返，夫妻关系更加冷漠。为缓解寂寞和负担，经朋友推荐，她到沪江大学任国文教师，结识了袁昌英和凌叔华。

1930年秋，苏雪林接受了杨亮功先生的邀请，前往安庆执教安徽大学。一年后，又在好友袁昌英的举荐下，受聘来到了武汉大学。在武大，苏雪林与袁昌英、凌叔华常常欢聚，情同姊妹，被人誉为"珞珈三剑客"。袁昌英的磊落，凌叔华的雅致，与苏雪林的偏激，恰好形成鲜明的对比。

1938年夏，苏雪林随武大迁往四川乐山，与张宝龄失去了联系。1944年，武大工学院的郭霖教授病逝前，极力向校方推荐他在美国麻省理工学院的同学张宝龄来校任教。校方向苏雪林打听张宝龄的地址，她还是从上海的公公处，得知丈夫在云南某机构任职的消息的。于是，他们夫妻始得在乐山重逢。数年不见，张宝龄"似乎略通人情世故"，对苏雪林"也比从前温柔"，夫妻之间"过得还算和睦"。但张宝龄只待了一年，抗战即将结束时，他因想念上海的父母，即辞职回沪，夫妻俩再度天各一方。

1946年秋冬之际，苏雪林随武大迁回珞珈山。新中国成立前夕，她离开了任教十八年的武大，直奔上海的丈夫而去。或许彼此已过知天命之年，性格又不合，聚少离多，虽是久别重逢，感情却越来越淡。出于道义和名分，他们仍然住在一起。但此时的苏雪林心焦气烦，不知何去何从。在观望等待中，她先后去拜访了在上海的恩师胡适、好友赵清阁和陆小曼。不久，她被香港真理学会聘用，离开张宝龄来到香港，负责《时代学生》的编撰工作。在此期间，好多朋友劝她回国效力，她因恐惧"反鲁"言论遭到左翼人士秋后算账而不敢。回国不成，香港的工作又异常繁重，苏雪林于1950年前往巴黎圆她的画家梦去了。

1952年6月，苏雪林得知大姐苏淑孟风湿病日重，很是挂念，便在老友王世杰的资助下回到台湾,受到了王平陵等的热烈欢迎。台湾的"报章杂志争相约稿",她仿佛有"绝处逢生,获得了一个新生命"之感。随后,她先后在台北省立师范学校、成功大学任教,直到1973年退休。她终生执教杏坛,教书已融入她寂寞的生命,成为她须臾不可分离的生存方式,给了她无穷的乐趣,使之找到了人生的价值和意义。

苏雪林怀抱热情,一生献身教学,并致力文学创作和学术研究,跟她婚姻生活的欠缺不无关系。苏雪林到香港真理学会时,张宝龄不愿与之前往而留在了大陆。他们之间并未断绝音讯,反而较年轻时的通信更为频繁。

张宝龄病重期间,侄媳妇要为他织一件毛线短衫,因线不足,在他箱子中找到一条颜色与之相同的羊毛围巾,便打算拿来拆开用。他连忙摇手阻止道:"这是你们二婶的东西,我要留作纪念,线不足可以到街上去买。"接着,他又老泪纵横地补充道:"我过去对你们二婶是太过分了,现在追悔莫及。"两岸通邮后,张宝龄的侄子将此情景写信告诉苏雪林时,她无限感伤地喟叹道:"一世孽缘,难得临死前还说了几句忏悔的话。"①1960年2月,张宝龄病逝。听到噩耗,已过花甲之年的苏雪林,不禁悲从中来,潸然泪下。斯人已逝,恩怨全无。往事依稀似梦,今日尽到眼前。

因背负旧传统包袱,苏雪林舍弃了怦然心动的初恋,饱尝了无爱婚姻的孤苦。但她并没有就此沉沦,而是将之转化为动力。她自己就如是说道:"实际上,我是个人,是个普通女性,青年时代也颇向往爱情生活,屡受打击,对爱情倒尽胃口,从此再也不想谈这两个字,把爱情升华为文学创作及学术研究的原动力,倒也是意外的收获。"为此,她对这桩不幸婚姻充满了感激:"假如我婚姻美满,丈夫爱怜,又生育有一窝儿女,我必安于家庭生活,做个贤母良妻,再也不想到社会上去奋斗,则我哪能有今日的成就?"②

---

① 苏雪林:《苏雪林自传》,第156页。
② 苏雪林:《苏雪林自传》,第158页。

石评梅:五四文学星空的璀璨彗星

　　从 1920 年代,究竟是什么原因让人们把众多的目光凝聚在 20 世纪初一个如孤鸿掠影、倏忽即逝的女作家身上? 拂去历史的尘埃,我们会发现她的诗歌、散文和小说创作在新文学史的"第一个十年"中独特的文学史价值:她的散文,是现代早期女作家中,最美丽、忧伤的文字;她的小说,在题材的拓展、内涵的挖掘等方面都表现出了勇敢的开拓精神,她的诗歌,对五四白话诗以来的"非诗"倾向具有明显的反拨作用,在中国现代诗歌发展史上的作用应该和郭沫若不相上下。

石评梅与高君宇的爱情曲折而坚定,两个人犹如天空中的烟火,在短暂的生命中演绎了绚丽灿烂的绝世之恋。这恋情持续了八年,而她仅仅活了二十七岁。由这两个数字,可以想见这恋情对她创作的影响了。但从 1920 年代以来,一直撼动人们心灵的,决不仅仅是他们充满悲剧色彩的爱情。她为数不多的作品,越过了大半个世纪,不断地撞击人们的心灵,历久弥新。拂去历史的尘埃,我们会发现她的诗歌、散文和小说创作在新文学史的"第一个十年"中独特的文学史价值:她的散文,是现代早期女作家中,最美丽、忧伤的文字;她的小说,在题材的拓展、内涵的挖掘等方面都表现出了勇敢的开拓精神,她的诗歌,对"五四"白话诗以来的"非诗"倾向具有明显的反拨作用,在中国现代诗歌发展史上的作用应该和郭沫若的诗歌不相上下。

一、绝恋

石评梅 1902 年出生在山西省平定县城内的一户书香之家。父亲石铭,清光绪八年举人。1903 年,石铭到开办不久的山西大学堂工作,辛亥革命后不久,又到太原位于文庙的山西省立图书博物馆任职,评梅则进入太原女子师范附属小学就读,附小毕业后,直接升入山西省立太原女子师范学校(以下简称"太原女师")。

太原女师是当时山西省的女子最高学府,历来以校规严格、校风谨慎著称。由于石评梅天资聪颖,加之石铭视之为掌上明珠,四岁即亲自为她发蒙,家学渊源深厚,在校期间下笔千言,不加稍改,且琴棋书画样样拿得起,所以很快她便有了"才女"之称,又由于成绩优异,获准公费学习,食用由校方供给,并入校内集体住宿。

父亲对石评梅的影响是巨大的,她这样深情地描述:"父亲穿着白的长袍,站在那土丘的高处,银须飘拂向我招手;我慌忙由驴背上下来,跑到父亲面前站定,心中觉得凄梗万分眼泪不知怎么那么快,我怕父亲看见难受,不敢抬起头来,也说不出什么话来。父亲用他的手抚摸着我的短发,心里感到异样的舒适与快愉……"①

太原女师毕业后,在父亲的支持下,1919 年 8 月评梅只身来到了北京求学。

---

① 石评梅:《归来》,石评梅著,杨扬编:《石评梅作品集(散文卷)》,书目文献出版社 1983 年,第 118 页。本章文字中出自石评梅散文的文字,均出自该书,不再一一注明。

当时,她想考的是女高师的国文科,以便将来做一名国文教师,或从事她心仪的文学创作,但当年女高师国文科不招生,数理化她又不愿报考。于是就临时改报了体育科,成了该校体育科的第二届学生。由于当时男女不同校,招收女生的学校仅此一家,别无选择。

从闭塞的娘子关内来到全国的文化中心——北京,是石评梅一生的重要转折。在新思潮的影响下,石评梅一方面在女高师勤奋学习课业,一方面开始写诗和散文,向各报刊投稿。"五四"之后,旧的偶像被推倒了,新领袖的威信尚未建立起来,心理上的豁然自由,也意味着信仰上的无所归属。因此,迷惘、彷徨、徘徊,是这一时期文学作品的主流,石评梅也不例外。

在这里,有远离父母的孤独,也有找到了不少同路人的兴奋。她结识了冯沅君、苏雪林等人,并同庐隐、陆晶清结为至交。此外,她还遭遇了一位对她产生巨大影响的男性——吴天放。

原来,石评梅的父亲担心涉世不深的爱女在北京会人生地疏,遭遇险诈,于是写信将女儿托付于北京的友人,而那位友人又将此任转托给了山西同乡、时在外交部做职员的吴天放。

吴毕业于北京大学,爱好诗词,作品散见于报刊。共同的爱好引来了共同的话语,当时,吴天放会经常到学校看望石评梅,石评梅遇到什么不懂的问题,也乐意请教他。对于情窦初开的女孩,这样的交往充满了憧憬与梦想。就这样过了几个月,在一个冰雪严寒的日子,她终于鼓起勇气,到吴在禄米仓胡同的公寓进行一次不期而遇的造访。

当她兴奋地敲门而入时,吴天放正在与孩子们嬉戏玩耍,身旁则立着一位少妇。石评梅呆呆地站在那里,什么都明白了,但却颤抖着什么也说不出来。之前的相处中,吴天放从未提及自己已有家室,她还一直憧憬着两人的美好未来呢。

这一次造访揭开的骗局,把她所有的理想都撕碎了。在散文《葡萄架下的回忆》中,她这样描述当时的心境:

> 在虚伪冷淡的社会里,谁人肯将他心上的一滴热血付与人!可知道在充满着灰尘的世界上,愉快都是狡黠的笑声,所以我宁愿多接触一点浑厚温和的自然界:安慰这枯燥的生活,我不愿随风徵愿,在那满戴假面具的人群里讨无趣!

在爱情上，一方面她爱得那么执着，一方面又爱得那么痛苦。感情与理智，爱欲与道德，时时在内心交战；但终未能冲破自己筑起的藩篱，实现自我超越。已将少女的痴心与热情毫无保留地献给出来的她，可谓欲罢不能，但吴的妻儿毕竟是无辜的，尽管吴天放仍在不断地纠缠着，声泪俱下地请求她答应永远做朋友，石评梅还是狠狠心，断绝了与吴的来往。

这是石评梅的初恋！天真烂漫的纯情少女，从此"沉入愁城恨海"，笼罩在一种"说不出的悲哀"之中，变得忧郁伤感。每日人前强颜欢笑，独身之念日渐牢固。

1920 年，在山西驻京同乡会上，她结识了高君宇，他是她父亲最得意的学生。有这层渊源，往来渐多，也开始关注她散见于各报刊的文章。那笔端流露出的哀痛，蕴含着一种抗议人世不公的勇气，让高君宇十分的敬慕。

慢慢的，他们之间，已不仅仅是一种淡淡的友情。高君宇态度的渐变，感情细腻丰富的石评梅，岂能无动于衷。她曾在日记中写道："我不幸有 W 君伤心之遭运，奈何天辛①偏以一腔心血溅我裙前？人生岂真为苦痛而生耶！"此时高君宇已坦然告诉她，在乡下有一个父母包办婚姻的妻子，自己选择的是一条危险的政治道路，还患有当时难以治愈的肺病。

1921 年 4 月 15 日，石评梅致信高君宇，倾吐了她思想上的彷徨。高君宇次日即回信，帮助她分析青年之所以普遍感到烦闷，就在于社会制度的不合理，"所以我就决心来担负我应负改造世界的责任了。这诚然是很大而烦难的工作，然而不这样，悲哀是何时终了的呢？我决心走我的路了"；"我很信仰一个制度，青年们在现在社会享受的悲哀是会免去的——虽然不能完全，所以我要我的意念和努力完全贯注在我要做的'改造上'去了"。信中鼓励石评梅"积极起来，粉碎这些桎梏"，"被悲哀而激起，来担当破灭悲哀原因的事业，就成了奋斗的人"。②

女高师毕业后，石评梅担任起了北师附中女子部学级主任一职，除此之外还兼任着体育和国文教员。此时，自山西会馆相识，已三年有余，1923 年 10 月 15 日，高君宇又提笔给石评梅写了一信：

---

① "天辛"以及后文的"辛"都是指高君宇，在石评梅的作品和他人回忆中，高君宇还被称为长空、K 君等。

② 石评梅著、杨扬编：《石评梅作品集（戏剧、游记、书信卷）》，书目文献出版社 1985 年，第 316 页。本章文字中涉及石评梅来往信件的文字，均出自该书，不再一一注明。

自是之后，我极不由己的便发生了一种要了解你的心。三年直到最近，我终于是这样提惹着。我所以仅通信而不来看你，也是畏惧这种愿望之显露。我何以有这样弥久的愿望，像我们这样互知的浅显，连我自己亦百思不得其解。

正在此时，挚友庐隐放弃了独身主义，与在原籍也有家室的郭梦良结婚，这一消息给了她不小的震动。

繁重的工作使高君宇的身体不堪重负，病痛缠身，党组织决定送他到京郊的西山疗养。这时正值深秋，满山枫叶让人产生了无尽遐想。他顺手摘来一片，在上面题写了"满山秋色关不住，一片红叶寄相思"的诗句，寄给了石评梅。

收阅红叶上的情诗，石评梅自然是心潮起伏，感慨万千。初恋受挫后，她就给自己塑了一层"独身主义"的保护膜，"在这烦恼嚣杂的社会里，不亲近人是躲避是非的妙法"。然而，她能承受这片红叶的挚情吗？

与吴天放分手后，石评梅虽然在理智上做到了狠心绝情，然而在感情上又无法把心收回，而吴的忏悔更使她难以忘情。这种矛盾使她不敢也不忍收下这枚红叶。于是，她在红叶的背面写了几个字："枯萎的花篮不能承受这鲜红的叶儿"，回寄给了高君宇。此时，她仍未从初恋的阴影中走出——那次伤害留下的伤疤实在是太深了。

收信后，高君宇极度伤心。但他仍不死心，认为横亘在他们之间的唯有他目前的婚姻状况，于是便向石评梅表示，一定会解决掉这桩包办的婚姻。但石评梅表示，因自己而毁掉他人的家庭，把自己的幸福建立在他人的痛苦之上，是她所不愿看到的，劝高君宇万不可造次。而高君宇则认为，他本人也是这场不幸婚姻的牺牲品："我心已为之利箭穿贯了，然我决不伏泣于此利箭，将努力去开辟一新生命。"

拒绝红叶后的石评梅也处在极端的矛盾和痛苦之中。她认为"不能使对方幸福比自己得不到幸福更痛苦"，仿佛亲见了高君宇的失望和受伤般被歉疚、不安和自责缠绕着。紧接着，又听说了家乡自幼就很要好的小伙伴吟梅因婚姻不幸、染病身亡的消息。这双重的打击使病魔乘虚而入，她终于被击倒了。病中的石评梅新愁旧恨纠结在一起，更觉人世的黯淡和凄凉。这一病，就在床上躺了四十多天。

当时，她借住在西城区辟才胡同南半壁街 13 号林砺儒①家。一天，她的病情忽然加重，三个小时不省人事。后来回忆那天的情形时，她说："我醒来，睁开眼，天辛跪在我的床前，双手握着我的手，垂他的头在床缘；我只看见他散乱的头发，我只觉他的热泪润湿了我的手背。这时候，我才认识了真实的同情，不自禁的眼泪流到枕上。"

一直以来，高君宇总认为，阻止其与石评梅关系进一步发展的主要障碍，是他目前的婚姻状况，于是他便下决心将这场延续了十年、名存实亡的婚约做个了断。当他对妻子及双方家族说明维持这一不幸婚姻的利害后，得到了几方的谅解，合情合理地解决了此事。

8 月，在平定度暑假的石评梅收到高君宇寄自上海的一封长信。信中，高君宇详细讲述了他解决婚姻问题的经过。石评梅知道自己终究没有勇气回应高君宇的爱，这不只因为她忌怕世俗的议论，还因为高君宇所从事的事业。于是，她回信道："我可以做你惟一的知己，做以事业为伴共度此生的同志。让我们保持'冰雪友谊'，去建筑一个富丽辉煌的生命！"

深致抱歉之外，她也憎恨自己悄悄偷走了高君宇的心后，又悄悄溜走了，因此私底也替他难过："以后，南北飘零，生活在奔波之中，他甚至连礼教上应该敬爱的人都没有了！"

对评梅的不理解，高君宇回信道："你的所愿，我将赴汤蹈火以求之；你的所不愿，我将赴汤蹈火以阻之。不能这样，我怎能说是爱你！从此，我决心为我的事业奋斗，就这样飘零孤独度此一生。"

国共合作后，根据党组织的安排，高君宇担任了孙中山的秘书。1924 年 10 月 10 日，广州商团②发动叛乱，高君宇率兵仅用几个小时就干净利落地平息了。胜利后复市的这一天，他特意选购了一对洁白如玉的象牙戒指，一只留给自己，一只寄给了石评梅，并给她写了长信："爱恋中的人，常把黄金或钻石的戒指套在彼此的手上，以求两情不渝，我们也用这洁白坚固的象牙戒指来纪念我们的冰雪友谊吧！或者，我们的生命亦正如这象牙戒指一般，惨白如枯骨？"

---

① 林砺儒（1889－1977），原名林绳直，广东信宜市人，中国著名的教育家曾任北京师范大学校长、教育部副部长。时任北京高师附中主任（即校长）。

② 广州商团成立于 1912 年，最开始是广州商民维持社会治安、保护商家生命财产安全的自卫武装。随着实力不断扩充，政治倾向日趋保守，逐步演变为与孙中山革命政府对抗的武装力量。

石评梅会和当初不接受寄情红叶那样,拒绝接受这枚象牙戒指吗?

北京政变①后,冯玉祥电邀孙中山北上,孙中山接受了邀请。高君宇随之北上。高君宇终于回来了!可由于劳累过度,又患上了咯血症,终于支持不住,旧病复发被送进了"德国医院"。石评梅第一次来医院探望的时候,高君宇第一眼看见的便是她戴在手上的洁白的象牙戒指,这让他心中不再是凄凉,而是丝丝甜蜜。是啊,她终于接受了!

但是,石评梅的接受更多安慰的成分。似乎总有一种隐约的力量在不经意间牵扯着她:既有吴天放使她伤心的遭遇于前,又有世人的流言以及传统的束缚,她的自我谴责以及她多年来立志独身的决心于后,更有对他参与无产阶级革命事业的担心。

这种担心不是多余的。大病稍愈后,高君宇听不得医生"须静养半年"的劝告,更顾不上石评梅的忧虑,为了使命,又南下奔波去了。1925 年 1 月 25 日,在上海参加完党的第四届全国代表大会后返京,受周恩来的委托,路经天津时特意下车,看望了在中共天津地委妇女部任部长的邓颖超,并捎去了周恩来的一封求爱信,当了回红娘。

但毫无疑问,这进一步加重了病情。1925 年 3 月 2 日,参加国民会议促成会②全国代表大会的高君宇在吃饭时,突然感到肚子一阵疼痛。四天以后的凌晨两点,结束了自己短暂而热烈的生命,留下了他未竟的事业,未完成的爱情。

入殓前,石评梅将一幅自己的照片,放在棺木中的高君宇遗体旁,那枚象征着他们冰雪友谊的象牙戒指仍戴在她的手上。

追悼会由好友赵世炎③主持,李大钊、邓中夏等生前友好送了花圈,邓颖超

---

① 1924 年 10 月 23 日,正值第二次直奉战争鏖战之际,身为直系高级将领的冯玉祥秘密回师北京,举行反直武装政变,直系军阀曹锟、吴佩孚倒台。

② 1925 年 3 月 1 日,为了对抗段祺瑞政府上月在北京召开的善后会议,以促成真正的国民会议产生,中国共产党和国民党共同发起的国民促成会全国代表大会,在北京大学三院礼堂隆重开幕。到会代表 200 多人,代表 20 多个省区内 120 多个地方的国民会议促成会,共代表数 10 万以上的民众。中共北方区委宣传部长兼职工运动委员会书记赵世炎作为会议党团书记,具体地组织领导了这次大会。

③ 赵世炎(1901－1927),中国共产党早期杰出的无产阶级革命家、卓越的马克思主义理论传播者、著名的工人运动领袖。曾参加过著名的"五四运动",是当时师大附中学生运动的组织者,后赴法勤工俭学,与周恩来等一起创建了中共旅欧支部。回国后领导了震惊中外的上海三次工人大罢工。1927 年 7 月 2 日被捕,19 日在上海龙华警备司令部被杀。2009 年,被评为"100 位为新中国成立作出突出贡献的英雄模范人物"。

等前往参加。石评梅因悲伤过度未能前往。她送的挽联写道：

> 碧海青天无限路，
>
> 更知何日重逢君。

石评梅把高君宇的墓地选在了陶然亭畔葛母墓旁的那片空地，白玉墓碑左侧，刻着石评梅手书的碑文：

> 我是宝剑，我是火花。
>
> 我愿生如闪电之耀亮，
>
> 我愿死如彗星之迅忽。
>
> 这是君宇生前自题相片的几句话，死后我替他刊在碑上。
>
> 君宇！我无力挽住你迅忽如彗星之生命，我只有把剩下的泪流到你坟头，直到我不能来看你的时候。

高君宇去世后，她才读到他写给她的最后一封信。她说，信的口吻、内容都像遗书。这信似乎有奇异的力量，让石评梅"遍体如浸入冰湖"，更将她牢牢钉住，从此深陷忏悔、哀痛之中。一个鲜活生命的猝然消逝震骇了她，她觉得自己背负罪恶，"是一个值得诅咒的女子"，"我是万分的对不住他，我是万分的欺凌他！"遗物中还有那片已经枯萎的红叶，石评梅心如刀割，收捡起这片"志恨千古"的红叶，也收藏好了他的旷世深情。

她给好友袁君珊的信里说：

> 我在天辛的生前心是不属他的，在死后我不知怎样便把我心收回来交给了他。所以我才和 W 君①断绝友谊，便是防备我心的反叛。如今我一直是沉迷着辛的骸骨，虽然他是有许多值得诅咒值得鄙弃的地方。不过在我心里，我总觉得他是这宇宙中曾热烈的爱过我的……我宁愿把我的心，把我的爱情，把我的青春，和他一同入葬。

高君宇生前，石评梅无法完全投入地爱他。或者说，高君宇生前不能被她完全接纳，更重要的缘故，是他之于她，魅力尚欠火候。也是在这封信里，石评梅说："爱情有时是不能和她讲道理讲理智，讲该不该的。她至少有点盲目，而且是自己主观的沉醉。"的确，无论高君宇怎么以"一腔心血溅我裙前"，她这厢

---

① 石评梅书信中的"W 君"均是指吴天放。

缺乏缭乱迷离的陷溺感、无来由的痴心醉意,仅以感动、感激,终究撑不满恋情。

五四时期的知识女性,有过独身主张的不少,实践到底的却不多。石评梅口口声声要高君宇理解她独身的"素志",既因创伤还未平复,同时也是善意的推诿。1924年她才二十二岁,自认为已经望断天涯路,其实花月正春风。假如遇到心驰神往、寤寐思服的对象,所谓独身之念,是很容易冰消雪融的。

高君宇下葬陶然亭后,那里几乎每个周日都会出现一个手捧鲜花的孤单女子的身影,默默注视着那堆黄土,那块碑石,以及碑石上的文字。是的,那是石评梅。

此后,她写了十多篇署名波微的追忆文章寄托哀思。那些深情的诗文,弹拨出了她的悔恨和思念。而在此时,另一名男性进入了石评梅的视野,他就是"狂飙文人"高长虹。

高长虹的父亲高鸿猷为清末副榜举人,曾在天津杨柳青和河北昌黎县当过承审和代理知事,老家在盂县西沟村,离平定县城不过四五十里。高鸿猷与石铭互相仰慕,早有来往,多有唱和。石铭在省立图书博物馆做事,缺少一名"书记员",便举荐了朋友的儿子高长虹。于是,1921年春,高长虹跟已在山西省立图书博物馆工作数年之久的石铭成了同事。

高长虹如敬父亲一样敬重石铭,石铭如器重得意门生一样将之视为子侄。老少二人恰都嗜酒,公事之余,偶尔到街头饭店小坐,要一壶酒,边斟边谈。有时石铭还把高长虹领到住处,促膝畅谈至深夜。石铭十分欣赏高长虹的天分、性情,有意选他做自己的乘龙快婿,所以常把话题引到爱女评梅身上。由此,高长虹与石评梅虽未相处却了如指掌。

石评梅在太原读书时就听说过高长虹,知道他是山西一中有名的才子,回太原时曾与他见过几次面。石铭在给女儿写信时,也会顺便称赞一番。聪敏的石评梅,对父亲的内心所想,自然心领神会。她知道父亲喜爱高长虹,而她又极爱父亲,不愿忤逆父命而使他难过,这是她面对高君宇的苦苦追求时,难以决断的又一个原因。

高君宇1925年3月6日去世,高长虹统名为《给——》的四十八首"恋歌",从6月1日开始在《语丝》等杂志发表,这绝不是偶然的。

1925年7月5日,石评梅为了排解高君宇去世所带来的悲痛,决定回平定老家过暑假。回到家里,父母难免提到女儿的婚事,自然少不了提及高长虹。

如果说吴天放的欺骗使石评梅陷入了无尽的悲哀的话,那么,高君宇的死,则使她完全走向了封闭。在给林砺儒的信中,她说自己已经死了,只不过是"里死外活"的罢了。于是,她直告高长虹,她将永不嫁人,所以高长虹在一篇文章中说自己这时"精神上受了一个大的打击"。

1928 年 3 月 30 日,医治无效,在众人的呼唤中,一颗年轻的心脏就此停止了跳动。她与当年高君宇病逝的是同一家医院,同一间病房,同一个时辰。第二天,师大附中特别放假一日,全体学生列队至协和医院为她送行。

1929 年 10 月 2 日,友人们根据她生前曾表示的与高君宇"生前未能相依共处,愿死后得并葬荒丘"的愿望,将其葬于高君宇墓右侧,并又竖起一座四角白玉剑碑,碑面镌刻着"故北京师范大学附属中学女教员石评梅先生之墓",碑基上镌刻着"春风青冢"四个篆书大字。

在高君宇的一些同事——包括周恩来和邓颖超——看来,她是他的情人,因"悲伤过甚"而死,印证了红色恋情的炽烈和忠贞。① 在庐隐的解释中,高、石之死在很大程度上属于情感事件:与 W 君的情感伤痕,以及其他因素使石拒绝了高,高的死又使石陷入终生悔恨,"在这痛楚中,她就决定了她自己悲惨的命运"。② 所以二人虽然都死于疾病,却被视为情死的典范,对高、石未成眷属的惋惜也成为当时文艺青年们的公共话题:

"如果她的天辛生活着……不但她的生活更为幸福些,她的艺术成就亦必然更为伟大些。""论理辛虽然为她含着无限的苦恼,静眠于陶然亭畔的荒冢里,但她后来在辛忏悔之中的那掬热泪,和其孤居的决心,也够使辛安慰了。"③

然而在她的密友们看来,石评梅却并不单纯死于悲痛和悔恨,正如庐隐所说:"她愿意自己是一出悲剧的主角,她愿意过一种超然的冷艳的生活。"④她之喜谈死亡在圈子中是出名的,去世前三年的一个秋夜,在与陆晶清的一次闲谈中,她就为自己设计了一个"美丽的死":

> 将来我决意不死于这样缠绵枯寂的病榻,我要做成功极美丽的,悲壮

---

① 邓颖超:《为题〈石评梅作品集〉书名后志》,收入卫建民选编:《魂归陶然亭——石评梅》,人民文学出版社 2002 年,第 81 页。另外,1956 年周恩来审阅北京城市规划总图时,曾强调陶然亭中高石墓应该保存:"革命与恋爱没有矛盾,留着它对青年人也有教育。"见屈毓秀、尤敏编:《石评梅选集》,山西人民出版社 1983 年,第 454 页。
② 庐隐:《石评梅略传》,蔷薇社编辑:《石评梅纪念刊》,世界日报社 1928 年 12 月 1 日,第 4 页。
③ 师禹:《在我记忆中的评梅》,《石评梅纪念刊》,第 60 页。
④ 庐隐:《石评梅略传》,第 5 页。

的如像一幅有诗意的画一样的死,在我想到死的时候,……我就收拾好我所有的残稿交付给你,然后轻装去到海滨,先买好一条绯色轻纱须有两丈长,我一定先选定一个月夜,在末次的痛醉饱餐之后,到了深宵,独自一个人慢步到海边,散开头发,脱去这一身沾风尘的衣裤,也赤着足,只用绯色的轻纱裹住身体,自己唱完一个悲壮的挽歌我就纵身下跃,在夜深人静时让狂浪将我卷到海心。……这样到了翌日的清晨,朝阳初射到海面上,人们将看到海心浮着个奇异的女尸,碧绿的海水作毯,绯色的轻纱作裳,散发披在她白皙的胸上,她是微笑着,口闭目瞑,很安息的有如甜睡般死去,那就是我,你的梅姐了!①

石评梅为自己的死亡设计了瑰丽的色彩,死者苍白的皮肤与红色轻纱相映衬,形成了唯美风格的画意。庐隐曾用"怨艳""冷艳""凄艳"来形容石评梅的一生,虽然不幸,却是美艳的。

二、散文

石评梅的创作生涯仅仅六年,却尝试过诗歌、小说、散文、剧本等多种体裁。成就最大的是散文。

(一)内容

她的一生,是一个极美丽,也太匆匆的悲剧。对于人生这部大著,她刚刚读了"爱情篇""友爱篇""苦闷篇",正要以她聪慧敏感的心灵,去更广、更深地触及人生各面的时候,这部人生大著便顿然合上了。因此,在石评梅的散文里,尽管也有对于"身外大事""腥风血雨",以及自然风光的描写,诸如:《报告停办后的女师大——寄翠湖畔的晶清》《女师大惨剧的经过——寄告晶清》《血尸》《痛哭和珍》等,写的是社会重大事件;《战壕》《社戏》《偶然来临的贵妇人》《董二嫂》等等,写的是社会生活、人世百态;长篇游记《模糊的余影——女高师第二组国内旅行团的游记》《烟霞余影》等,写的是南游的见闻以及北京西郊的风景,其中亦不乏佳作。但从整体来看,她写得最多、最好的,还是爱情、友谊和苦闷这三大主题。

爱情,这是石评梅蘸着血、和着泪抒写的主题,是她散文的精华。

---

① 晶清:《海上日记(二)》,1928年11月7日《蔷薇周刊》第38期。

她的爱情文字，大都写在其爱情悲剧的大幕落下之后，因而带有浓厚的回忆和反思色彩。回忆和反思，使其抒情变得更加缠绵悱恻而又深刻隽永。在石评梅笔下，我们分明读到一颗悲痛欲绝且悔恨不已的心灵，在孤寂凄苦中，独自追踪着、演绎着、咀嚼着那美丽而又痛苦、不堪回首而又永远难忘的尘梦：

在医院的病榻前，她和君宇泪眼相望，心灵默契（《最后的一幕》）；

在陶然亭的夕阳下，她和君宇并肩漫步，低低倾诉（《我只合独葬荒丘》）；

在一个狂风暴雨之夜，君宇在躲避敌人迫害的危急时刻，前来探视病中的评梅（《狂风暴雨之夜》）；

在那凄清孤寂的夜晚，她灯下独坐，面前放着君宇的遗像，默默地低头织着绳衣，一直到伏在桌上睡去（《父亲的绳衣》）；

在落雪天里，她独自驱车去陶然亭，踏雪过小桥，来到君宇墓前，抱着墓碑，低低呼唤，热泪融化了身畔的雪，临走时，还用手指在雪罩的石桌上写下"我来了"三个字，才决然离去（《我只合独葬荒丘》）；

在白雪铺地、新月在天的时日，她肠断心碎，低泣哀号，恨不能用热泪去救活家中的君宇，唤回逝去的英魂（《肠断心碎泪成冰》）；

她面对着那一棺横陈、摇摇神灯，痛悔万分。她责问自己："数年来冰雪友谊，到如今只博得隐恨千古，抚棺哀哭！"她怨艾死者："你为什么不流血沙场而死，你为什么不瘐毙狱中而死？却偏要含笑陈尸在玫瑰丛中，任刺针透进了你的心，任鲜血掩埋了你的身，站在你尸前哀悼痛哭你的，不是全国的民众，却是一个别有怀抱，负你深爱的人。"（《梦回寂寂残灯后》）。

不论是责己或尤人，都出自她那一颗慧心，满腔至情。

1927年的清明节，她在陶然亭高君宇墓畔，写下了扣人心弦的《墓畔哀歌》敬献给亡灵。她愿醉卧墓碑旁，任霜露侵凌，不再醒来。

当我们读这些凄苦哀婉的爱情倾诉时，不难发现：石评梅的爱情观里，固然包含有以个性解放为核心的现代意识;但更多沉淀着的,还是传统文化和道德因素。她的感情世界,基本上是封闭式的;她的抒情方式,基本上是自足型的。像中国历代那些薄命的红颜、才女一样,将爱情视作精神、感情上的"圣物",风晨雨夕,自哀自怨;深闺荒郊,自怜自叹,细细咀嚼着其中的甜蜜与凄苦交织的滋味。也许正是这种爱情心理的复杂性,使得石评梅的爱情倾诉,带有浓郁的古典的缠绵。你看:

> 披上那件绣着蛱蝶的衣裳,姗姗地走到尘网封锁的妆台旁。呵!明镜里照见我憔悴的枯颜,像一朵颤动在风雨中苍白凋零的梨花。

> 我爱,我原想追回那美丽的皎容,祭献在你碧草如茵的墓旁,谁知道青春的残蕾已和你一同殉葬。

这情调,这韵味,这气氛,乃至这意象,对于心理上积淀着中国古典文化的读者来说,其心灵会产生多么和谐的共鸣。

友谊、亲情,构成石评梅散文的第二主题。

自幼被父母看作掌上明珠的石评梅,自然对父母有深深的依恋;当人生风雨袭来时,父母亲情便是其心灵的庇护。不仅像《母亲》《归来》,写出了她对父母的一片挚情;即使在像《父亲的绳衣》《醒后的惆怅》这些哀念君宇的散文里,也时有对父母的呼唤:她说,"在天辛死后,我已整个的跪献在父母座下了";她要向母亲讲述她那"奇异的梦"。

当然,在人生的凄风苦雨中时时给石评梅以救助、慰藉的,还是庐隐、陆晶清这些朋友。她们的友谊是其颠簸在人生苦海中的一只"方舟",因而也是其散文的共同主题,《给庐隐》《寄山中的玉萧》《寄海滨故人》等,都是友爱的心声。在这类散文里,她向友人传递着彼此的消息,公开着自己的秘密,倾诉着内心的苦闷;同时,她又深深地同情、慰藉着他人的痛苦与不幸。《寄海滨故人》作于高君宇病逝的次年,虽然心灵的创伤还未完全平复,然而她却在劝慰不幸的露沙。她说:"半年来,我们音信的沉寂,是我有意地隔绝,在这狂风恶浪中挣扎的你,在这痛哭哀泣中辗转的你,我是希望这时你不要想到我,我也勉强要忘记你的。我愿你掩着泪痕望着你这一段生命火焰,由残余而化为灰烬,再从凭吊悼亡这灰烬的哀思里,埋伏另一火种,爆发你将来生命的火焰。"又劝露沙"不要消沉,湮灭了你文学的天才和神妙的灵思",并奢望她"能由悲痛颓丧中自拔超脱",以自己所受的创痛,所体验的人生,替"有苦说不出的朋友们泄泄怨恨",这也是自己"借此忏悔借此寄托的一件善事"。

石评梅及其挚友，同为"天涯沦落人"，尽管聚散无常，但心灵永远相通、相慰：她们在这"空虚无一物可取的人间"，手相挽，头相依，在天涯一角，同声低诉着自己的命运，只有她们"听懂孤雁的哀鸣"，"听懂夜莺的悲歌"，相互理解。

石评梅短暂的一生，是和愁与泪相伴的。她的散文，就是她那根纤细敏锐、多愁善感的心弦，在人生凄风苦雨中的颤动。

石评梅的愁，其根源既来自理想与现实的矛盾，亦出自她自身心理的冲突。前者固无力改变，后者更难以超越。她的爱情悲剧，实质上亦是心理悲剧。

因此，在爱情上，一方面她爱得那么执着；一方面她又爱得那么痛苦。感情与理智，爱欲与道德，时时在内心交战；但终未能冲破自己筑起的藩篱，实现自我超越。直到高君宇死后，她才觉悟了"从前太认真人生的错误"；不过，这种"觉悟"，并未达到思想桎梏的真正解脱；反而又将自己束缚在另一种传统观念里，她要做一个"殉情"者，用自我牺牲，去补偿自己欠下的情债。这就不能不使她继续挣扎在爱的痛苦里。

在人生观上，石评梅也表现出深刻的矛盾。她说，她的心情，"有时平静得像古佛旁打坐的老僧，有时奔腾涌动如驰骋沙场的战马，有时是一道流泉，有时是一池冰湖；所以，有时她虽在深山也会感到一种类似城市的嚣杂，在城市又会如在深山一般的寂寞"（《寄山中的玉薇》）。她时而幻想去主宰命运："命运是我们手中的泥，一切生命的铸塑也如手中的泥"，"我们怎样把我们自己塑造呢？也只在乎我们自己"；但转而便又陷入宿命的悲观："我也觉得这许多年中只是命运铸塑了我，我何尝敢铸塑命运"。她说，她愿做个"奔逸如狂飙似的骏马"，去踏翻这世界的地轴，去飞扬起这宇宙的尘沙，使整个世界在她足下动摇，整个宇宙在她铁蹄下毁灭；然而，她终做不成天马，因为她本不是天马，而且每当她束装备鞍驰驱赴敌时，总有人间的牵系束缚，令她毁装长叹。她曾不解造成其命运的是社会还是自己？终未能找出答案：她也企图探索人生的究竟，同样得不到解答。她感到信仰的迷惘；她甚至对她所执着追求的爱，也产生了怀疑，她说："青年人的养料惟一是爱，然而我第一便怀疑爱"，认为：什么"甜蜜，失恋，海誓山盟，生死同命"，这一套都是"骗"，"宇宙一大骗局"，只有"空寂"才是"永久不变"的。因此，她要在"空寂"中生活，将心付于"空寂"（《给庐隐》）。可以说，石评梅的散文，就是她心灵的挣扎和呼喊。

（二）艺术

散文的美学境界，归根结底是作者生存境况的展示和文化心理的外化。从石评梅的散文里你会感到：那聪慧且敏感、脆弱而倔强的天赋；古典文学中的静美凄清的审美趣味的熏陶；美丽而又痛苦的爱情悲剧的体验。这一切在石评梅心理上形成独特的文化结构，决定着她的散文的审美风范。

首先，抒情的浓烈、浪漫和忧伤。在抒情上，石评梅不仅具有一般女性作家所共有的坦诚、率真和细腻；而且还具有自己独特的浓烈、浪漫和忧伤。读她的散文，你会感到：在她那敞开的心灵里，时时有一股激流，一团火焰，奔窜而出。不论是直抒胸臆，还是委婉传情；亦不论是慷慨陈词，还是娓娓而谈，都有痛快淋漓、不可遏抑的气势。比如：

> 和珍！你明天出了校门走到石驸马大街时，你记的不要回头。假如回头，一定不要离开你自己纤手铁肩，惨淡缔造的女师大；假如回头，一定不忍舍弃同患难，同甘苦的偕行诸友；假如回头，你更何忍看见你亲爱的方其道，他是万分懊丧，万分惆怅，低头洒泪在你的棺后随着！你一直向前去吧，披着你的散发，滴着你的鲜血，忍痛离开这充满残杀，充满恐怖，充满豺狼的人间吧！

如果说这是悲壮的浓烈，那么，缠绵的浓烈在石评梅的散文里，更是俯拾可得。

浓烈的感情，常常化作奇异的想象，表现出浪漫的色彩。读一读那《涛语》中的《夜航》，你不能不随之沉入那童话般美丽而又可怖的梦境。在《墓畔哀歌》里，无限哀思化作了美丽的幻觉：

> 我常觉你在身后的树林里，骑着马轻轻地走过去。常觉你停息在我的窗前，徘徊着等我的影消灯熄。常觉你随着我唤你的声音悄悄走近了我，又含泪退到了墙角。常觉你站在我低垂的雪帐外，哀哀地对月光而叹息！

这种缠绵而绮丽的浪漫，真是让人无比地低回神往！

在现代早期女作家中，写得最美丽而又忧伤的，恐怕应首推石评梅了，庐隐曾呼她"鼙"，她自己曾取名梦黛、林娜，以黛玉自许。她的感伤气质确有些酷似那"心较比干多一窍，病如西子胜三分"的林妹妹。生活本来就不和谐，加上她这种气质，更是愁苦难解。所以她的散文几乎是字字血、声声泪，觅不见温馨和明快。但是，由于这愁苦、忧伤乃系心灵的喷薄，也就无"强说愁"的矫情味，自能引起读者的共鸣与同情。

其次，境界的美、冷、静。石评梅说，她希望自己的生命"建在美的，冷的，静的基础上"。她爱冬天，爱梅花，爱"寥廓而且凄清、萧森而且清爽的陶然亭"，认为那里的"月亮""晚霞""芦花"，都是特别为坟场布置的"美景"。是的，从她的笔底我们看到：她对于一切荒寒、凄清、寂静，具有颓废美的事物，秉赋着特殊的嗜爱与敏感。她常常毫不费力地将它们捉住，布置出一个个特殊的抒情环境和氛围，同她那忧伤、愁苦的心情多么和谐：

> 我望着两行枯柳夹着的冰雪罩了的护城河。这地方只缺少一个月亮，或者一颗落日便是一幅疏林寒雪。(《我只合独葬荒丘》)

作者凭着她的艺术感觉和想象，几笔便写出了一幅凄清、荒凉的"疏林寒雪"图：

> 如今已是午夜人静，望望窗外，天上只有孤清一弯新月，地上白茫茫满铺的都是雪，炉中残火已熄只剩了灰烬，屋里又冷静又阴森；这世界呵！是我肠断心碎的世界；这时候呵！是我低泣哀号的时候。(《肠断心碎泪成冰》)

作者用静夜、新月、白雪、残火、阴森，构成了一个抒情的时空，在这里她追思亡魂，回忆往事，情与境达到高度的融合。

毫无疑问，布置抒情环境，还必须具有写景的功力。石评梅在这方面亦表现得十分出色。她常能寥寥数笔，便见出诗情画意来。这不单靠技巧，还要凭感觉。如：

> 山中古庙钟音，松林残月，涧石泉声。处处都令人神思飞越而超脱，轻飘飘灵魂感到了自由；不像城市生活处处是虚伪，处处是桎梏，灵魂踞于黑暗的囚狱不能解脱。(《寄山中的玉薇》)

很明显，胸中有那种感觉，笔下才有这般灵气。读石评梅的散文，我们也感到了她的"那枝幽远清淡的笔致，处处都如一股幽谷中流出的清泉一样，那样含蓄，那样幽怨，那样凄凉，那样素淡"，①沁入我们的心扉。

---

① 1926 年 7 月出版的《骆驼》第一集中，刊有徐祖正的小说《兰生弟的日记》。石评梅在1926 年 11 月 6 日《语丝》第 104 期发表《再读〈兰生弟的日记〉》一文，详细记叙了她一读再读《兰生弟的日记》的感动，对作者不吝赞美之词："很慕敬作者那枝幽远清淡的笔致，处处都如一股幽谷中流出的清泉一样，那样含蓄，那样幽怨，那样凄凉，那样素淡。"

三、小说

从石评梅发表于 1924 年 2 月 26 日《绿波周刊》上的小说《病》算起,到她生命中的最后一篇小说《林楠日记》止,总数就十四篇;如果再加上收集在散文小说集《偶然草》中的七篇颇似散文的心境小说,也不过二十来篇。她的这些为数不多的短篇小说把握了时代的脉搏,不仅反映了时代知识分子的心境和青年人敏感的婚恋,而且还开了现代女性小说书写革命的先河。

石评梅的小说大体分为三类:第一类,表现当时知识分子的悲哀心境的小说。作为一个有理想有追求的知识分子,面对五四高潮过后的混乱政局和军阀割据,石评梅看不到希望和出路,对国家和对自己的前途都感到困惑和迷惘,内心充满失望和悲哀。《病》表达了对社会、人生的失望:"在这样人间,想求到我所希望的星火!……这种压伏的宇宙下,遂弥漫了失望的呼声!"还表达了对军阀割据的谴责:"在我眼帘下的宇宙,没有完全的整个,只有分析的碎屑……只有悲哀。"①在《冰场上》中说:"我总哀我自己并哀我祖国。"于是,"在极度伤心悲痛中才逃到冰场上去求刹那的晕醉"。而在《噩梦中的扮演》《惆怅》中的"我"浑浑噩噩无所知觉地过着生活。最后在《忏悔》中说,"混在这虚伪敷衍,处处都是箭镞,都是荆棘的人间。……我对于这遥远的黑暗的无限旅程更怀着不安和恐怖,不知该如何举措……"现实的环境是无情的、污浊的,也是虚伪可怕的,辗转其中,灵魂和身体都是一样的创痛。《卸妆之夜》也表现了对社会和人生的伤痛感悟。这些都是那一时代追求光明而又找不到出路的知识青年生活境遇的真实心理披露。

《晚宴》传达出作者对女子生存处境的忧虑:知识女性也逃不出时代的秩序和环境,挣扎的结局依然是回归传统的角色。这颇具有女性自审意识。《一夜》中那个甘于寂寞生活,不躲避自己孤苦命运的七祖母,忍受着默咽着一切的欺凌和痛苦,很平淡地对待生死的来临。这是那个时代的女性逆来顺受的悲剧宿命,也是女性在看透了世态炎凉、人生凄凉后的一种别样超脱吧! 这颇具有女性自审意识。这类小说主要写于石评梅的早期,其中漫溢着对祖国前景、个人理想和妇女解放的悲观失望的情绪,带着浓厚的感伤色彩,诚如林砺儒先生说:

---

① 　石评梅著,杨扬编:《石评梅作品集(诗歌、小说卷)》,书目文献出版社 1984 年。本章文字中引用的石评梅诗歌与小说中的句子,均出自该书,不再一一注明。

她的作品"实在是主观的伤感过甚,满纸都是哀飒伤心的话",①并且"太 Senti-
metal(伤感)"。② 这些短篇小说除了表现作者个人的悲哀心境,同时还烙上了
鲜明的时代印记。我们看到了一个苦苦探索人生、寻找希望而终究失望的痛苦
灵魂,这正是苦闷彷徨的五四青年的心境的一个缩影,也是那个时代的真实
写照。

第二类,反映个性解放后的婚恋"现状"的小说。提倡个性解放后,年轻
人在爱情婚姻及离婚潮流中的倾向性问题,是所有在时代新风下成长起来的
女作家们共同关注的问题。《只有梅花知此恨》写道:因为"社会礼教造成的
爱,是一般人承认的爱",他的势力压伏着潜虬与蕙惠心灵上燃烧的真爱。所
以他们只有承受着"侯门似海,萧郎路人"的隔离命运。《祷告》《婉婉的日
记》中那个患着脑膜炎的杨怀琛,因为他深挚的爱情没有得到对方的回报,于
是为情而病,并最终抑郁地为情而死。《被践踏的嫩芽》中的梦白目睹一个品
学兼优的高才生——林翰生对出身高贵的同学郑海妮的纯洁而真挚的初恋
遭到假道学们的讪笑与摧残。作者借梦白的所思所想,表达了对这纯真情愫
的同情。

无论是有情人不能终成眷属,付出的爱没得到相应的回报,还是初恋遭到
无情的践踏与摧残,作者都是抱着真诚的同情的。另外,作者还把她悲悯的同
情心播洒在那些被旧式婚姻束缚,又被自由恋爱摒弃在爱情的花园外的处境可
怜的女子身上。

《弃妇》应该算是现代女性小说中最早的一篇正视弃妇命运的作品,其中的
表哥为着反对包办婚姻或说想着自由恋爱,竟要和已经结婚十年的妻子离婚。
离婚不成,就离家出走了。表哥走后的第二天,表嫂服毒自杀了。石评梅以鲜
明的女性立场,对弃妇表示了深切的同情,对现代男性表示了不满和斥责。她
逝世前写的《林楠日记》则让读者直接进入了女主人公林楠的内心世界,让人看
到了她被丈夫冷落后的悲苦与哀怨。作者对被压迫的妇女,充满了同情;对那
些因自由恋爱而不顾往昔夫妻之情的冷酷男子,充满了愤慨。在《毒蛇》中,
"我"总是原谅被人们认为"善于玩弄人颠倒人,是一条任意喜悦随心吮吸人的
毒蛇"的琪如,并替她分辨。这说明了作者的女性意识开始觉醒,并初步具有了

① 林砺儒:《评梅的一生》,《石评梅作品集(戏剧、游记、书信卷)》,第376页。
② 李健吾:《悼评梅先生及其文艺》,《石评梅作品集(戏剧、游记、书信卷)》,第380页。

现代意味的批评精神;尽管她不是有意而为之,但在客观上却通过文学书写造成了对男性中心文化的颠覆。这些小说的结局几乎无一例外的都是悲剧,而"人生的悲剧,都是生活和思想的矛盾所造成的"。作者真实地反映了女性的人生悲苦,揭露了旧的传统习俗对妇女的戕害,从女性的角度对历史、社会发出了控诉。对男性在自由恋爱和离婚潮流中的"以自我为中心"表示了不满与谴责,进而粉碎了男权神话。这使其小说创作表现出女性书写的现代品格,对丰富新文学的创作是有所裨益的。

第三类,从不同角度表现革命的小说。1927 年,也就是石评梅离世的前一年,她连续发表了多篇革命题材的小说。有写革命英雄"壮志未酬身先死"的《红鬃马》;有凯旋而归,做了人们钦仰羡慕的英雄的马子凌,却因为痛失了父母和爱人,而在《归来》中哀感他"只是一个历史使命的走卒";有隐居山林的革命先辈,记录下自己从戊戌变法以来的奋斗经验,以鼓励后人"追求光明幸福而去"的《白云庵》;有报国从军,却绝望于"黑幕日深,前途暗淡",并坠身碧海的《流浪的歌者》。这些作品大多发表在《蔷薇周刊》上,仿佛一个"革命小说"系列,从不同的侧面揭示出革命带给人的复杂感受和悲剧命运。"虽然篇篇都不可避免的伴随着失望和悲哀的咏叹,却总能听到人物心底里有力踩在革命进行曲的自我激励的鼓点。"①

除对革命进行了形象的描写外,石评梅还对革命进行了理性的反思,在《偶然来临的贵妇人》中,借张蔚然之口说:"一般不得志的人,整天仰着头打倒这个铲除那个,但是到了那种地位,无论从前怎么样血气刚强,人格高尚的人,照样还是走着前边人开辟的道路,行为举止和自己当年所要打倒铲除者是分毫无差,也许还有别的花样。"在《白云庵》中写道:"专制的帝王虽推倒,依然换汤不换药的是一种表面的改革,觉悟了中国人的思想,根本还是和以前一样。""革了这个社会的命,几年后又须要革这革过的命。"这些见解颇有见地,表明作者对当时革命的思考具有了一定的深度。

1927 年 5 月,发表在《晨报副刊》上的《红鬃马》是石评梅最早的一篇写革命英雄"壮志未酬身先死"的小说。红鬃马是辛亥革命中声威显赫的革命军首领郝梦雄的爱骑,作为郝梦雄的老师的女儿——"我"——有机会目睹这位少年英雄的风采。后来,梦雄与他的红鬃马一起融入"我"的生活,与"我"家在省城

---

① 艾小妮:《寻找文学史中的石评梅》,《文艺研究》2002(专刊),第 43 页。

里为邻。再后来，梦雄又带着他的爱妻冯小珊，骑着红鬃马去驻守雁门关。从此，音信全无。八年后，"我"在战乱中长成女青年，到山中去休养，不经意地在深林中看到了红鬃马。方知"如今英雄已死，名马无主"，也知道"梦雄第二次革命，是不满意破坏人民幸福、利益的现代军阀"。故事虽不免有点浪漫离奇，但却真实地传达出了一种历史的沧桑感与悲凉感。

1927 年 12 月的《匹马嘶风录》则开了"革命 + 恋爱"小说叙事模式之先风。小说以一对年轻大学生恋人为了社会改革事业而牺牲个人私情。何雪樵果断地把缠绵的儿女情放在一边，毅然地到战场去负枪荷弹，超越了女性的"小我"世界，成了女兵。当在前线的她，知道自己的恋人因革命而牺牲时，要开枪自杀以追随烈士的英魂，但她终于不甘心就此了结生命，她要为死去的恋人报仇。在夜深人静的荒郊野外痛哭，决定从此就不再流泪了。小说以第一人称的内视角，将融入大革命洪流中的女主人公何雪樵的思想、情感与内在的心理世界揭示出来，并通过她的眼睛反射出时代政治风云的激变，让人看到革命对人性、信念的残酷考验。石评梅把"这样一个女性之于革命的故事，写到极致之情里，写在生命鲜血的挥洒里，也让人看到女性血写的成长超越"。①

这些革命小说主要写于石评梅生命的后期，是她的情感跳出悲哀之海的见证，也是她思想境界提高的标志。这个时期，她把前期诗作和散文中的个人的悲哀"扩大为悲悯一切众生的同情了"，②从不同角度描绘了一幅幅大革命的壮丽而苍凉的历史图景。在现代女性小说中首先开辟了书写革命的园地，为后来致力于革命书写的谢冰莹、丁玲等女作家提供了可供借鉴的宝贵的经验教训。

婚恋、家庭及妇女题材是五四女作家热衷的，石评梅也不例外。难能可贵的是，她把题材拓展到同时代的女作家几乎没有涉猎的领地——政治/革命的领域，这无疑扩大了女性小说的视野，也拓宽了 1920 年代女性小说的题材广度，从而使我们通过女性的眼光去了解、体察五四那个特定的时代及后来的大革命所折射出来的整个社会生活的面貌。

在小说内涵的探索方面，石评梅也为现代女性小说做出了一定的贡献。她

---

① 艾小妮：《寻找文学史中的石评梅》，《文艺研究》，2002（专刊）第 45 页。
② 庐隐：《石评梅略传》，第 7 页。

的小说既注重现象的描写，又注意深层次的挖掘；既注重自身缺陷的找寻，又注意对社会根源的分析。通过对社会、人生的表象描写，表现了她对造成这些现象的社会根源、传统文化、人情人性的理性思考和对社会内涵的挖掘。这就使得石评梅的小说在1920年代的女性小说中显得内涵更加丰富，意蕴更加深厚，具有了一定的思想深度。

综上所述，石评梅的小说是她的血与泪铸就的。无论是充满了感伤的心境短章、以悲剧收束的婚恋小说，还是壮丽凄美的革命小说，都基本上是从内视角表现了人生的悲哀与性别的悲剧，还审视了刀光剑影的恢宏悲壮；从生命本体的角度更深刻地凸现了时代的社会面貌。作者笔下人物的人生体验通过她优美的诗意描写传达到我们的内心深处，引起了我们强烈的共鸣。

虽然石评梅的小说也有1920年代小说创作的幼稚毛病和许多明显不足的地方，庐隐就曾经说她"长篇小说的布局，有时失之松懈"，①但是她的小说创作，在题材的拓展、内涵的挖掘等方面都表现出了勇敢的开拓精神，具有了独特的文学史价值。

四、诗歌

从1921年12月20日，石评梅的诗作《夜行》在《新共和》②第1卷第1号上发表，到她英年早逝，从来没有间断过诗歌创作，虽然数量并不是很多。她的诗歌，无论从内容还是艺术手法上看，都既有传统的古典诗词的元素，更存在着现代主义的特质。

（一）内容

在20世纪初期，石评梅就以自己非凡的才情赢得了"京都女才子"的美称，颇受读者青睐。然而，她的内心深处却有一种深沉的孤独感。

---

① 庐隐：《石评梅略传》，第9页。
② 《新共和》杂志1921年12月10日在太原创刊，由国立山西大学校进步学生团体新共和学会创办。其宗旨是：创造新人生、新社会、新共和，宣传新思想新文化。对内则提出大学研究的精神，对外则发表同人研究的结果。为全省最早以社会团体名义创办的期刊。国立山西大学新共和学会成立于1920年4月13日，委员长为该校中文系进步学生谢焕文。1921年10月，新共和学会召开特别会议，决定创办《新共和》杂志，宗旨是：创造新人生、新社会、新共和，宣传新思想新文化。对内则提出大学研究的精神，对外则发表同人研究的结果，为全省最早以社会团体名义创办的期刊。

　　孤独感是西方现代派作家"自我理想"的人格内容之一。在中国，"孤独"也往往被看作是作家诗人触摸文学创作本质或臻于哲学境界的动力源之一，许多时候也代表了一种感人至深的美学境界。

　　石评梅的孤独感，不仅表现在境遇上，更重要的是表现在其内心体验上，她无法掩饰自己。因此，石评梅的作品总是潜伏着一股孤独之流，无论是体味人心的疏离还是爱情的失落，也无论是咀嚼生存的烦恼还是存在的空虚，流淌在其中的是一种"个性"与"自我"苏醒后才能感受到的个体生命的本真孤独。她的独特性在于：作品中的孤独意识总是与其浓郁的生命意识以及其对死亡意识、悲剧意识等的超越紧紧联在一起。

　　《别后》中，由于以往的"旧痕""酸辛"，在肃默的夜中，作者选取了"花影""馨香""柳丝""明月""黄莺""琴声"等意象，迷离恍惚，怅惘懊恼，处处是孤独情愫的氤氲。这使我们自然想到了美国黑山派①女诗人莱维托芙②的那首《孤独的人》，孤独者对人生旅途的茫然与归宿的恐惧竟然是那么相似。孤独者处在黄昏与黑夜的交界线上，也处在命运选择的交错点上，是行还是止？行又行向何处？虽然选择了行，但前途昏暗，"在未来的光辉里，闪烁着懊恼的残影，笼罩着人间的悲哀！"这种生命深处的孤独感几乎存在于石评梅的每一首诗歌之中。

　　围绕石评梅强烈的孤独意识，有一条建筑在其对生命意识的深刻理解与对死亡、悲剧意识勇敢超越之上的轨迹。生命意识、死亡意识与悲剧意识是现代主义文学备受关注的三大内核，也是石评梅诗歌文本传达的三大精神质料。

　　诗的源泉在于生命。中国传统诗学虽然很早就肯定、激扬生命，处处呈现生命意识的光华，但似乎仅仅止于志与情，没有切入到人的生命的核心。因此，中国真正的生命诗学是在 20 世纪的新文学运动中才开始发轫，并在 20 世纪中

---

　①　黑山派是美国当代诗坛三大主流派别之一，崛起于 20 世纪 50 年代初，是当代最有影响的诗歌流派之一。他们试图将诗人从对历史的依附中解脱出来，强调存在意识，强调不论是现在还是过去，诗人都必须完全存在于那个特定的瞬间，不带任何偏见地经历所面对的事物。这可以说是一场名副其实的诗歌革命，对英美当代诗歌产生了深远的影响。

　②　丹妮斯·莱维托芙（1923–1997），出生于英国埃塞克斯郡的伊尔福。十七岁时在《诗季刊》上发表第一首诗。1946 年，第一本诗集《重影》出版，被评论为"新浪漫派"诗人之一。1947 年与美国作家米切尔·古德曼结婚，一年后移民美国，1956 年加入美国国籍，成为美国公民。同年，她出版了到美国后的第一本诗集《此时此地》，成为美国先当代文坛的一个重要诗人。

西文化的碰撞与交织中得以充实与发展的。石评梅诗歌中表现的生命意识正是这种充实与发展过程中的一个典范。她诗歌中的生命意识不是一般对个体生存的强烈渴望，那是浅层次的；她的生命意识是反映为对人生价值的执着追求，是深层次的。具体而言，石评梅的诗歌创作是与她个人的情感生命紧密地结合在一起的，她的诗歌作品全面真实且深入地反映了她的情感世界，而她个人真实的生活经历与生命体验又几乎成为其诗歌创作的唯一主题和全部内容。二者之间相互依赖，互为依托，最后甚至形成了一种悲剧性"互殉"——她以诗歌殉了生命，也以年轻的生命殉了自己的诗歌追求。

在诗歌创作方面，石评梅是非常赞同厨川白村的观念的，认为"艺术的天才，是将纯真无杂的生命之火红焰焰地燃烧着的自己，就照本来面目投给世间。把横在生命的跃进的路上的魔障相冲突的火花，捉住它呈献于自己所爱的面前，将真的自己赤裸的忠诚的整个地表现出"。因此，她是有意识地将自己的真实生命灌注到诗歌创作中，这也正是在她的生命和文学中，之所以处处体现着那种反抗暗影的挣扎和追寻光明的努力的缘由之所在。

而"生"总是与"死"紧紧连在一起的，因此，"生命意识"与"死亡意识"共同成为石评梅诗歌作品所传达的思想情感中最突出最核心的部分，她的作品大量涉及生命与死亡的主题，并借此对"生"与"死"的问题进行了情绪的、理性的、人生观层面以及社会现实层面等不同角度的感受和思考。

死亡意识最早出现在存在主义先驱海德格尔的著作里，它与苦恼意识、忧患意识相结合，共同构成了人类精神世界的另一极——痛苦精神。死亡意识是人的生命意志的一个组成部分，是对人的悲剧命运及人的存在本质的思考，它蕴含着对死的态度和对生的信念。

在石评梅的诗歌文本中，无论是像《痛哭英雄》那样表达刻骨铭心的惨痛，还是像《别宴》那样高歌激越亢奋的调子，都氤氲着她对生命意识的强烈呼唤。而对死亡，石评梅诗歌文本中所营造的由梦境、幻觉、潜意识等生发的意象以及随意挥笔而流露的情绪和感情，更是令人处处感到其短短一生对死亡的感受、思考与触摸。在石评梅各个时期的诗歌作品中，到处可见其"赞美死"与"诅咒生"，理智与情感的尖锐冲突是其作品的内核，这种悲哀与冲突就是石评梅体验生命和思考死亡的集中体现。她的精神不断遭受着亲睹死亡所带来的打击，同时她自身的病躯也经常受到死亡的威胁，因此，她关注生命与死亡，将这两个并置起来体察和思索，既于现实中寻找生活下去的理由，又在哲理上追索生命的意义。她在理想与现实、理智与情感、希望与绝望的重重矛盾中挣扎，如一次次涅槃重生，在现实中坚持理想，在绝望中营建希望，最后让自己短暂的生命爆发了巨大的能量。

当然，石评梅诗歌中的这种生命意识与死亡意识，都与她作品中强烈的悲剧意识是分不开的。生命的悲剧意识，"包含着生命自身和宇宙的整幅概念，以及或多或少系统化的或多或少有意识的整幅哲学"，是人类所特有的精神现象，它来源于理智与情感的冲突、理想与现实的落差、生存与毁灭的矛盾冲突中，同时，焦虑、绝望、恐惧的心理始终伴随着特定历史时期的生命主体。这使得历代许多文人都从他们心灵深处发出对人生的凄绝的呼喊。

在石评梅的诗歌中，她揭示了人生悲哀面，揭示了人生悲惨和无价值。当她企图以自身力量去突破现实的、历史的制约而又明确认识到无法逃脱命运之网的制约时，当她在特定历史时期看见到理想被毁灭、情感被囚禁、生命被毁灭时，就开始对人类自身存在和社会存在进行否定性的认识和评价，而这种否定性的认识和评价就是我们所指的悲剧意识的真正内涵。

（二）艺术

在石评梅的诗歌创作中，最重要最显著的美学特征就是象征主义。细读石评梅的诗歌文本，可以肯定，石评梅那带着瑰丽的色彩、扑朔的意象、摇曳的内在节奏、富于暗示性的诗歌，正十分契合梁宗岱所论的象征之定义："所谓象征是藉有形寓无形，藉有限表无限，藉刹那抓住永恒，使我们只在梦中或出神底瞬间瞥见的遥遥的宇宙变成近在咫尺的现实世界，正如一个蓓蕾蓄着炫熳的春信，一张落叶预奏那弥天漫地的秋声一样。所以，它所赋形的，蕴藏的，不是兴味索然的抽象观念，而是丰富，复杂，深邃，真实的灵魂。"①

《扫墓》哪里是在扫墓，这分明是在为生命祭奠，"荒郊""坟墓""白骨""墓碑""灰烬""枯莲"等是死亡的象征，"狂风""芦花""尘沙""飞雁""梦境""日落"等是漂泊无定的象征。她的太多诗歌都有这些类似于核心意象的系列，如果对西方象征主义并不陌生，这自然会令人想到波特莱尔。人生漂泊无定，死亡无处不在，这些终极生命意义上的诗歌意象，无不显示着石评梅内在的现代主义美学特质。就像她在《漱玉》中所咏叹的："可怜我们都是在静寂的深夜，追逐着不能捉摸的黑影，而驰骋于荒冢古墓间的人！"

---

① 　梁宗岱：《象征主义》，黄建华：《宗岱的世界·诗文》，广东人民出版社 2003 年，第 136 页。

　　《碎锦》全诗八节,每节的篇幅都很短小,但内涵却意味深长,处处给读者留下广阔的想象空间,与一般传统诗歌确有不同之处。如第二节,只二行,言外之意则多多:可以释为,还是纯贞的白色好,不再追求玫瑰色;也可以这样解读,人各有所喜好,不应强求一律;还可以如此理解,世界的事物是多样的,不要单一化。第三节"是耶? 非耶?"让读者自己去选择答案,自己去作判断。这是一种典型的象征手法。下面的四、七等节,亦都有此特色。

　　类似的还有许多。《人间镌痕(二五)》中,"白丁香""美丽迷惘之梦""枯在我鬓傍""死在我襟上"等,似皆有所指,内涵蕴藉,意义丰富。正如梁宗岱所说:"……而深沉的意义,便随着这声、色、歌、舞而俱来。这意义是不能离掉那芳馥的外形的。因为它并不牵强附在外形底上面,像寓言式的文学一样;它是完全濡浸和溶解在形体里面,如太阳底光和热之不能分离的。它并不是间接叩我们的理解之门,而是直接地,虽然不一定清晰地,诉诸我们底感觉和想象之堂奥……"①

　　从胡适始,中国确立了用白话写作的新诗这一中国现代汉语诗歌形态,但由于最初的白话诗歌存在着严重的只重"白话"不重"诗"的倾向,使之在完成了对旧体诗革命的伟大历史使命之后,不可抗拒地走向"中衰",代之而起的是郭沫若的浪漫诗、以汪静之为代表的湖畔派诗、以冰心和宗白华为代表的"小诗"。之后,在1920年代中期,又出现了象征诗派与新月格律诗、初期自由诗派三足鼎立的局面。一般而言,在文学史中,它们是中国新诗从初期白话诗歌走向"现代"诗派的桥梁。石评梅的诗歌正是处在这一"过渡"时期之中,在内容上由写实而突出想象,趋于象征,与郭沫若、冰心、闻一多等的诗歌相比,有着明显的特点。如果再从其诗歌作品的渊源来看,除其本人那深厚的中国古典文学底子外,其时深受西方柏格森等人的生命哲学、厨川白村的文学思想以及爱罗先珂、鲁迅、李大钊等思想的影响是很明显的。正因为此,她的诗歌文本中蕴含有现代主义特质,也就不足为怪了。

　　因此,石评梅的诗歌,以其独具的现代主义特质对五四白话诗以来的"非诗"倾向进行了反拨,在现代中国诗歌发展史上的地位,应该和郭沫若、冰心、闻一多等不相上下。

---

　　① 梁宗岱:《保罗·梵乐希先生》,黄建华:《宗岱的世界·诗文》,第101－102页。

凌叔华:笔下何止"高门巨族的精魂"

　　凌叔华是 1920 年代被北京学界誉为"四大美人"之一的才女,又是 1930 年代享誉文坛的"珞珈三杰"之一,徐志摩、沈从文、苏雪林都誉之为"中国的曼殊斐儿"。她堪称"现代评论派""新月派""京派"的重要作家,贯穿先后接连出现的这三个文学流派,并且是每一个流派的代表。海外的文学史家夏志清甚至说:"整个说来,她的成就高于冰心。"她的独特取材与独到表现,为中国现代文学史做出了难以替代的贡献。而她与徐志摩、朱利安的情感,则给中国现代文学史增添了别样的色彩。

　　新文学初期活跃于文坛的女作家不下数十位,如今青史留名者寥寥。凌叔华当年仅以薄薄一册《花之寺》就赢得了"闺秀派"的美誉,引人瞩目;1930 年代她继之以《女人》和《小哥儿俩》,亦薄薄两册,却奠定了她在文学史上的地位。她堪称"现代评论派""新月派""京派"的重要作家,被朱寿桐先生推为"新月派作家中的小说圣手",①被严家炎等诸位先生看作京派小说的代表作家,②海外文学史家夏志清甚至不无偏激地论断:"整个说来,她的成就高于冰心。"③她的独特取材与独到表现,为中国现代文学史作出了难以替代的贡献。但由于鲁迅对她初期创作论述的巨大影响,也由于她后期创作的作品近于湮没。因此,尽管学术界对凌叔华研究成果颇丰,亦不乏精彩的分析阐述,但尚难说真切勾画了凌叔华创作全貌。而她与徐志摩、朱利安的情感,则给中国现代文学史增添了别样的色彩。

一、小说创作

　　有人曾说:"凌叔华的创作,看不出怎样分明的自幼稚到成熟的过程。她一下笔就写得很熟练,像是老于此道。"④其实这是误解,成名之前,她已发表过可以说是"幼稚"的《女儿身世太凄凉》《资本家之圣诞》。关于这两篇小说,陈西滢说,由于"文字技术还没有怎样精炼",⑤才弃在《花之寺》集之外。然而这两篇小说,对于考察凌叔华创作道路不无意义。前一篇描写不幸女子所受封建礼教的残害,后一篇揭露暴发户的奢侈及虚伪。笔锋直刺罪恶社会,虽不免直露、生硬,但溢于满纸的激情颇摇撼人心。它们不仅表明凌叔华小说艺术确有过成熟发展的过程,而且表明最初的凌叔华,也曾涉身时代激流,其战斗风貌与后来淡雅秀逸的闺秀身姿何其悬殊!陈西滢编《花之寺》集所以遗弃这两篇,或许文字技术的因素倒在其次,怕主要还是其与"现代评论派"的创作观念、表现趣味不相契合。

　　(一)题材领域

　　当然,凌叔华小说引起文坛瞩目,起初是在于鲁迅指出的:

---

①　朱寿桐:《新月派的绅士风情》,江苏文艺出版社 1995 年,第 440 页。

②　参见严家炎著《中国现代小说流派史》(人民文学出版社 1989 年)、许道明著《京派文学的世界》(复旦大学出版社 1994 年)、吴福辉编选《京派小说选》(人民文学出版社 1990 年)。

③　夏志清:《中国现代小说史》,刘绍铭等译,复旦大学出版社 2005 年,第 35 页。

④　赵园:《论小说十家》(修订本),北京三联书店 2011 年,第 55 页。

⑤　陈西滢:《〈花之寺〉编者小言》,凌叔华:《花之寺》,人民文学出版社 1998 年。

　　她恰和冯沅君的大胆、敢言不同，大抵很谨慎的，适可而止的描写了旧家庭中的婉顺的女性。即使间有出轨之作，那是为了偶受文酒之风的吹拂，终于也回复了她的故道了。这是好的，——使我们看见和冯沅君，黎锦明，川岛，汪静之所描写的绝不相同的人物，也就是世态的一角，高门巨族的精魂。①

　　不过，鲁迅是就 1927 年前的小说界而言，对凌叔华，是就《酒后》《绣枕》等作品而言，若因此过于看重这类作品在凌叔华整个小说创作上的意义，视其成就仅在于此而忽略其余作品的丰富内容，则未免以偏概全，势必影响对她小说成就的充分评价。

　　凌叔华笔下的世态何止"高门巨族的精魂"，更多的当是已经走出高门的女性，不论已婚的太太，或是未婚的小姐，身上纵有或浓或淡的高门投影，却均渐趋淡逝。只是她们离开巨族之后并未汇入时代洪流，既无温饱威胁，也无婚俗枷锁，同时也失去了生活激情——因为没有追求。不能说她们没有烦闷、苦恼，但毕竟是院落之内的风波，脱不了琐屑、平庸。和高门巨族的精魂一样，她们也为热衷时代风云的作家不屑一顾。凌叔华的特色正表现在人弃我取，她关注这些被忘却了的女人们的生存，思考她们应该如何生存，描摹她们（包括高门巨族的精魂）的春困、秋愁、懦弱、痴愚、虚荣、褊狭，生命的畸形、病态和销蚀。这一与众不同的创作途径，固然为她招来相当声誉，但也遭到当年左翼批评家的尖锐批评。有人对《花之寺》的盛名表示失望，说它只是"一个平凡的浅薄的故事"②；有人斥责"作者的创作态度不严肃郑重。因为她是个有闲阶级的夫人，便养成了无聊、轻薄、滑稽、开玩笑的恶习。而这种恶习便很充分地表现在她的作品里，使人读到那种作品时，发生一种轻视厌恶的心理"。③ 直至近年来仍有学者把《酒后》《花之寺》贬为"令人作呕的恶作剧"，批评凌叔华写婉顺的女性"于妇女解放却是无益的"，④将作者和她笔下的人物混为一谈。如此解读凌叔华的小说岂不过于皮相？ 以主人公自况的女作家大有人在，但凌叔华对自己塑

---

① 鲁迅：《〈中国新文学大系〉小说二集导言》，赵家璧：《中国新文学大系》，上海良友图书印刷公司 1935 年。
② 弋灵：《〈花之寺〉》，方仁念选编：《新月派评论资料选》，华东师范大学出版社 1993 年，第253 页。
③ 贺玉波：《中国现代女作家》，复兴书局 1932 年，第64 页。
④ 王家伦：《中国现代女作家论稿》，中国妇女出版社 1992 年，第128 页。

造的众多女性形象,有嘲讽,有鄙视,有怜悯,有感叹,总是居高临下审视这群庸常之辈。这种态度不仅在《绣枕》《吃茶》《太太》《送车》《中秋晚》中异常鲜明,即使解读上有歧义的《花之寺》,与其说辛辣地调侃了男主人公的心猿意马,不如说含蓄地嘲讽了女主人公对丈夫的不够自信。小说里这一回的冲突以喜剧收场了,难保下一回不发生悲剧,因为夫妇间隐伏的情感危机并没有真正化解。《女人》就不妨当作《花之寺》的续篇来读,男主人公格外大胆地得陇望蜀了,女主人公也更其用尽心机,再次挫败丈夫的二三其德。《女人》仍以喜剧收场,仍是夫妇斗法,又是一个回合,又是妻子的虽胜犹败,一旦再来机遇,丈夫的绮思艳想又会付诸行动。作为妻子究竟如何永葆夫妇间的忠诚,不是《女人》《花之寺》中两位女主人公应当醒悟的吗?《杨妈》一篇,历来多认为是颂歌,"刻画劳动妇女的善良灵魂",①或认为"对下层妇女表示了同情"。② 细究起来,批评或许才是它的题旨:杨妈那般溺爱逆子所显示的女性痴愚超出母性的伟大。

凌叔华审视女性弱点,在第二本小说集里似乎更为自觉,取"女人"这一中性词语作书名,就是要有意抹去人们爱套在女性头上的光环。大家都说凌叔华擅长于写已婚女性,大约婚后女性较之未婚时弱点暴露得尤为多尤为显眼吧。和同时代女作家创造的女性形象相比,凌叔华小说中的女人要世俗得多,然而对照庐隐的自我沉迷,冰心的虚幻之爱,凌叔华的女性世界也要切实得多。敢于直面女性自身弱点,正见出凌叔华多出来的那一份明智。

新文学初期风行过问题小说,冰心庐隐皆以此驰名,而凌叔华未尝不是同行人,不过她的问题不是放眼时代风云而仅仅专注于院落内女性的生存,具体且细小,因此被忽略为不是问题,连她本人也未必以为是问题。凌叔华像同为京派的沈从文一样,无意使小说成为政治批判、社会批判的武器,用以进行的是文化批判、道德批判,着眼于人性的建设。她同冯沅君的撕心裂肺的故事迥异,只是"使习见的事,习见的人,无时无地不发生的纠纷,凝静的观察,平淡的写去,显示人物'心灵的悲剧',或'心灵的战争'。③ 冯沅君吹响振聋发聩的号角,凌叔华则长鸣发人深思的警笛。在新旧时代交替之际,历史当然更需要促成交替的战士,然而时过境迁,于渐进的社会,余音尚存的还是警笛。固然可以指责

---

① 文洁若:《悼凌叔华》,1990 年 6 月 22 至 24 日香港《大公报》。

② 严家炎:《中国现代小说流派史(增订本)》,长江文艺出版社 2009 年,第 215 页。

③ 沈从文:《论中国现代创作小说》,《沈从文选集》第五卷,四川人民出版社 1983 年,第 372
    -373 页。

凌叔华隔江眺望对岸时代烽火的冷漠态度，但也应看到两岸终究是笼罩于同一天空之下，因此凌叔华的"女人"们，哪怕是高门巨族里走出的精魂，其潜在的悲剧性格在新思潮映照下格外显眼，反映了高门之内的沉寂与外界西风东渐所发生的碰撞，如《吃茶》中的芳影小姐、《绣枕》中的大小姐，等等。她们形象婉顺、委琐，但塑造她们的年轻的凌叔华，无疑具有积极进取的精神，并贯穿了她整个的创作历程，不似有的女作家时而激进时而消沉。所以说，凌叔华小说其实与新文学潮流相一致，是从侧面折射时代光芒。她的独特取材与独到表现，为中国现代文学史做出了难以替代的贡献。

　　凌叔华小说的人物，除了女人便是儿童。她总是"怀恋着童年的美梦，对于一切儿童的喜乐与悲哀，都感到兴味与同情"，她称"书里的小人儿都是常在我心窝上的安琪儿"。① 因此，她的儿童小说"老少咸宜"，儿童和成人都能从各自的层面上饶有兴味地乐山乐水，这一艺术经验至今尚未得到应有的关注。②

　　没有受到关注的还有她小说中的爱国主题。《小哥儿俩》集中两个取材东瀛的作品一直被忽略了，其中，《异国》写侨居日本的中国姑娘蕙住院治病，本来受到日本护士的悉心护理，而且"浸在友谊的爱抚里"，但"一·二八"上海战事发生，日本政府借此煽动民族仇恨，出"号外"说死了许多日本人，蕙姑娘顿时遭到岛国主人们的冷眼，只得在病床上思量"明日怎样出院，怎样出国，一夜里连醒了好几次，天还没亮"。所写仍琐屑细微，却是重大时事激起的一圈涟漪。同样叙写上海战事之后日本人民情绪的《千代子》，将笔墨直接落在日本女孩千代子和她的父母、邻里身上，表达的内容更为深透丰厚。作品不仅描述了军国主义者对日本人民的欺骗宣传，他们说"支那东西真是又多又便宜"，"满洲是我们日本的生命线，日本人去到满洲就有生命了，都住在日本将来是会饿死的"。"支那真是一只死骆驼，一点都不必怕呢。你想男的国民整天都躺在床上抽鸦片，女的却把一双最有用的脚缠得寸步难行。实在说，这还不等于全国人都是瘫子吗？"而且描述了有些日本人民的清醒，千代子的父亲说："我早就看透了，就是灭了全支那，我们还是我们罢咧。讨小脚姨太太的还是那些军官，那些政客。"有个开小吃店的中国小脚女人，怕认识的日本邻里仇视，不敢在附近的澡堂洗澡，千代子和童伴为表现爱国热情，尾随小脚女人到远处澡堂，想羞辱她一

---

① 　凌叔华：《〈小哥儿俩〉自序》，陈学勇编：《凌叔华文存·上》，四川文艺出版社 1998 年。
② 　关于凌叔华作品的儿童描写，在本章第二部分"儿童形象"中有更详尽的论述，此处不赘。

顿。可是在澡堂里,看见小脚女人在水池里抱着调皮可爱的胖娃娃引起围观的日本女人一片笑声,"她们笑得多么自然,多么柔美,千代子不觉也看迷了,不到一分钟她也加入她们的笑声里了"。《异国》旨在揭露军国主义者煽动民族仇恨的罪恶,《千代子》揭露之余尤侧重这种煽动效果的有限。作品立意深长,在当时以至到今天所有抗日题材小说中都属新颖罕见,应拥有其独特价值。

《异国》与《千代子》都写于抗战爆发之前,都是短篇小说,艺术风格也一如往日的委婉隽永。得以尽情倾诉作者爱国情怀的是约五万字的中篇小说《中国儿女》。1940 年母亲病危,凌叔华从大后方回北平探视,不久老母病故,她留居北平两年。目睹铁蹄下同胞的苦难生活,耳闻同胞抗日故事,重返四川后便创作了这部小说。

小说中的北平人民,常常暗中袭击日本军人,遭到了大肆镇压,凡可疑者皆被抓,一次多达数千人。中学生建国先是抵制学校庆祝皇军大捷的游行,继而和同学徐廉秘密出城到玉泉山寻找抗日乡民,目睹了乡民惩处宪兵和汉奸的壮举。而城里的母亲因寻找建国被抓,幼小的妹妹宛英又四处求援营救母亲。母亲受尽折磨后回家了,宛英却追随哥哥而去,临行留给母亲一封信:"在你失踪后,我已研究了许多人情世故,已不是小姑娘,已经长了好几岁了……"《中国儿女》一反作者之前小说的艺术格局,由蕴藉而淋漓,由短制而中篇,由一人一事的微澜而社会的激流,如题目所示,她要写出同胞的群体,人物有都市的学生、教师、主妇、保姆、巡警,也有乡村的农民,此外还有民族败类和日本侵略者。笔墨饱含着血与火,赞颂了中国儿女不屈不挠的无畏精神,谴责了不肖儿女的无耻行径,也揭露了入侵者的凶狠残暴。这位闺秀派作家出人意料地高唱了一曲激昂慷慨的正气歌。

如果还能从《中国儿女》中窥见京派淑女的笔痕,那便是小说对日军头目广田的刻画。作者用人性论的眼光看取广田,未将这个侵略者写得完全泯灭天良,而特意叙述他思念国内的女儿,因此兼及宛英,才使宛英的母亲得到释放。这段笔墨可能要引起争议,不过无论如何,就篇幅、题材、风貌来说,这部作品在凌叔华整个小说创作上都具特殊意义。然而由于抗战时期期刊发行欠畅,由于作品发表不久凌即离开祖国移居欧洲,也由于作品本身艺术上尚欠成熟,所以它长期淹没于文海,以致许多凌叔华研究者也闻所未闻,这是十分可惜的。可以说,爱国是凌叔华小说中一贯的主题,也是最后的主题。凌叔华在中止小说创作四十年后,以八十四岁高龄重试宝刀,发表了《一个惊心动魄的早晨》,这是她的封笔之作。小说追述抗战期间一个平常老人不平常的早晨。在北平西郊自家的小屋里,李老头生命垂危了,但当他听到隔壁儿媳妇顺利生产的小孙儿的第一声啼哭时,陡然精神大振,发表了一通"我们都是义勇军"的慷慨言词。"说完话,他灰白贫血的脸,忽然光润起来。"老人头上闪烁着代表民族精神的光环。情节戛然而止,作品结束了。大概作者不忍心交代老人毕竟敌不过病魔,她要读者注目于这圈光环,永久铭刻于心中。这篇仅五千字的精短小说,其回肠荡气甚于篇幅十倍于它的《中国儿女》。小说创作时已距抗战胜利近四十年,历史仿佛远去了,但仍萦绕于作者心头,封笔之前竟放出一束奇丽夺目的浪漫主义光辉。

(二)儿童小说

"五四"时期,许多知识分子在反对封建传统的伦理中触及了对儿童问题的思考。鲁迅很早就意识到儿童问题对于反抗旧制度、旧道德的意义,他在很多论述中都表达了自己对儿童命运的深层次思考。如他曾尖锐地指出:"中国娶妻早是福气,儿子多也是福气。所有小孩,只是他父母福气的材料,并非将来'人'的萌芽,所以随便辗转,没人管他,因为无论如何,数目和材料的资格,总还存在。即使偶然送进学校,然而社会和家庭的习惯,尊长和伴侣的脾气,却多与教育反背,仍然使他与新时代不合。大了以后,幸而生存,也不过'仍旧贯如之何',照例是制造孩子的家伙,不是'人'的父亲,他生了孩子,便仍然不是'人'的萌芽。"①

鲁迅的这一论断强调教育要以尊重孩子的人格为本,唯有这样才是出路。然而中国的儿童已经成为几千年来封建伦理道德的牺牲品,要寻求彻底的解放并不是一朝一夕的事情,为此,鲁迅最早发出"救救孩子"的口号,为孩子的尊严、人格的发展摇旗呐喊。

新文化运动时期,许多文坛干将也纷纷拿起自己的笔呼吁关爱儿童及其独立人格的形成,以此来抨击腐朽没落的封建旧势力。在这个时期的女作家群中最热衷儿童题材创作的是冰心和凌叔华。相比而言,冰心较多以成人眼光探索儿童世界,而凌叔华仿佛是钻进孩子的心里,用孩子的眼睛和心灵去观察、感受世界,孩子的快乐、委屈和童真在她的笔下表现得惟妙惟肖,读者读罢往往会心而笑。茅盾就指出:"我们说句老实话,指明是写给小朋友的《寄小读者》《山中

---

① 鲁迅:《随感录二十五》,1918 年 9 月 15 日北京《新青年》第 5 卷第 3 号,署名唐俟。

杂记》实在是要'老年老成'的小孩子或者'犹有童心'的大孩子方才读去有味",①而对凌叔华儿童小说的评价则是,"纵观凌女士这几篇,并没有正面的说教的姿态,然而竭力描写着儿童的天真等等,则在小读者方面自会发生好的道德的作用"。②

凌叔华笔下的"安琪儿"虽然是天真烂漫的,可她的笔调却是沉重的。在动荡不安的中国,作家对生命意识的体验更加清醒,而儿童作为人类生命发展历程的美好的初始形态,必然会进入作家的创作视野,对纯真童年的追忆成为他们在动荡年代慰藉心灵创伤的一剂良药。凌叔华也不例外,她饶有心味地回顾着自己的童年生活,用儿童的眼睛和心灵去观察和感受成人世界,呈现出人生最本真的生活状态。以儿童的思维方式重新诠释人们习以为常的生活现象,挖掘出平常中的"不平常",成为凌叔华儿童小说创作的一大特色。

凌叔华自己坦言对于儿童文学的创作是"一种享受","自己大约是属于偏爱儿童那一种人,长大成人后,我的兴趣常常与儿童很近"。③ 她作品中的那些"心窝上的安琪儿"像"一群小仙子圈在一个院落里自成一个独立自足的世界,有他们的忧喜,他们的恩仇,他们的尝试与失败,他们的诙谐和严肃,但是在任何场合下,都表现出他们特有的身份,天真烂漫"。④

《小哥儿俩》讲的是两个小孩子大乖、二乖的故事。大乖、二乖整个身心都扑在八哥上,可是看戏回来,八哥却被黑猫吃了,他们的愤怒是可想而知的,这是孩子的正义感。伤心之余,他们决定要报仇,打死黑猫,这是孩子的复仇心。第二天找到黑猫的时候,却发现猫窝里有一堆可爱的猫儿,他们不但忘了报仇,而且还要给小猫儿做房间,这是孩子的善良。在孩子的眼里,没有仇恨的概念,他们想要保护一切富有生气和灵性的生物,这一切在凌叔华的笔下抒发得自然流畅,天真无邪的儿童形象寥寥数语即呼之欲出。与大乖、二乖年龄相仿的弟弟(《弟弟》)也是凌叔华着力聚焦的对象,弟弟与上门找姐姐的林先生成为好朋友,在交谈中无意暴露了姐姐的秘密,却成为事实上姐姐与林先生的"红娘"。他为了等待林先生小人画的许诺而乖乖在家等候,连"白叔叔带他去公园都不

---

① 茅盾:《冰心论》,《茅盾全集》(第二十卷)1990 年,第 163 页。
② 茅盾:《再谈儿童文学》,1936 年《文学月刊》第 6 卷第 6 号。
③ 凌叔华:《在文学里的儿童(讲演)》,凌叔华、陈学勇:《中国儿女——凌叔华佚作·年谱》,上海书店出版社 2008 年,第 93 页。
④ 朱光潜:《〈小哥儿俩〉序》,陈学勇编:《花之寺》,花城出版社 1986 年,第 364 页。

去",然而林先生的承诺仅仅是个玩笑。弟弟这样的煞有介事与林先生对自己开玩笑的爽约并不介意之间两相对照,把孩子天真幼稚的形象表露无遗。更让人忍俊不禁的是,直到姐姐婚约已成,全家欢乐之时,他还把自己看成是有负姐姐的过失者,并迁怒于林先生食言,指责他实在"不够朋友",甚至连林先生送的期盼已久的水浒小人画也不要了,独自在那伤心落泪。孩童的憨厚纯洁、真挚的性格跃然纸上,没有丝毫的矫揉造作,这也正是孩子最动人之处。

如果说弟弟对成人世界浑然不觉,那么处于懵懂阶段的小英(《小英》)则见证了三姑姑结婚的全过程。小英知道三姑姑定亲的日子,盼着姑姑做新娘,就问仆人张妈:"你想我还有多少日子才做新娘子?"透过她的眼睛,我们见识到三姑姑的婆婆的凶悍泼辣,"她的样子真难看,比隔壁朱大娘还凶",她让新婚的三姑姑受尽委屈。小说结尾处小英的一句"三姑姑不做新娘子行吗?"的天真童语,更是从孩子的眼里反映出旧式婚姻带给女子的辛酸与悲哀。

如果说晶子(《晶子》)这个两岁的孩子展示的是从看花、要花到吃花的全然没有思考的过程,那么略懂大人意思的四岁的良子(《小床与水塔》)展现了儿童作为生命个体对新鲜事物的本能性追求。在他们的世界里,有属于孩子自己的逻辑,它没有章法可循。汪曾祺曾说儿童"他们最能把握周围环境的颜色、形体、光和影,声音和寂静,最完美地捕捉住诗"。[1] 正是因为对周围环境的敏感,孩子爱自然、爱美好的事物,然而他们的表达能力有限,需要不断地模仿周围人们的言辞,这往往又造成儿童式的别样情趣。

孩子永远不理解成人的世界,因为她们的世界是纯洁无瑕的,而成人的世界却有虚伪邪恶。凌叔华虽然在小说里设置了成人与儿童两个世界的鲜明对照,但着力点仍然放在对儿童纯真心性的刻画上。作家纯粹以一颗赤子之心去呈现儿童的心理特征,还原儿童话语与儿童行为,这本身就是一种完全剥离了道德说教的写作行为。六岁女孩枝儿(《凤凰》)因为无聊上街玩耍而差点被骗子拐卖,当仆人们找到她的时候,她还不知就里地询问"好朋友"的去向。然而作者的兴趣点似乎不在对骗子伪善的控诉上,相反,枝儿对外在世界的天真好奇以及她对有问必答的"好朋友"的好感却成为作家极力打造的焦点。凌叔华以一颗童心体味着孩子的喜怒哀乐,以细腻的绘画般手法将琐碎的儿童趣事呈

---

[1] 汪曾祺:《万寿宫丁丁响——代序》,废名、冯思纯:《废名短篇小说集》,湖南文艺出版社1997年。

现在读者面前。如果不是对儿童的心理有深刻的体验,不是用孩子的眼睛和心灵去感受人生,是不可能写出如此充满童真稚趣的文字的。

成人世界的粗鄙有时候也赤裸裸地表现在父母的言行举止中。小女孩开瑟琳(《开瑟琳》)和佣人的女儿银儿是一块玩耍的好伙伴,然而她的母亲却对佣人王妈充满了鄙夷。一次,全家出游的机会造就了开瑟琳和银儿误闯母亲的房间。无意间,银儿看到了手表这新奇玩意,开瑟琳慷慨地给她演示手表是怎么走的,却一不小心摔坏了母亲的手表,吓得六神无主的两个小女孩把手表埋在了园子里。当母亲得知手表丢失以后,不由分说地怀疑女仆并把她们赶走。在小说的结尾处预设下雨天这样的环境使手表的再现顺理成章,母亲的高论却让人更加寒心:"……这有什么奇怪,还不是我那天说的那句送警察追问的话吓得甩下来的赃物。也亏她想得巧,甩在园子里。足足过了三天才发现。"①开瑟琳有些木然,继而"冷清清"地离开了。小姑娘或许不明白母亲的行为逻辑,不过从她那迷惑不解的眼神中,可以想见,母亲与女儿之间的亲情距离被硬生生地拉开了。

"我们中国文坛,就一直没有出现过安徒生及格林兄弟,写童话也实在是目前当务之急。为了救救没有书读的孩子们也应该如此。尤其是一些女作家们,更应该注意这方面的写作。"②凌叔华这样说了不久,就创作了两篇童话体小说《红了的冬青》和《小蛤蟆》。前者是借冬青树的故事告诫人们应该按客观自然规律办事的道理。而后者则一改往日微讽的叙述风格,以小蛤蟆的口吻直指现代人生命力的急剧萎缩。在她看来,改造国民人格和道德价值的重建势在必行,而民族的信心的重建,只有在儿童的土壤中才能培养起来。

在另外一部分作品中,一个寂寞而又安静柔和的孩子成为故事的女主角。她总是弱弱地躲在角落里,偶尔迈出步子走出房门去外面看一看,却很快地退缩回现实之中。她对周遭的一切感到困惑,可是她又是个敏感、知趣和懂事的孩子,注定很少向大人寻求解决疑惑的帮助,而她又没有足够的思维力和判断力便只能默默忍受着。

凤儿(《一件喜事》)在父亲大喜的日子,看到五娘为喜事而落泪,虽无法理

---

① 陈学勇编:《凌叔华文存·上》,第321页。

② 张秀亚:《其人如玉——忆闺秀派作家凌叔华》,《张秀亚作品集》,陕西人民出版社1987年,第409页。

解其中的原因,但隐约感觉到了喜事不喜。珍儿和凤儿(《八月节》)幼年就见识到,在母凭子贵的大家族里,生不出儿子的女人没有任何地位,只能忍气吞声地接受命运的摆弄。

自传体小说《古韵》更以小女孩"我"的成长为主轴,建构起由三妈、妈、五妈、六妈等人组成的成人世界,在这个世界里,没有爱,没有温情,有的只是妻妾争宠、阴谋斗法的女性悲惨命运。凌叔华运用儿童视角自如地观察着各种腐败、暴力和不公,她可以一边听着妈妈们发牢骚,目睹她们的悲惨命运;一边又是自己尊敬的父亲,在"儿童视角"中将对父亲复杂的情感处理得游刃有余。作家笔下所描绘的现象在传统社会似乎都很正常,"既嫁从夫"成为女人命定的轨迹。幸福也好,不幸福也罢,一切都是命中注定,任何力量也改变不了,女人能做的只是"修修福,等来世"而已。但是,儿童却在不经意间质疑了这亘古不变的定律:"我看不见得男孩子长大了就都能给家里露脸的,当官的,当贼的,都是男人。"①

结婚嫁娶、繁衍后代是人类最基本的需要,更是本能性的社会行为,何以让女性遭受如此伤痛?传统女性无法自主选择自己的人生,她们的人格个性也只能在传统教义的长期压制下日趋泯灭。率性天真的儿童并不了解传统社会的生存法则,他们在生活的狭小空间中发现了许多困惑,却无法知晓究竟,只能默默地见证一切。因此,他们为读者体察社会、洞悉人生提供了一种全新的视角,这种殊异于传统伦理意义的叙事视角,有意识地与现实拉开距离,让读者能够冷静地观照文本所呈示的问题,从道德建设的立场出发感受成人世界的衰弱,从而还原出一个真实的生存境遇。

凌叔华为徐志摩画过一幅题名为《海滩上种花》②的贺年片。怎么理解这贺年片,徐志摩说:"讽刺不是她的目的,她要我们更深一层看,在我们看来沙滩种花是傻气,但那小孩自己不觉得。她的思想是单纯的,她的信仰也是单纯的。她知道的是什么?她知道花是可爱的,可爱的东西是应得到帮助的,……她就知道拿花来栽,拿水去浇,只要那花在地上站直了,她就喜欢,她就乐,她就会跳她的跳,唱她的唱,来赞美这美丽的生命,以后怎么样,海沙的性质,花的命运,她全管不着。她鼓励这些少年儿郎,只要认准方向,就应当不顾得失,不论成绩

---

① 陈学勇编:《凌叔华文存·上》,第 490 页。
② 凌叔华:《古韵——凌叔华的文与画》,傅光明译,山东画报出版社 2003 年,第 142 页。

义无反顾地做下去。"①

这反映了凌叔华的儿童观,也展现她创作儿童小说的宗旨:对人性美的体现和追求。在《小哥儿俩》中,她讴歌了大乖、二乖喜爱动物、热爱万物灵性的孩童天性。在《弟弟》中她生动刻画了弟弟淳朴、憨厚和纯真的性格。在《凤凰》中她抒写了枝儿的天真无邪和对成人毫无成见的纯真心灵。通过小英(《小英》)对姑姑当了新娘还一筹莫展、泪眼蒙眬的困惑,给读者展示了封建妇女道德规范对女性精神和肉体的双重折磨与摧残。透过凤儿(《一件喜事》)对五娘在爸爸娶新姨太太的大喜日子里寻死觅活的恐惧,让读者看到了封建婚姻制度下极不合理的一夫多妻制给女性带来的巨大的精神打击。这些生活在封建大家族中的孩子,在现实生活中,看着这一幕幕令他们困惑不解的家庭悲喜剧的上演。这些"戏"没有大人的注解,所以他们唯有靠自己本能的直觉和单纯的是非观念来判断"剧情",这种判断客观上彰显了孩童的天真烂漫,使得他们的感受显得理想和超然。那是摒弃了一切世俗尘埃的超凡脱俗的纯洁境界,体现出了一种难能可贵的童真之美,充满着至真至善的人性美。

凌叔华的儿童小说,是纯真无邪的童心的自然流露。在童真童趣的徜徉中,凌叔华不回避儿童世界中的阴影,而是把儿童心理放在一个相对复杂的社会关系中考察,传达出儿童的忧郁、敏感而又易受伤害的脆弱心灵的呐喊。跟其他京派作家一样,凌叔华注重表现儿童率真的天性和原始的生命力,通过对童心的建构,彰显出对理想社会和完美人性的无限向往与憧憬。她的儿童小说的思想意蕴是丰富而深刻的,她为儿童提供了多彩斑斓画卷的同时,也为成人提供了一个观察社会的角度。严家炎在评论京派小说时称:"用童心而写出一批温厚而富有暖意的作品,正是凌叔华为京派做出的贡献。"②

(三)艺术

凌叔华是位艺术追求上高度自觉的小说家。中国新文学第一代女作家,多先有胸中块垒而后藉小说一吐为快者,才情高得妙语连珠令人钦佩不已,若文不逮意,便流于粗糙空洞留下遗憾。凌叔华本来有中国绘画和外国文学素养垫底,创作时又辅以精雕细琢,因而形成别具一格的艺术魅力,恰如徐志摩赞许《花之寺》"成品有格",散发着"一种七弦琴的余韵,一种素兰在黄昏人静时微

① 韩石山:《寻访林徽因》,人民文学出版社2001年,第311页。
② 严家炎:《中国现代小说流派史》,人民文学出版社1989年,第222页。

透的清芬"。①

凌叔华擅写女人,主要是擅长写女人细微、隐蔽、曲折、微妙的心理状态,人谓"心理写实"。徐志摩、沈从文、苏雪林都曾说她师承了爱尔兰女作家曼珠斐儿(今通译曼斯菲尔德),誉之为"中国的曼殊斐儿"。② 长期以来这已成为学界的共识,多有文章循此比较分析两位女作家,但凌叔华本人对此一再否认。《写信》发表当天,徐志摩第一次用"中国的曼殊斐儿"恭贺她创作成功,她却抢白徐:"你白说了,我根本不认识她!"③直到晚年,她仍声称"在徐志摩已死之后,其实我只读过一二篇曼氏之作"。④

凌叔华真正私淑的外国作家是俄国的契诃夫,一直到晚年,她依然说自己"十分器重契诃夫作品"。有意味的是,曼殊斐儿也私淑契诃夫。

我们确实不难从《绣枕》联想到契诃夫的《嫁妆》,从《花之寺》联想到契诃夫的《在消夏别墅》。她的《再见》尤为明显地借鉴契诃夫小说,此作写成她即致信胡适:"原来我很想装契诃夫的俏,但是没有装上一分,你与契老相好,一定知道他怎样打扮才显得这样俊俏。你肯告诉我吗?"不久又写了一封格外明白透彻的信给胡适:

> 我近日把契诃夫小说读完,受了他的暗示真不少。平时我本来自觉血管里有普通人的热度,现在遇事无大无小都能付之于浅笑,血管里装着好像都是要冻的水,无论如何加燃料都热不了多少。有人劝我抛了契诃夫读一些有气魄的书,我总不能抛下,契的小说入脑之深,不可救拔。我日内正念罗曼·罗兰的 *John Christopher*,想拿他的力赶一赶契诃夫的魔法,总不行。不错,我也觉得罗曼·罗兰的真好,但是我不信我会爱读他比爱读契诃夫更深些。⑤

大约就在这时候凌叔华翻译了契诃夫的短篇小说《一件事》,她一生发表的小说译作唯此篇和曼珠斐儿的《小姑娘》。她的创作小说也有两篇题名是《一件

---

①　见徐志摩为《花之寺》集写的序。不知何故,此序并未见于出版时的《花之寺》集,而易为此集的广告词,刊于《新月》《现代评论》杂志上。

②　苏雪林:《凌叔华的〈花之寺〉与〈女人〉》,1936 年 5 月《新北辰》第 2 卷第 5 号。

③　郑丽园:《如梦如歌——英伦八访文坛耆宿凌叔华》,是《凌叔华文存·下》的"附录"。

④　见凌叔华致杨义信(收入《凌叔华文存·下》)。凌话不确,凌在徐志摩去世前已翻译过曼殊斐儿的小说《小姑娘》,刊于 1926 年 4 月出版的《现代评论》杂志。

⑤　凌叔华致胡适信,《凌叔华文存·下》,第 902 – 905 页。

小事》《一件喜事》。契诃夫小说的许多特点都能在凌叔华作品中看到投影。而最具整体影响的是关注庸常之辈的处理题材方法和微讽态度以及严格的现实主义原则。她冷峻、逼真地显示人心世态，并隐含着悲悯、嘲笑的情感，与契诃夫何其酷似。

大凡女性作家喜好抒发情感，何况二三十年代时时处处可供触发，滥情竟成时尚。独凌叔华不动声色几近于冷漠，即便男性作家也罕见冷到这种程度，能想到的唯有叶绍钧。有些作家的小说散文化，诗化，以至化得不像小说，凌叔华的小说是小说；不少作家的小说讲究情节，渲染场景，追求悬念，描绘人物竭尽声色，凌叔华的小说是叙述事情，老老实实、平平常常地说下来，非常贴近生活。她不夸饰，不矫情，甚至遣词造句也不大皮里阳秋，所赖全在生活自身的蕴含，浮现其逻辑力量。她的小说不像庐隐、冯沅君那般指向鲜明而不免流于传声筒、概念化，她的小说，连某些名篇在内，可以作多种读解，那些过分本色的篇章更容易误读，所以徐志摩决非多余地提醒读者："它有权利要求我们悉心的体会。"

凌叔华无意追逐主人公的命运轨迹、性格成长过程，只精心截取她们人生长河的某一片断，即如《小刘》虽有变化对照，却也是连带成双的某一对片断而已。她的小说是严格意义上的短篇小说，切入口不大，笔墨集中于一两个人物，一两件事情，寄寓一点点小感受。篇幅自然是短小的，由于摄取材料精当，所取必是用足、用细、用透，因此不失丰腴润泽，甚合契诃夫的真谛，《绣枕》是公认的成功例证。其时，中国现代短篇小说诞生不久，许多作品的结构或臃肿或残缺，凌叔华竟能如此娴熟地运用，且做得如此完整而圆润，难得！

与驾驭文体娴熟相当，凌叔华的语言很是老到。看她行文，不是时尚的书卷气、学生腔，乃以质朴著称，质朴到似乎"没有一点'才女'的气息"。[①] 当然这属于她的大智若愚，系才女的另一种"气息"。她的语言，简约平实背后充满张力，不求酣畅淋漓，总是点到即可，收意味深长之效。这非常突出地见诸篇末收尾。《有福气的人》在庆寿的祥和氛围里，"寿星头"章老太无意中得知儿媳们的孝顺全为哄骗她的钱财，如梦初醒，"老太太脸上颜色依旧沉默慈祥，只是走路比来时不同，刘妈扶着，觉得有些费劲"。老人所受精神打击，未予正面浓墨渲染，只是借刘妈觉得扶着费劲，仅此举重若轻的一笔，看似一晃而过，却暗示

---

① 赵园：《论小说十家》（修订本），第231页。

出老人精神面貌已经起了巨大变化。紧接着用刘妈的一句话结束全篇:"这个院子常见不到太阳,地下满是青苔,老太太留神慢点走吧。"话说得极其家常,可是读者难免要想,太阳不照岂非这个院落人伦失常的原因,而慢点走正是女仆切合自己身份对老太太今后人生之路的劝告,既不失忠心又不点破,给老太太留了面子。《绣枕》《茶会以后》《小刘》《搬家》都有类似的精彩结尾。这种精彩不同于欧·亨利式的奇峰突起,戛然而止,它是情节之内聪明的继续叙述,隽永便在这继续的叙述之中了。

凌叔华小说更有弥漫全篇的嘲讽情调平添作品魅力。她对笔下的女人多持批评态度,但她的批评不是全盘地否定其人,而是仅仅否定其人性中的某一弱点。她态度温和,除对几个俗不可耐的中产阶级太太略含鄙夷,余者多为揶揄、调侃、怜悯、叹息、警醒、期待,有研究者还从中读出"亲切"和"温馨"来。她对女人弱点的了解深入细微,批评时却宽容大度。那是一种俯视的姿态,见出她的明慧练达,如赵园先生所细微体察到的那种"自我的优越感"。① 于是字里行间站着一位淑女气质的作家形象——现代淑女。温婉的嘲讽成为凌叔华小说独具的美学品格。中国小说薄弱的是讽刺,难得的一些讽刺作品又偏于热辣,那么就有理由格外珍视凌叔华这一独具品格的贡献。

特别需要注意的是,凌叔华继承着"书香门第"的传统,同时学习书法、绘画和文学。她的画承继了中国传统文人水墨画的神韵,自然天成,流溢出一股浓郁的书卷气。朱光潜曾这样评价凌叔华:"在这里面我所认识的是一个继元明诸大家的文人画师,在向往古典的规模法度中,流露她所特有的清逸风怀和细致的敏感。她的取材大半是数千年来诗人心灵中荡漾涵咏的自然……这都自成一个世外的世界,令人悠然意远。……她的绘画的眼光和手腕影响她的文学的作用。……作者写小说像她写画一样,轻描淡写,着墨不多,而传出来的意味很隽永。"②

绘画的眼光和手腕,对凌叔华小说风格的影响显然是巨大的,这主要表现在她小说的空白美、意境美、温婉美、细腻美等几个方面。

首先,空白美。沈从文曾这样谈起小说创作:"重要处全在'设计'。什么地

---

① 赵园:《论小说十家》(修订本),第238页。

② 朱光潜:《论自然画与人物画——凌叔华作〈小哥儿俩〉序》,商金林编:《朱光潜批评文集》,珠海出版社1998年,第115页。

方着墨，什么地方敷粉施彩，什么地方竟留下了一大片空白，不加过问。有些作品尤其重要处，便是那些空白处不着笔墨处。因比例上有无言之美，产生无言之教。"①

丹青妙手凌叔华，更懂得"空白"的设计在艺术创作中的重要意义。她的绘画以写意取胜，她的小说也有这种倾向。人物的品格性情，故事的来龙去脉，不是交代得清清楚楚、一字不落，而是该轻处轻、该重处重，着墨多少掌握得恰到好处。小说中的许多地方笔断意连，轻描淡写，像她的写意画一样，留下大量空白让读者用想象来填补，便奇妙地呈现出耐人寻味悠然意远的艺术效果。比如《小刘》，描写"我"中学时代的好朋友小刘，她有一张又圆又扁的荸荠脸，粉红的腮儿鼓着，荡着笑意，两个小酒窝，一双大眼闪着异常可爱的亮光，激进泼辣，锐气十足，曾鼓动同学大闹课堂，赶走了一起上课的富家少奶奶，在班里很有影响，很富于"五四"时代人物的朝气。可当十二三年之后"我"再见到她，她已经沦为脸色黯淡、双眼无神、毫无个性、龃龉不堪，心安理得为人妻母的地道的家庭妇女了。是什么使小刘发生了这样彻底的、倒退式的变化呢？作者在两个戏剧性场面的描写过渡中，没有明确交代，而是留下空白任读者想象、对比，得出自己的结论。

再如《绣枕》写大小姐把费尽心思绣成的一双靠垫送给白总长的二少爷，绘制着未来甜美生活的梦；但是送去后结果如何，作者却留下了一处空白，没有直接交代。接着写两年后，偶然听说绣枕的下落，一个被酒鬼弄脏，另一个被赌徒肮脏的脚印踩坏。当大小姐明白真相时，只写她"默默不言，直着眼，只管看"，"摇摇头算作答复"，②作家便突然停笔，结尾处又设了一个"空白"。两处空白的内容，虽未明确写出，但大小姐的闺秀气质、婉顺性格，她对爱情的幻想与追求，以及希望落空、绣枕被毁后复杂的内心活动，却不言自明，给读者留下无尽的联想和思考。此外，《有福气的人》《中秋晚》等作品也把空白设置得十分巧妙，扩大了作品的内涵容量，激发了读者的想象热情，增强了小说"言简意丰"的艺术魅力。

其次，意境优美，有如少女明眸善睐，引人入胜。凌叔华的画笔尤擅山水花卉，她对大自然怀有深切的关爱和敏锐的审美眼光，促使她在小说中

---

① 沈从文：《短篇小说》，《沈从文文集（第12卷）》，花城出版社1984年，第126页。
② 凌叔华：《绣枕》，《花之寺女人小哥儿俩》，人民文学出版社1986年，第16页。

尽情抒写、讴歌自然美景。她从画家的角度观察世界,用明快清丽的色彩,寥寥数笔就点染出一种充满诗情画意的优美意境。如《疯了的诗人》中这段描写:

> 到了山脚已是太阳要落的样子,往南行了一里看见流势汩汩的浑河,附近河边的是一些插了秧儿没有几天的稻田,望去一点点韭苗似的新绿在杏黄色肥沃的地上,河岸上一排不过一丈高的柳树,薄薄地敷了一层鹅黄,远远的趁上淡紫色的暮山,河的对岸有四五个小孩子,穿着旧红的袄子,绕着一棵大柳树捉迷迷玩,可爱的春昼余晖还照在他们小圆脸上。"春水白于玉,春山淡若烟,闲乘书画航,撑上蔚蓝天。"觉生悠然地记起这一首诗……①

作家为我们渲染出一派宁静和谐的田园风光和一种朴野可爱的生活情趣。蓝天、白云、黄土、新绿的稻秧、旧红的童袄、鹅黄的柳芽、淡紫的暮山——就像一幅动人的油画一样,层次分明,色彩瑰丽,恬淡的意境让人悠然神往,如醉如痴。描写这样美景的文字,在凌叔华的小说中还有很多,给小说增强了整体美感。但作家并不是为写景而写景,而是将淡雅简练的景物与人物的气韵表现融在一起,使人体会到,诗情画意只是手段,其目的是使人物描写更传神。像《花之寺》中北京西山的峰峦、树木、隐隐约约的寺院,映衬着幽泉前来赴约时的好奇心和神秘感,《疯了的诗人》中美丽的后花园一派迷蒙的雾气,绵绵微雨中的山峦美景,渲染着觉生和双成对喧闹的都市生活的厌恶和对回归自然的向往。《绮霞》里庭院中温暖闭塞的阳光、清香四溢的花草盆景及公园内翁翁郁郁、苍翠稳健的古柏恰好形成对比,分别暗示着温暖的家庭带给绮霞的感受和广阔世界中追求事业的想法对她的吸引;《开瑟琳》中那座消夏别庄周围金色的沙滩、蜿蜒的海岸、锁翠笼烟的山麓美景,喻示着孩子们淳朴善良的天性和纯洁的友谊,也反映出成人世界里等级的壁垒森严;还有《中秋晚》中花好月圆时家庭的阴影逆光,《再见》中西湖美景里骏仁与筱秋的相会……这些仿佛是一幅幅构思精巧的国画,通过意境的点染,衬托出人物的情绪,尽管着墨不多,却含蓄隽永,描写得十分生动、传神。

第三,温婉流丽。凌叔华的画静穆、平和、冲淡,从整体上看,她的小说也有

---

① 凌叔华:《疯了的诗人》,《花之寺女人小哥儿俩》,第193页。

这样的风格;字里行间灵动着女性特有的温婉美,有浓郁的闺秀气息。她写小说主要从她熟悉的高门巨族或闺房绣户取材,最关注的是"五四"妇女运动潮流外的闺秀故事,带着女性抒情、温柔、端庄的心绪来观察生活,用她特有的敏感和智慧,捕捉生活中带有喜剧和讽刺意味的细节,把幽默感融入亲切的叙述中,把嘲讽和调侃融入温顺的笔调中,往往使作品呈现出温婉的喜剧和讽刺色彩。

在小说创作中,凌叔华很有分寸,常常保持着谨慎的、适可而止的嘲讽态度,与人物保持一定距离,审视他(她)们的命运和丰富的内心世界,从中发现可笑之处,然后得心应手地把它表现出来。《病》中的芷青忽然对深爱自己的妻子产生了怀疑,自己无端生起闷气,终致越想越难过,竟然半夜里拿起书架上叔本华论妇女的文章朗诵起来,还故作旷达地冷笑说:"叔本华的妇女论我现在才会鉴赏它,说得真痛快! 好文章,好文章!"以此来发泄他心中的不满;结果当妻子不得不说出真相时,才明白误会了妻子,唯有"呆呆地望着她,不知说什么好"。①

在《花之寺》里,作者故意用一封信来安排一出喜剧,结果让丈夫满怀喜悦地去幽会的却是自己的妻子。这类作品中的喜剧色彩,不会让人大笑,却能使人心领神会地微笑,讽刺的锋芒一般也不尖锐。笔锋不大胆、不冲动,但也蕴涵着感情,淡淡地写出她关照的女性世界,在不激不缓中,让人遐想联翩,咀嚼起来余味长存。

最后,细腻之美。作为画家,凌叔华既擅写意,又擅工笔,墨迹淡远,秀韵入骨。她画画时精雕细刻、工笔细描的笔力,在小说里面都用在了对人物细腻入微的心理描写上。徐志摩曾谈论英国小说家曼殊菲儿说:"她不仅写实,她简直是在写真! 随你怎样实妙的、细微的、曲折的,有时刻薄的心理,她都有恰好的法子来表现;她手里擒住的不是一个个的字,是人的心灵变化真实,一点也错不了。……她的方法不是用镜子反映,不是用笔白描,更不是从容幻想,她分明是伸出两个不容情的指头,到人的脑筋里去生生提住形成不露的思想影子,逼住他们现原形",②苏雪林借用徐志摩的这段话来评论凌叔华:"凌叔华作品对于心理的描写也差不多有这样妙处。"③

---

① 凌叔华:《病》,《花之寺　女人　小哥儿俩》,第 166 – 169 页。
② 徐志摩:《再说一说曼殊斐儿》,《徐志摩全集(第二卷)》,天津人民出版社 2005 年,第 56 页。
③ 阎纯德:《作家、画家凌叔华》,《新文学史料》1981 年第 4 期。

确实,她通过深刻地体会和仔细地观察,用精细而隽永的笔触,使她作品中人物情感的波澜和微妙的内心世界得到了准确、生动的展现。如《无聊》对人物心理的刻画十分传神,写一个名叫如璧的知识女性,在一个梅雨天,待在家里无事可做,坐也不是,站也不是,冲到窗户前,躺到藤椅上,内心烦躁,百无聊赖。"上到楼来,不知做什么好,想到自己方才急急地走开像煞有介事一般,不觉好笑。可是想到自己的无聊,又觉得可怜。"①逼真地写出这类生活富足、精神空虚的女子的心理状态。

凌叔华的小说,丰富了中国现代小说创作经验,也折射了中国自由主义知识分子的人生态度、政治理想、文学观念。凌叔华堪称"现代评论派""新月派""京派"的重要作家。中国现代文学史,不应忽视她的存在。

凌叔华小说的不足也是明显的。她对女性的批评尚止于直觉,流于琐屑,因而失之肤浅,诚如有学者言,"可以汇入现代文学史上国民性批判的优秀传统",②但终究有欠深度,予读者的启迪自然也就有限。她心仪契诃夫,但缺乏像来自社会底层的契诃夫那样对痛苦人生的深切体验,只能学到契诃夫的"外冷",无法得到他的"内热",震撼心灵的力度是缺少的。此外,她的出身以及出嫁后的绅士淑女家庭生活,使之视野始终未能越过院墙,必然失却反映社会生活的广度。连偏爱于她的沈从文,也不得不说:"因不轻于着笔到各样世界里,谨慎处,认真处,反而略见拘束了。"③即使偶有例外,如《中国儿女》,仍存在着一写院墙之外,尤其是写京郊农村的抗日,就心有余力不足的感觉。

二、情爱

现代中国文坛有一句趣话:"嫁君要选梁实秋,娶妻先看凌叔华。"凌叔华是一位气质娴雅、温柔、慈祥、谦逊、坦率而又热情的人,一些早年接触她较多的老作家,常谈起她的性格和为人。1967年,一直给人刻薄印象的苏雪林说:"叔华固容貌清秀,难得的她居然'驻颜有术'。步入中年以后,当然免不了发胖,然而她还是那么好看。……叔华的眼睛很清澈,但她同人说话时,眼光常带着一点'迷离',一点儿'恍惚',总在深思着什么问题,心不在焉似的,我顶爱她这个神

① 凌叔华:《无聊》,《花之寺 女人 小哥儿俩》,第354页。
② 孟悦、戴锦华:《浮出历史地表——现代妇女文学研究》,第77页。
③ 沈从文:《论中国现代创作小说》,《沈从文选集》第五卷,第375页。

气,常戏说她是一个生活于梦幻的诗人。"①

这就是凌叔华,一位懂诗,擅画,娴雅温柔的才女,难怪那个年代娶妻先看她,倘若是在当今,她想必也会是大众情人……

这样的女人不可能没有故事。她与胡适、林徽因、陆小曼等人有复杂微妙的友谊纠纷,还与弗吉尼亚·伍尔芙及英国布鲁姆斯伯里文化圈有着跨越国界的友情,她与丈夫陈源(注:即陈西滢),是自由恋爱的神仙眷属,却又和徐志摩之间有说不清道不明的情感纠葛,更与英国人朱利安共演了一出惊世骇俗的异国情缘。

(一)徐志摩

凌叔华与徐志摩以及陈西滢的初识,是在 1924 年 4 月,北平学界欢迎印度诗人泰戈尔的集会上。当时,徐志摩的心思萦系在林徽因的身上,对她并没有特别的关注。

那年夏天,凌叔华大学毕业,受聘于故宫博物院,审查整理古书画。徐志摩到日本转了一圈,送别泰戈尔回来时,林徽因已随梁思成赴美留学去了。"万种风情无地着"的徐志摩,开始了与凌叔华的通信。他写道:"不想你竟是这样纯粹的慈善心肠,你肯答应做我的'通信员',用你恬静的谐趣或幽默来温润我居处的枯索。"

1925 年初春的一个晚上,凌叔华参加新月社聚餐的归途,听人说起徐志摩与陆小曼的恋情。她感到震惊,立即辩护说,这都是谣言,两人"绝无背友背夫的事"。回到家中,她给胡适写了一封长信,谈到对事态的分析和担忧,希望他能帮助徐志摩出国,使之"早出非难罗网"。

凌叔华之所以写这封信,是因为她当时与徐志摩过从甚密。信中还有这样一段话:"譬如志摩常与我写信,半疯半傻的说笑话自娱,从未有不可示人之语。我很懂得他的内力不能发展的苦闷,因时每每发出来。我既愿领略文学情况,当然不忍且不屑学俗女子之筑壁自围。所以我回信,谣言便生了。其实我们被人冤的真可气,我至始至今都想志摩是一个文友,他至今也只当我是一个容受并了解他的苦闷的一个朋友。他的信不下七八十封,未有半语是社会所想徐某想说的话,我所以觉得他实在太冤了。"②

---

①　苏雪林:《其文其人凌叔华》,《文坛话旧》,台湾文星书店 1967 年。
②　陈学勇编:《凌叔华文存·上》,第 356 页。

凌叔华给徐志摩的信没有留下来,不知如何写的。但她的文字总能让徐志摩兴奋不已:"回京后第一次'修道',正写这里,你的信来了。前半封叫我点头暗说善哉善哉,下半封叫我开口尽笑自语着捉掐捉掐!××,你真是个妙人,真傻,妙得傻,傻得妙……"与凌叔华通信,激活了徐志摩的灵感:"说也怪,我的话匣子,对你是开定了。我从没有话像对你这样流利,我不信口才会长进这么快,这准是×教给我的,多谢你。我给旁人信也写得顶长的,但总不自然,笔下不顺,心里也不自由。对你不同,因为你懂得,因为你目力能穿过字面。这一来,我的舌头就享受了真的解放。我有着那一点点小机灵,就从心坎里一直灌进血脉,从肺管输到指头,从指尖到笔尖,滴在白纸上就是黑字,顶自然,也顶自由,这真是幸福。"①徐志摩的信像诗一样,"浓得化不开"。不能肯定里面必定有超出友谊的情愫,但说其中蕴含着进一步发展感情的可能,应该没有问题。

凌叔华与徐志摩的感情没有发展下去,一方面因为陈西滢的追求,另一方面恐怕也由于陆小曼的出现。与"人淡如菊"的凌叔华风格迥异,陆小曼明艳、娇美、多情,一下把徐志摩的视线吸引过去。爱情应该是浪漫的,热烈的,耳鬓厮磨,如胶似漆,陆小曼正迎合了徐志摩的这种期待,两人一拍即合。凌叔华与陆小曼也是朋友,关于徐、陆的恋情,她开始却并不知晓,或者不相信是真的。当她听到别人的议论,反应似乎过于强烈。她自己也感觉到这一点,所以在给胡适的信中一再申明,"纯粹本于爱护同道"。

那封信是否起到作用,无从知晓,但徐志摩确实为避是非,赴欧洲游历了。1925年3月10日,临行之前,徐志摩给陆小曼写了一封缠绵的信,结尾说:"最后一句话:只有S是唯一有益的真朋友。"3月18日,旅欧途中的一封信里又说:"女友里,叔华是我一个同志。"他对自己与凌叔华的亲密关系向来不避讳:使用凌叔华绘制的贺年片,并为此做了一场题为《海滩上种花》的演讲;请她代笔《志摩的诗》的题词"献给爸爸",以至于徐申如误会,有意认亲;徐志摩遇难后,徐申如还指名让凌叔华书写碑文。

徐志摩去欧洲前,将那只后来惹出风波的"八宝箱"交予凌叔华,戏言道,若是自己出国发生意外,让她以箱内的日记和文稿为材料作传记小说。可不久,5月26日,由翡冷翠寄给陆小曼的信中出现了这样的文字:"叔华两月来没有信,

---

① 陆小曼:《志摩日记》,书目文献出版社1992年,第192页。本章涉及徐志摩日记的文字均出自该书,不再一一注明。

不知何故,她来看你否?"两个月前,正是徐志摩刚踏上旅途之初。想他一路也给凌叔华写信,可没有回音。从"答应常做我的通信员"到"两月来没有信",其间发生了什么呢? 据《小曼日记》记载,三月十四日,即徐志摩离开没几天,凌叔华曾专程拜访她,下午去的,晚上十一点才走。两人谈得十分深入,陆小曼把什么都说了。3 月 17 日,凌叔华写成了一篇名为《吃茶》的短篇小说。故事讲的是芳影与好友淑贞看电影时,结识了她的哥哥王斌,第二天又一同去逛公园。王斌种种殷勤的表现,使芳影确信他是爱自己的。一周后,芳影收到王斌的信,激动地打开,却是他的结婚请帖。淑贞随后来了,说起某小姐,因哥哥挽了一下,竟托人叫哥哥去求婚。哥哥知道后又生气又好笑,说男子服侍女子,是外国最平常的规矩。芳影神情恍惚地喃喃道:"外国……规矩……"小说戛然而止。徐志摩像小说中的王斌一样,喜欢对女性献殷勤。他在凌叔华面前的种种表现,会不会也曾引起误会? 芳影的前后心理变化,细腻微妙,凌叔华内心是否也经历了相似的情绪波动? 这些都不好乱猜,但这篇小说完成的时间,正是她知道徐志摩和陆小曼恋爱真相的第三天,不能不令人有所联想。

5 月 7 日,凌叔华又完成了一篇小说《再见》,写一位叫筱秋的小姐,偶遇多年前的男友骏仁。当年,因为听说异地的骏仁结婚了,筱秋中断了他们的通信联系。尽管骏仁仍旧有所表示,筱秋最终还是决定与他"再见"了。也就在五月份,陈西滢在其著名的"闲话"专栏中,刊出了一篇很特别的短文《庆贺小戏院成功》。与他以议论见长的绝大多数"闲话"不同,这篇仅是报道一次演出,并且表示对"这剧本的作者凌叔华女士"等人的庆贺。由此可见,凌叔华与陈西滢交往已经有了新的动向。此刻,徐志摩远在欧洲,并不知道这边悄悄地变化,所以对于"叔华两月来没有信",觉得不解。

如果说《吃茶》和《再见》引起注意,是其特别注明的写作时间,那么凌叔华的成名作《酒后》令人叹奇,则是小说与现实的对应和巧合。女主角采苕与丈夫永璋以及他们共同的好友子仪之间的结构,与凌叔华、陈西滢、徐志摩三人的关系,真可谓"异质同构"。故事发生在一次酒宴之后,子仪睡在别人的客厅,因为喝了酒;永璋絮絮叨叨说着话,也因为喝了酒。采苕呢? 正是喝了酒,她才产生一时冲动,向永璋表示,自己想去吻一下熟睡的子仪。尽管获得同意,临到关键时刻,她还是迟疑了,最终还是回到永璋的身边。鲁迅在《〈中国新文学大系〉小说二集序》中说凌叔华的小说:"大抵很谨慎的,适可而止的描写旧家庭中的婉顺女性,即使间有出轨之作,那是为了偶受着文酒之风的吹拂,终于也回复了她的故道了。"这可以看作《酒后》的评语,也可以用在凌叔华本人身上,当作她处理个人感情的心理模式。

徐志摩1925年7月下旬回国的,不久追着陆小曼去了上海。他们的感情受到极大的阻力,以至于决定就此分手。徐志摩"凄惨"地返回北平,全身心投入《晨报副刊》的编辑工作。10月1日,他主编的改版第一期刊出。上面除了他自己的代发刊辞《我为什么来办,我想怎么办》外,便是凌叔华的小说《中秋晚》,梁启超的旧体诗《题宋石门画像》。编者附识写道:"为应节起见,我央着凌女士在半天内写成这篇小说,我得要特别谢谢她的。还有副刊篇首广告的图案也是凌女士的,一并道谢。"梁启超那篇,无疑是点缀。徐志摩首次主编四大副刊之首的《晨报副刊》,隆重推出的,其实只有凌叔华一人。他一再表示感谢,热情有余,措辞有误,没说清那图案是临摹的还是创作的,由此又引出"凌叔华窃取琵亚词侣"案,并成为轰动文坛的"闲话之争"的导火索之一。这是题外话,不提。

值得注意的是,代发刊辞中提到邀请的撰稿人阵容时说:"至于我们日常见面的几位朋友,如西林、西滢、胡适之、张歆海、陶孟和、江绍原、沈性仁女士、凌叔华女士等更不必我烦言。"其中"西滢"和"凌叔华女士"相隔很远,不像徐志摩后来的文字中,一般都称"通伯叔华"。另外,徐志摩约凌叔华写小说、画图案时,陈西滢好像并不在场。

因此,可以肯定,凌叔华是在徐志摩与陆小曼难分难解之后,才与陈西滢确定恋爱关系的。而这一关系的公开,可能更迟。至少徐志摩从欧洲回来后,有一段时间并不知晓。

就在徐志摩一心扑在副刊上,几乎忘了陆小曼之际,事情突然出现转机。陆小曼顺利地离了婚,只身赶来北平。她与徐志摩早断了联系,只是偶尔看到《晨报副刊》,才找上门去,两人又"欢欢喜喜"地沉浸在热恋之中。不久,凌叔华与陈西滢之间也有进展,并于1926年初举办了订婚仪式。按当时的习俗,订婚是向亲友及社会公布双方的恋爱关系。只有订了婚,两人才能以恋人的身份出入各种场合。2月21日,徐志摩在老家硖石,征得家里同意后,给陆小曼写信说:"订婚手续他(徐父申如)主张从简,我说这回通伯叔华是怎样的,他说照办好了。"至此,徐志摩与陆小曼,凌叔华与陈西滢,已是各有所属。

此后,徐志摩与凌叔华的交往,虽然再没有曾经的热情,却依旧频繁。《晨报副刊》以及后来的《新月》上,陆续发表了凌叔华的十余篇小说,都是徐志摩经手编发的。1928 年,新月书店预告出版凌叔华的第一部小说集《花之寺》,徐志摩为之撰写了一篇热情洋溢的序。

徐志摩现存的文字中,为人作序,这是唯一的一次。而他自己唯一的小说集《轮盘》,题词则是"敬献给我的好友通伯和叔华"。

正如凌叔华所言,徐志摩抬举她的文学成就甚高,他们的通信多半是谈文艺的。可要说他们只是文学上的朋友,恐怕未必。徐志摩给陆小曼的信中,多次提到凌叔华,却没有一句与文艺有关。有意思的是,他常常拿凌叔华美满生活来与自己的境况对照。1931 年 6 月 14 日,由北平写信给上海的陆小曼说:"叔华长胖了好些,说是有孩子的母亲,可以相信了。孩子更胖,也好玩,不怕我,我抱她半天。我近来也颇爱孩子,有伶俐相的,我真爱。我们自家不知到哪天有那个福气,做爸妈抱孩子的福气。听其自然是不成的,我们的想法,我不知你肯不肯。"6 月 25 日又有信说:"人家都是团圆的了。叔华已得了通伯,徽因亦有了思成。别的人更不必说常年常日不分离的。就是你我,一南一北。"这里将叔华放在徽因前面,或许是考虑到陆小曼与二人关系的亲疏,可由此也能看出,叔华和徽因,在徐志摩心目中,本没有多大的亲疏之分。

凌叔华婚后的文字,很少涉及徐志摩。直到他出了意外,满腔的情感方如决堤的洪水,一泻而出,一反她"适可而止"的文风,直白而强烈:"在三年前的夏夜,志摩,想你还记得吧,我同通伯忽然接到你要过东京一晤的电报,第二天一睁开眼我就说梦见志摩来了。通伯说真的吗? 我也梦见他来呢。说着我们就去接早车,心下却以为或者要等一整天,谁知人一到车站,你便在迎面来的车里探出头来招手了,这事说来像是带神秘性,或是巧得不可信;可是我们安知不是宇宙间真有一种力!"①在另一个场合,凌叔华还说过一件同样神秘的事:"几年前他们有一个快雪会,是在雪天里同很多朋友游西山,后来志摩做一篇文章纪游,叔华把他这篇文章抄到一个本子上,头一页上写一副对联,意思是俯临高处看溪壑的云雾的景致,上面戏题志摩先生千古。这次志摩将离北京的时候,叔华无意中给他看了,他还说,'那就千古了呢?'谁知道竟成谶语!"②一再念叨这些灵验的故事,可见她受到太大的刺激,有些不能自控了。

---

①　凌叔华:《志摩真的不回来了吗?》,《凌叔华文存·上》,第 378 页。
②　方令孺:《志摩是人人的朋友》,龙渊、高松年编:《方令孺散文选集》,百花文艺出版社 2009 年,第 1 - 2 页。

徐志摩生前,一直视凌叔华为红颜知己。他对陆小曼说,只有叔华是唯一有益的真朋友。他把八宝箱存在凌叔华那里,让她在自己回不来时写传记小说用,并对沈从文说,叔华是最适宜料理"案件"的人。"昔日戏言身后意,今朝都到眼前来",凌叔华当然要为徐志摩做点什么。她首先想到的还不是写传记,而是出版"志摩信札"之类。由于林徽因拿走了"八宝箱"的许多资料,传记小说无法再写,书信集也没编成,凌叔华只好摘录了徐志摩给她的六封信,发表在她自己主编的《武汉日报·现代文艺》上作为纪念。

五十年后,旅居英伦的凌叔华收到陈从周寄来的《徐志摩年谱》,回信说:"志摩同我的感情,真是如同手足之亲,而我对文艺的心得,大半都是由他的培植。"①另一封信中又说:"志摩与我一直情同手足,他的事,向来不瞒人,尤其对我,他的私事也如兄妹一般坦白相告。我是生长在大家庭的人,对于这种情感,也司空见惯了。"用手足之情来解释自己与徐志摩的关系,非常得体,但两人毕竟不是生活在同一家庭的兄妹,那份感情怎么说都很特别。凌叔华在信里还说:"说真话,我对志摩向来没有动过感情,我的原因很简单,我已经计划同陈西滢结婚,小曼又是我的知己朋友。"②这些是不是真话暂且不管,理由却不充分,如果没有陈西滢、没有陆小曼,那又将如何呢?

(二)朱利安

落魄上海的沈从文曾经在给王际真的信中抱怨:"都会中的女子,认了一点字,却只愿意生活是诗。"那么,在很艺术的史家胡同凌府熏陶大的凌叔华,置身于如诗如画的珞珈山,自然愈加向往诗意的生活。寂寞了几年之后,她生活里闯进一个英国年轻诗人朱利安·贝尔,他是著名小说家弗吉尼亚·伍尔夫的姨侄,母亲瓦奈萨·贝尔也是著名的画家,且是布鲁姆斯伯里文化圈子的中心人物。

朱利安·贝尔自幼得宠,不只有母亲天性的宠爱,整个布鲁姆斯伯里的长辈们都宠爱这个漂亮的男孩。他上中学喜欢远游,很早就到过欧洲大陆。以后喜欢打猎,推及到喜欢打人,直至喜欢战争。朱利安的目光投向了西班牙和中国,日本人已经在东北挑起了战火,"九一八"消息传遍全球。1935年初秋朱利安顶着诗人桂冠启程了。10月上旬的武汉还没有褪尽暑气,珞珈山仍妖娆艳

①　凌叔华:《谈徐志摩遗文:致陈从周的信》,《新文学史料》1983年第1期。
②　凌叔华:《再谈徐志摩遗文:致陈从周的信》,《新文学史料》1985年第3期。

丽,朱利安到学校的当天便走进了半山坡树木掩映的陈西滢家小楼。他晚上写信告诉母亲:"整个下午我都和文学院院长一家待在一块,有他的妻子,还有他六岁的女儿——非常可爱迷人的小女孩。我们谈话的方式很自由——简直是内地的剑桥。"①

朱利安任期三年,七百英镑的年薪,担任了三门课程:"英语写作""莎士比亚"和"英国现代主义作家"。每周十六个课时,课务很重。凌叔华给了新来客人应有的东道主的热情,陪他买生活用品,挑选窗帘,布置宿舍。

她还饶有兴致去旁听"莎士比亚"和"英国现代主义作家",想增长些学问。但只听了几次便不再去了,她发觉诗人和她的相处有些隐隐的变味。她还不知道,朱利安给母亲的信里这么写道:"她,叔华,是非常聪颖敏感的天使……请想象一下那么一个人,毫不造作,非常敏感,极其善良极其美好,生性幽默,生活坚定,她真是令人心爱。"女方的寂寞,男方的猎奇,还有某方面气质的相通,朱利安追求凌叔华十分顺利。不只他本人会感到顺利得意外,凌叔华也要吃惊自己的积极。相识仅一个多月,朱利安即向母亲宣布,已经与他心仪的中国女作家恋爱了:"亲爱的瓦内萨,总有一天,您要见见她。她是我所见过的最迷人的尤物,也是我知道的唯一可能成为您儿媳的女人。因为她才真正属于我们的世界,而且是最聪明最善良最敏感最有才华中的一个。"

朱利安时时写信向母亲报告他们情事的进展,有个统计,1936年元旦前后的一个多月,这样的信写了十封。发生恋情的契机大概是陈西滢的一次外出,凌叔华惦念北平的母亲,不断传来日寇妄图侵占故都的风声,她为此来朱利安住处寻求情绪上的安慰。朱利安在一封信里写道:

> 她走过来,坐在我旁边的沙发上——对我倾诉——我们经常这样——我抓住她的手——我感到她在回应我,几秒钟后,她就被我搂在怀里……她说,她过去没有爱过……
>
> 整个氛围就像一本俄国小说……她是个极其认真的人,有很多苦恼;她说她什么也不敢相信了,现在却在努力寻找爱情寻找某些可以相信的东西。她娇弱、敏感、情绪非常复杂——她常常自我反省,但感情又非常脆弱敏感,这折磨着她。②

---

① 陈学勇:《高门巨族的兰花:凌叔华的一生》,人民文学出版社2010年,第190页。

② [美]萨沙·淑凌·魏兰德:《家国梦影》,百花文艺出版社2008年,第32页。

英国诗人沉浸在如愿以偿的兴奋里,不只满足悄悄地暗中幽会,还要渴求精神的宣泄,写信便越来越不检点。他那倾诉私密的癖好从未有过的强烈,丝毫不顾忌凌叔华的处境和名誉。一次他正在给母亲写信,凌叔华看到其中关于自己的一段,大为光火,威胁要中断他们的关系,接着第二天又大吵了一场。但朱利安步入离不开凌叔华的境地,他怕真的从此了断。

不久他们密谋去北京幽会,恰好凌叔华的老师,也是她的忘年交克恩慈女士病故,一个多么充分的理由。分头上路,凌叔华先走一步。列车上一夜醒来,她迫不及待地给朱利安写信:"我昨晚读了劳伦斯的短篇小说……一个人在孤孤单单的旅行途中,心不在焉的时候一定喜欢读这样的东西……冬天的风景真美,我很高兴再次看见辽阔的平原,平原上散布着的雪白雪白的积雪和枯黄的干草……啊,我多么喜欢华北!多么美的世界!"①

凌叔华给朱利安信留存下来的极少,这一小段洋溢着她享受爱情的喜悦,连文字风格都较过去的有点儿走样。她兴奋而迫切地渴望就到眼前的自由、放纵的刺激时光。

凌叔华安排朱利安住在一家离史家胡同不远的德国旅馆,陪伴朱利安逛遍了古城的名胜闹市,故宫、北海、颐和园,还有酒楼茶肆,凡凌叔华认为该去的地方都留下他们双双足迹。那些日子,看戏、溜冰、洗温泉,朱利安享受尽了东方情调、东方女性。他想到在武汉的偷偷摸摸未免丧气,抓住北平的机会尽情奢侈。他说:"这段疯狂的时间让我脑子一片空白。你能猜到我们是怎样的快乐和愚蠢。K(注:即凌叔华)找不到回去的路了,而我竟丢掉了随身携带的东西。"②

这次幽会远离武汉,半公开化了。凌叔华带他去拜访自己的故交,他们全是作家、画家、艺术家,朱利安只得以英国作家、外国友人的身份出面,这点很不称心,他多想炫耀征服了同行的才女。他们看望齐白石,赴沈从文家的茶会,朱利安一次就会晤到多位著名中国作家,朱自清、闻一多、朱光潜、梁宗岱,他们都将是名垂青史的人物。

北平古城太叫他们依恋了,可是朱利安患上感冒,不离开也得离开了。回到武汉,他们忍不住仍旧常在一起。朱利安学汉语,凌叔华学英语,合作把凌叔

---

① [美]萨沙·淑凌·魏兰德:《家国梦影》,百花文艺出版社2008年,第34页。
② 江淼:《在纪实与虚构之间》,复旦大学硕士论文,2007年。

华的小说《无聊》《疯了的诗人》译成英文，发表到上海的英文《天下》月刊。

别看他们的恋情这般热烈，破裂的结局是早已注定了的，炽热恋情包藏着他俩不可调和的思想、道德、婚恋观的差异。凌叔华再如何地离经叛道，她总归是中国女性，一旦情感投向那个异性，像许多东方痴情女子一样，专一、执着、痴情。凌叔华虽不是诗人，犹似诗人。邂逅一个帅气的名实皆符的诗人，于是情无反顾，只要永以为好，其他置之度外了。

朱利安可就完全不是这么回事，他成长的布卢姆斯伯里文化圈，全然不把恋情看得如凌叔华这般执着，他们习以为常地公开谈论朋友间的情事和情感转移，默许丈夫和情人同时存在。朱利安随时向母亲报告他在中国的艳遇，乃至提到性事细节。他一再声称，"天生不相信一夫一妻制"。事实上他热恋凌叔华的同时，还与另外的女性关系非同一般，甚至不止一个。他多次表示，并不打算和凌叔华结婚。

女作家和洋诗人的绯闻在武汉大学校园里传得沸沸扬扬，凌叔华处境尴尬，似无退路。她恼怒朱利安的不负责任，甜蜜过后是争吵，而且越吵越凶。凌叔华决心以死抗争，随身携带一小瓶老鼠药，再备了一把割腕的蒙古刀子，再不然扬言吊死在朱利安房里。诗人感觉到绝望女人的可怕，不得不认真地重新考虑处置两人的关系。朱利安别无选择了，只得准备娶凌叔华为妻，虽然这太违背他本性。他以为不幸之幸的是，没有通常的赡养女人的累赘，凌叔华将接受一笔可观的遗产。何况她还能画画写文章，养活自己绝不成问题。他们筹划凌叔华先行离婚，朱利安到另外一个城市，譬如北平，还是教书，凌叔华随后跟去。

陈西滢终于知道了妻子外遇的事，提出三种了结方案：其一，和凌叔华协议离婚；其二，不离婚，但分居；其三，彻底断绝朱利安，破镜重圆。囊括了处置此事的各种可能，由凌叔华任意选择。离婚本来是凌叔华所愿，寻死就是为了与恋人长相厮守；回归丈夫正中朱利安下怀，他已承受不了东方女子这份沉重的情爱。结果，凌叔华出人意料地理智，决定重回朱利安出现以前的生活轨道，她也许认识了朱利安非终身所能依靠，权衡再三，离婚将失去太多。朱利安的态度格外出人意料，他改变态度，立意要娶凌叔华为妻。是顿时有了责任感，还是觉得失去的才珍贵呢？

朱利安得提前离开了。武汉大学的左翼学生为他开了小小的欢送会，他们以为保守的陈西滢赶走了激进的朱利安。陈西滢为保全妻子声誉，有口难言。

凌叔华老远地赶到广州送行，又赶到香港再见了一面，并约定好继续通信的方式。朱利安承诺不再见凌叔华,转身便食言,陈西滢致信指斥他:"你不是一个君子。"①

几个月后传来朱利安阵亡于西班牙前线的消息。酷似小说人物,朱利安临死的时候喃喃自语,又像告诉救护人员:"我一生想两件事——有个美丽的情妇;上战场。现在我都做到了。"②他只有二十九岁,武汉大学校友们为他举行了追悼会。传说陈西滢也与会了,坐在第一排。他是君子,犹如王赓出席陆小曼和徐志摩的婚礼。不知凌叔华是否前去追悼,她的去与不去,都摆脱不了尴尬。

凌叔华的婚姻少有的顺利,也够浪漫,够人羡慕,怎么会出这样的事情?这可能得从陈西滢说起。今人知道陈西滢的名字,多是因为他被鲁迅骂过。按照国人惯常的理解,和好人打架的肯定是坏人。鲁迅是好人。于是,各种读物乃至中学教科书里都把他视为坏人。

事实上,多年的留学经历使陈西滢看惯了英国文化的理智和有序,对中国的一切都带着几分偏见而看不入眼。他对中国人的劣根性十分不满,却又同鲁迅"哀其不幸,怒其不争"的态度有质的区别,字里行间那种理智的态度和傲慢的神情,缺少了和时代相呼应的热度,让人很难接受。

所以,陈西滢与鲁迅的论战,无论从结局上还是道义上,他都是一个失败者,"失败得让人难以同情",这也使他至今仍是中国新文化运动史上的一名"反派"角色。

阎晶明评价,陈西滢的过于"理智",使他在人们的印象中滑向了"反动",也就是鲁迅所讽刺的"正人君子"和"绅士"。③

与鲁迅交恶之后,陈西滢在写新文化运动以来的十部著作时,只选了两个短篇小说集,一为郁达夫的《沉沦》,一为鲁迅的《呐喊》。他评时有敬意也有鄙薄:"鲁迅先生描写他回忆中的故乡的人民和风物,都是很好的作品。"在批评时指出"还是一种外表的观察,皮毛的描写"。后又说:"到了《阿Q正传》,就大不相同了。阿Q是一个type,而且是一个活生生的人。他与李逵、鲁智深、刘姥姥是同样生动,同样有趣的人物,将来大约会同样不朽的。"但话锋一转:"我不能

① 陈小滢口述,李菁整理:《回忆我的母亲凌叔华》,《三联生活周刊》2009 年第 43 期。
② 陈小滢口述,李菁整理:《回忆我的母亲凌叔华》。
③ 阎晶明:《鲁迅与陈西滢》,河北人民出版社 2002 年,第 3 页。

因为我不尊敬鲁迅先生的人格,就不说他的小说好,我也不能因为佩服他的小说,就称赞他的其余的文章。"接着便数落鲁迅先生的杂感,"除了《热风》中二三篇外,实在没有一读的价值"。①

作为评论家,陈西滢的可贵之处在于用一杆秤称世人,立论为公。他评论好友徐志摩的作品,在肯定他的文字贡献的同时,也尖锐地指出艺术上的毛病:"太无约束,堆砌辞藻。"对徐志摩的译作《涡堤孩》,则责其不忠于原著,批评他"跑野马"。

有人评论说,陈西滢的这种作风,颇有伏尔泰的"我和你意见不同,可是我宁可牺牲我的生命也要保护你发言的权力"之风。② 陈西滢的女儿陈小滢说,父亲告诉她,在 1930 年代初的一次文坛聚会上,他与鲁迅邂逅,两人还礼貌地握了一次手。③

1924 年 5 月,印度大诗人泰戈尔访问中国,这在京城文学界引起的骚动不亚于台风登陆。一帮负责担任接待泰戈尔的文化人商讨后决定,为大诗人搞个不落俗套的茶话会。5 月 6 日下午,凌叔华得以女主人的身份主持这场世纪大聚会,她穿梭于名流之间,谈吐珠玑,风华绝代,倾倒了在场所有男人,其中就包括陈西滢,凌叔华日后的丈夫。

外表文静的凌叔华,其实内心蕴藏一团烈火。陈西滢爱上凌叔华,其中情愫怕也是才女多过淑女。凌叔华需要关怀,需要柔情,甚至需要甜言蜜语,陈西滢不能予以满足。恋爱成功的陈西滢全身心投入大学教育,由此冷落了闺中佳人。婚后两人感情不谐,家庭生活很孤寂。与徐志摩已经失之交臂,一旦真正的登徒子出现,家庭风波则难以避免。一个女性追求爱情本无可厚非,凌叔华的失当在于,她不能如林徽因般坦然,尤不能为爱情牺牲既得的种种。她毕竟未能彻底摆脱旧式豪门的负面阴影,未能成为全新的女性。纵然在那场绯闻中她曾表现出少有的烈性,甚至弃生,可还是不外乎无数女性重复过的俗套故事。最终她与朱利安·贝尔分手回归了家庭,那堵情感厚墙则始终横隔在她与丈夫之间。夫妇不仅越来越少沟通,似乎尽量逃避照面,至少凌叔华是如此。以后的岁月里两人分多聚少,已属不幸。更可悲的是,她把自己包裹得太紧,连常人

①　陈西滢:《鲁迅闲话》,傅光明编:《论战中的鲁迅》,京华出版社 2006 年,第 34 页。
②　阎晶明:《鲁迅与陈西滢》,第 16 页。
③　陈小滢口述,李菁整理:《回忆我的母亲凌叔华》。

说是"贴心小棉袄"的独女,也欠沟通,将之推向了父亲。家里的一个房间只属于她个人,丈夫、女儿都不得入内。她去世后女儿进去收拾,仅仅意外地发现一宗秘藏的私人来函,暴露了女儿极其惊讶的数十年隐情。除此都是平平常常的物件。显而易见,最后飞往大陆前夕,她知道不会再回来,房间已作过一番仔细清理。清理得干干净净的空屋何以留存这宗最该清理的私函,有点不可思议。"大众情人"的凌叔华,有着外人不了然的孤寂,很叫人同情。

谢冰莹：现代中国文坛第一女兵

谢冰莹被誉为"中国新文学史上'女兵'文学的祖母""中国第一位女兵作家"，法国大文豪罗曼·罗兰曾向她致函，称赞她是"努力奋斗的新女性"，与陈天华、成仿吾并称为"新化三才子"。她的人生经历有许多宝贵的东西值得学习和发扬光大，她的《从军日记》《女兵自传》等作品，是时代风云的记录，是时代女性的心灵史与奋斗史，充盈着人性的光辉和震撼人心的力量，为现代中国女性文学注入了阳刚之美，拓展了女性文学的审美空间。

1948 年,谢冰莹应邀任台湾省立师范学院①教授,之后一直在海外漂泊,再没有回过大陆。因而,这位曾被誉为"中国新文学史上'女兵'文学的祖母""中国第一位女兵作家",②法国大文豪罗曼·罗兰致函称赞的"努力奋斗的新女性",③与陈天华、成仿吾并称为"新化三才子"的女作家,在相当长的一段时间内,被评论界所遗忘,到 20 世纪末才被人们重新提及。但直到今天,依然有许多人——包括汉语言文学专业的学生——对她感到很陌生,甚至把她与谢婉莹——也就是冰心——误认为是同一个人。这不能不令人遗憾:她的人生经历有许多宝贵的东西值得学习和发扬光大,她的《从军日记》《女兵自传》等作品,是时代风云的记录,是时代女性的心灵史与奋斗史,充盈着人性的光辉和震撼人心的力量,为现代中国女性文学注入了阳刚之美,拓展了女性文学的审美空间。

一、壮美一生

谢冰莹来到这个世界的方式就与众不同,她是"逆生"。④ 母亲生了她三天三夜,饱受痛苦才把她生下来,她凌晨来到世上报到的第一声啼哭大得惊人,几乎把整个院子的人都吵醒了。

她从小就表现出桀骜不驯的性格气质,十分顽皮,简直就是一个"淘气鬼"。如她喜欢混在男孩堆里玩耍,让他们排着队伍,而自己则拿着棍子操练指挥他们,男孩子们都叫她"司令"。她梦想着长大了带兵,骑着高头大马,佩着发亮的指挥刀,很英勇地驰骋于沙场,成为大将军。

传统社会的女子往往大门不出,二门不迈,讲究"女子无才便是德",广大女性一直以来都是处于被禁锢的状态。可谢冰莹不一样,她丝毫不受这种禁锢。十二岁时,小小年纪的她便通过三天的绝食斗争,为自己赢得了进入大同女校就读的权利。后来她又通过艰苦的斗争,争取到了进入长沙第一女校受教育的机会。这样的学习经历为她以后的发展打下了坚实的基础。而在个人情感上,她也一样的独立自主。

---

① 成立于 1946 年 6 月 5 日,1955 年 6 月 5 日改制为台湾省立师范大学,1967 年 7 月 1 日改制为"国立台湾师范大学",简称台师大。
② 古继堂:《"中国第一位女兵作家"》,《新文学史料》2000 年第 4 期。
③ 阎纯德:《作家的足迹(续编)》,知识出版社 1987 年,第 413 页。
④ 逆生,指分娩时孩子的脚先落地,头部后出。同倒产。

（一）四次婚姻

谢冰莹三岁时，就由父母作主订了婚，许配给父亲朋友的独生子——萧明。萧家声望很高，他的三伯父曾做过省议会的议员，在县里极有名望。懂事后的谢冰莹，不满这桩婚事，开始采取逃避的方式。当萧明来她家时，便躲着不见。1926 年，为逃避婚事，她在二哥的帮助下，进黄埔军校武汉分校第 6 期女生部学习，后随军参加北伐，写下了著名的《从军日记》。从军的经历，初涉文坛的喜悦，使她的思想觉悟大大提高。于是，她提出与萧明解除婚约。

这令父母大感意外，也非常的气愤。母亲是这样训斥的："喝！你想解除婚约吗？除非你永世不归来；现在既回到了家里，还想逃走吗？不怕你有天大的本领，也逃不出我的掌握中。"①母亲之所以这么严厉、这么坚决，是因为"父母之命，媒妁之言"是几千年来形成的金科玉律，是不能违背的。传统的观念是如此根深蒂固，不容动摇。

谢冰莹毫不畏缩，初生牛犊不怕虎。她坚决表示："我宁可为反对旧礼教，推翻封建制度而牺牲生命，决不屈服在旧社会的淫威之下……"②她进行了四次逃婚，惊动了整个乡邻，也引起了社会的广泛议论："女人敢这样自由行动，真是无法无天！""唉！唉！造反了！造反了！世界变了！黄花女也敢做出逃奔的事来，还成什么话！"③在当时的人们看来，儿女婚事由父辈做主，是天经地义的，谁要是反对，谁就是大逆不道。社会像一张巨大的网，笼罩着要求婚姻自主的人。

但是，谢冰莹以少有的勇气，终于冲出了封建家庭的樊篱，登报与萧明解除了婚约，取得了斗争的胜利。当她来到上海时，孙伏堂先生感叹地说："你到底逃出来了！我们庆祝你！从今天起，你获得了自由，开始了新的生活！"④谢冰莹的行为激励了当时许多青年男女勇敢地从封建婚姻家庭中逃出。

女人天生爱做梦，她们都对爱情有绚丽多姿的梦想，谢冰莹也是如此。她好不容易才争得了这份自由恋爱的权力，她将珍惜这份权力，好好行使这份权力，她为自己描绘了一幅理想爱情的蓝图："爱情不能带有丝毫的强迫性，她是

---

① 谢冰莹：《被母亲关起来了》，艾以、曹度：《谢冰莹文集（上）》，安徽文艺出版社 1999 年，第 95 页。
② 谢冰莹：《被母亲关起来了》，《谢冰莹文集（上）》，第 100 页。
③ 谢冰莹：《第一次逃奔》，《谢冰莹文集（上）》，第 122 页。
④ 谢冰莹：《来到了上海》，《谢冰莹文集（上）》，第 170 页。

绝对自由的。不能强迫一对没有爱情的男女结合，也不能强迫一对有爱情的男女离开。"①

符号是冰莹黄埔军校武汉分校的同学，两人都爱好文学，常在校刊上发表作品，后又一同参加北伐。共同的理想和爱好，使两人产生了感情。后谢冰莹回到家中，被母亲"关"在家里，外面的一切信件都被扣留，而符号巧妙地化用女性名（"亦鸣"）与谢冰莹通信不断。1929 年，两人历经坎坷来到北平结合在一起。俩人感情深厚，有许多共同语言，可谓天生一对。特别是谢冰莹抛弃舒适的生活环境，冲破封建婚姻重重枷锁，摆脱众多的追求者，才与符号结合，令符号感动不已。小号兵的降生，是他俩爱情的结晶。可惜，不久两人便分手了。分手的原因是多方面的，其中最主要的原因是两人之间产生了矛盾。谢冰莹漂亮美丽，活泼大方，结交面广，重友情，做事有主见，文坛上也有了一定影响；相对而言，符号显得保守内向，心胸较为狭窄，做事也缺少主见，在文坛上的影响也不及谢冰莹，因而常常感到自卑、自责，多愁善感。为此，谢冰莹常劝他说："你为什么这样懦弱呢？真的，你为什么常对我说你没有资格爱我，我的每一个朋友都比你强呢？唉！为什么你是如此的看到自己渺小呵！"②表面上看，这是两人性格上的差异，实际上是符号的男权思想作怪，是"男人必须比女人强"的大男子主义思想在家庭中的另一种表现方式。这种自卑狭隘的思想，使得符号也许真挚深沉的爱出现偏差，转成了对谢冰莹的不信任，常常担心第三者插足，从而导致感情危机，直至最后分裂。

这给了谢冰莹极大的打击，她曾经想到过自杀，后又在岳麓山上过了一段隐居的生活，最后才来到上海。在爱的《清算》中，谢冰莹道出了离开符号的矛盾心理："你是那样误会我，不了解我，以致造成我俩的一幕不可收拾的悲剧。虽然你后来承认完全是你的罪过，我也明白知道你是因太爱我的缘故而想极端地占有我，不让人家爱我，或我去爱人家，但是奇③哟，你侮辱了我，你冤枉了我，你太不了解我"，"你是恶魔，你是我的仇敌，也是我的恩人呵！"可见谢冰莹虽离开了符号，对符号的感情却是爱恨交织，就像她自己说的："奇之于我，一百条恩爱，一百零一条罪状。"④

① 谢冰莹：《第四次逃奔》，《谢冰莹文集（上）》，第 135 页。
② 谢冰莹：《清算》，艾以、曹度：《谢冰莹文集（下）》，安徽文艺出版社 1999 年，第 57 页。
③ 奇即符号，符号在天津的名字叫符业奇。下同。
④ 谢冰莹：《清算》，《谢冰莹文集（下）》，第 44 页。

　　1931 年来到上海的谢冰莹,不久便与顾凤城结合。他当时是上海光华书局的一位编辑,后来又成了一位小说家。当时谢冰莹正在写两本书,一本是长篇小说《青年王国材》,一本是《青年书信》。为了给谢冰莹的写作提供一个安静的环境,顾凤城帮她找了一个被谢后来称之为"黑宫"的房子。谢冰莹开始并不想那么快又进入情网,可她实在无力抵挡爱的诱惑,终于,堡垒被攻破了。她的好友李白英回忆说:"顾和谢在当时英租界梅白路长康里租了一间楼房,举行了颇为别致的结婚仪式,在场五人,除了我和新郎、新娘,尚有主婚人顾的父亲,尚有证婚人柳亚子先生。桌上点一对红烛,顾和谢肃立,由柳读了结婚证书,新郎、新娘、主婚人、证婚人一一盖章,婚礼便算告成。"①由于两人一开始关系就不好,婚后没多久,为了逃避内心的痛苦,谢冰莹便去了日本。在日本,她参加了中华留日学生抗日救国会,并参与了筹备追悼东北死难同胞大会。也就是因为这次大会,她和一千多留日学生一道被日本政府驱逐回国。回国后,两人的关系不仅没有好转的迹象,反而更加紧张了。谢冰莹说:"我不知从哪里来的勇气,居然毅然决然地和他断绝关系了。"②

　　1933 年 9 月,在厦门省立中学教书时,谢冰莹与黄震③相识热恋而同居,这是两颗落难的心的结合。他俩相互关心,感情很好。1935 年 4 月,同在日本留学的谢冰莹、黄震因坚决拒绝迎接"满洲国"皇帝溥仪而被捕入狱。他们的爱情经历铁窗的磨炼与考验更加珍贵了,冰莹说:"斗争,……更增进了我俩的爱情,我们是共患难过来的,我们的爱是伟大的,尊贵的。"④再次被逐回上海后,她怀着强烈的民族仇恨,写下了控诉日本法西斯暴行的报告文学《在日本狱中》。黄震不仅为她誊抄整理原稿,而且为之撰写了"后记"。

　　1937 年抗战爆发后,谢冰莹"宁愿死在沙场,不愿在这大时代里躲在后方过教授太太的生活",⑤她亢奋地对黄震说:"我要再度从戎,奔赴前方杀敌!"她回

---

①　李白英:《我所知道的谢冰莹》,《艺谭》1982 年第 1 期。

②　谢冰莹:《清算》,《谢冰莹文集(下)》,第 45 页。

③　黄震(1900－1968),原名黄经芳,福建莆田人。1922 年入北平师范大学生物学系,1923 年 3 月加入社会主义青年团,后转为中共党员,参加过"三·一八"和"五卅"反帝声援运动。毕业后,参加北伐和八一南昌起义,在福建莆田参加党的工作。1928 年,由于对福建省委失望,更由于陈祖康被捕叛变,随时都有被出卖的危险,赴上海另谋出路。此后脱党,改名黄震。一直从事教育工作,在福建中专、中学、高等院校任教二十多年,桃李满天下。

④　谢冰莹:《又一年》,曹度:《谢冰莹文集(中)》,安徽文艺出版社 1999 年,第 60 页。
　　刘嘉谷:《谢冰莹研究札记》,《中国现代文学研究丛刊》1988 年第 1 期。

⑤　谢冰莹:《新从军日记》,《谢冰莹文集(中)》,第 258 页。

长沙组织了湖南妇女战地服务团,奔赴前线。黄震虽感流徙多年,好不容易才过平静的日子,但出于爱国激情,在谢冰莹的感召下,于 1938 年 3 月毅然辞去了国立中正医学院①的教职,转往长沙抗战日报社任记者。谢冰莹利用行军和战斗的间隙,以敏锐的感触,火般的热情写下了《新从军日记》,黄震在《序》中热情赞扬她的爱国精神。1940 年春,谢冰莹从妇女战地服务团复员后,入重庆《新民晚报》编副刊,黄震在国立编译馆工作。后中国文化出版社来函邀谢冰莹前往西安编辑《黄河》文艺月刊,她决计应聘,因此与黄震发生了争执。误会久久不能释怀,谢冰莹一气之下只身西行。黄震则因母亲病危,回老家办理后事。由于战争的残酷,交通运输破坏,邮信中断,失去了联系,他们七年的爱情生活画上了句号!

作为一个经历奇特的女性,一个在文坛上有影响的"女兵"作家,谢冰莹的三次婚姻受挫,引起了不少人的非议。许多人不能理解她,甚至有人骂她"作风不好""浪漫""轻率"。父母、亲人也常为她揪心。他人的非议,亲友的担心,更加重了她的痛苦。她说:"多少人在青年时代,过着多彩多姿的生活,他们有甜蜜的恋爱,有幸福的天伦之乐,穿着鲜艳华丽的服装,和朋友或者情人去踏青,去享月,去游山玩水;而我呢? 我没有享受过甜蜜的爱情,只有痛苦,只有贫穷。"②

在巨大的压力面前,谢冰莹完全丧失了以前反抗的锐气了,只好随遇而安。到西安不久,她结识了贾伊箴,并很快走进了婚姻的殿堂。在婚礼上,他俩当场咬破手指,用鲜血写出自己的名字和生日,发誓终生相守,白头偕老。婚后,仍有人攻击她,甚至她的好友也责备她。谢冰莹的同乡、又同她在抗战时一同上前线采访过的老记者严怪愚先生曾狠狠地"刺"过她一次。有一次,她向严写了一信,信末写了一句"我的贾向你问候"。严把句子中的"贾"字剪下来,贴在回信上,然后加上一句"我不认识这个字",表示对她婚姻的不满。谢冰莹收到信后,懂得这是对她的批评,马上又写一封措辞十分恳切的信,表示愿意接受批评,一定珍惜感情,相依为命,白头到老。好友杨纤如曾分析道:"大约冰莹有名气,又是个女性吧,人们总爱在她身上制造点奇异的新闻。说她嫁给一个'洋和

---

① 国立中正医学院成立于抗日战争初期的 1937 年 9 月,是旧中国江西省唯一的本科医学院。学院历经抗战迁移、合并、更名等,现第三军医大学的主要前身之一。

② 谢冰莹:《我的回忆》,三民书局 1983 年,第 65 页。

尚'，又说她嫁给一个特务，以此中伤。"①

(二)男性中心主义是主因

谢冰莹与贾伊箴彼此照顾，安度晚年，但并不能说他们的婚姻生活是幸福的。谢冰莹的儿媳之父杜重石这样回忆："他俩去社交场所的时候，别人总是介绍说这是著名作家谢冰莹女士，这是谢女士的先生贾伊箴教授。这与通常先介绍这是某先生，这是某先生的夫人的习惯相反。贾教授是山东人，未脱山东男权习俗，别人把他放在冰莹之后介绍，总觉得有失大丈夫的尊严。为此，他还常常借故不与妻子一起在社交场所露面呢。"②贾先生不准人称谢冰莹为"谢教授"，只准人称她"贾太太"，不准人称谢冰莹所住的地方为"谢冰莹宿舍"，只准人称"贾教授公馆"。偶然有学生仰慕谢冰莹的名气，提着礼物去看"谢老师"，而不是去看"师母"，贾便当面把礼物统统丢出去，有时甚至对谢拳足交加。

1991年8月，澳大利亚学者孟华玲在旧金山访问时，年迈的谢冰莹谈了自己在爱情方面的体会："跟某一个男孩子讲恋爱了，都知道了。这个男孩子非要我跟他两个人什么发生关系不可，可是等到我跟他发生关系以后，我知道他好多好多这个自私啊，好多的缺点啊，都发现了。""跟他讲恋爱的时候只看到他的好处，他对我也把他的优点发挥出来，但同居以后，矣，他的缺点都出来了。这个糟糕了，这使我大失所望。""所以后来很多很有名的人都骂我说谢冰莹是浪漫主义，吹了第一个、第二个，第三个都吹了，真是浪漫得不得了……现在老了，不恋爱了，年轻的时候太调皮呀，太不像话啊。"③

对走过的婚姻道路，连她自己都感觉"太调皮""太不像话"，说明晚年的谢冰莹已经走上了一条"认命"的道路。在一个男性中心主义没有彻底消除的时代，一个要求独立、平等、自由的女性，其爱情婚姻只能是悲剧性的，谢冰莹也不例外。

她所遇到的几个男人对谢冰莹所做的，并不在于他们品质低下，而在于男权社会中男性的集体无意识，即对女性的轻视无视甚至蔑视，他们有意无意地都流露出男性中心主义的思想。其实，不是那几个男人有这样的想法，而是整个男性社会都要求女人必须"从一而终"，只能嫁一个男人，否则便认为作风不

---

① 杨纤如：《我说谢冰莹》，1982年2月4日《团结报》。
② 杜重石：《记谢冰莹》，《谢冰莹文集(上)》，第5页。
③ 孟华玲：《谢冰莹访问记》，《新文学史料》1995年第4期。

好,便会遭人非议;一个结过婚的女子便不值钱了。因此,谢冰莹的爱情悲剧并不是一个或几个品质不好的男人所造成的,而是整个男权中心社会造成的。在这样的社会里,一个女子很难或者说根本不可能获得真正的爱情幸福。爱情悲剧,是每一个想在男权中心社会中获得独立人格和人身自由的女子必然的结局与归宿,不论她遇到什么样的男人,都不会也不可能有更好的命运,所不同的只是悲剧的程度有所差异而已。

从女性自我意识发展的角度看,谢冰莹比其他女性更进一步的地方在于:当别的女性还在为争取恋爱自由、婚姻自主努力奋斗的时候,她已经触及更深一层的问题,即女性自我价值在更高层面上的实现。谢冰莹不仅仅满足于拥有爱情,而且渴望事业的成功,达到事业与爱情的统一。她曾这样设想:"现代婚姻,是与改造社会有直接关系的;两个人结合了,并不是只求自我的享乐,主要的在两人同为国家服务,为社会工作;因此他们不但是夫妇,同时也应该是挚爱的朋友,忠实的伴侣。"①她也是这样做的。然而,在那个时代,爱情和事业是不可能兼得的,因为历史还不能够为女性的这种双向发展提供足够的条件。

鲁迅在创作《伤逝》之前,曾做过一个题为《娜拉走后怎样》的著名演讲,为娜拉指出了两条路。"从事理上推想起来,娜拉或者也实在只有两条路:不是堕落,就是回来。"鲁迅在《伤逝》里塑造的子君形象就是"回来型"的。子君在喊出了"我是我自己的,他们谁都也没有干涉我的权力",勇敢地和自己所爱的人结合后,最终又无奈地回到了封建家庭,在"严威和冷眼的包围"之中忧郁地死去。谢冰莹想在鲁迅所说的或"堕落"或"回来"以外,探索出第三条路。

她努力保持女性的独立、自主,同时使爱情与事业结合起来,使爱情得以不断更新,但是最后还是"回来"了,不是像子君一样回到父母的身边,而是回到封建式的专制家庭中。

当然,也有谢冰莹自身的原因。她是在五四精神的鼓舞下,在男性先驱者的引导下向封建礼教、父权制发起冲击的;她的潜意识里还未完全摆脱对于男性的依附。在爱情上,她可以反抗父母,却不能不依赖丈夫,可以一次甚至多次离婚,却无法与整个男权社会抗衡。例如,与顾凤城结合,她便十分矛盾。她说:"说实话,我很讨厌纫,恨不得立刻离开他,永远不见他的面;可是第二天,当他站在我的面前,微笑着和我谈话时,我又没有勇气躲避他了。无用,无用,女

---

①　谢冰莹:《被母亲关起来了》,《谢冰莹文集(上)》,第96页。

人到底是个无用的人呵！她一辈子也逃不出爱的罗网。"①这充分反映出谢冰莹骨子里的依赖性。

中国女性几千年的屈从、依附地位使女性解放一开始就不可能是一种自发的以性别意识觉醒为前提的运动，这一客观事实决定了中国妇女解放不可能依靠女性自身的力量来完成，而必须借助外力，与男性结成同盟，并以社会解放为妇女解放的前提，这样就不可避免地暴露出女性自身的先天不足：潜意识里还未能摆脱对于男性的依附。女人必须找一个男人，如果没有男人，就将没有依靠，这种思维模式深深地打在谢冰莹的心中，使她几经折腾后仍不得不草草结婚。

谢冰莹的性格深受湖湘文化的影响。田中阳先生认为，湖湘文化对 20 世纪湖南作家人生行为走向产生了深刻影响，这种影响表现在：20 世纪湖南作家们几乎都把政治置于他们人生价值的首要位置；他们在追求政治价值体现的同时，却忽略了现代人格的建构。② 这个观点无疑是正确的。从被称为"新化三才子"的陈天华、成仿吾、谢冰莹身上，便能充分地说明了这一点。陈天华有《猛回头》《警世钟》《狮子吼》传世，但他的文学事业只是其革命实务的一部分。他曾参与组织同盟会，最后为反抗日本政府颁布的《清国留日学生取缔规则》而蹈海自杀，这一壮举集中地体现了陈天华的生命价值的取向。成仿吾在"文学革命"的潮流中登上文学舞台，后向"革命文学"转变，参加长征，跻身于政治革命的行列。谢冰莹则更典型地说明了这一点。她的前半生的经历充满着传奇：参加北伐，组建"北方左联"，第一次在日本留学被遣送回国，第二次日本留学入狱，参加抗日战争，但这些都是与政治发生着某些关联。有人曾说，她的成名作《从军日记》的成功，不是因文学的价值，而是因政治机缘，是有一定道理的。

湖湘文化对现代湖南作家的影响是双面的，使他们"在追求着政治价值体现的同时，却忽略了现代人格的建构，他们在波翻云涌的政治斗争中沉浮起伏，却消弭了自己的独立个性，他们基本上保持着传统人格的面貌"。③ 谢冰莹在走上文学道路之初，非常强调个性解放和人格独立，但湖湘文化的基因是早就植下的，现代思想的接受是后来的，现代思想要占主导地位，必须有一个长期而

① 谢冰莹：《黑宫之夜》，《谢冰莹文集（上）》，第 226 页。
② 田中阳：《湖湘文化对 20 世纪湖南作家人生行为走向的规约》，《湖南师范大学社会科学学报》2000 年第 4 期。
③ 田中阳：《湖湘文化对 20 世纪湖南作家人生行为走向的规约》。

艰苦的过程,并且必须有与之相适应的外部条件,而五四以后中国社会民族救亡和政治革命是主题,所以现代人格的建立很难很难。从谢冰莹的婚姻追求可以看出,她所走的是一条从倡扬个性到个性逐渐消弭的道路。不仅婚姻追求是这样,她的人生追求也是如此。其实,凡是受到湖湘文化深刻影响的湖南作家大都如此。丁玲、田汉、周扬、周立波的经历大都是这样。

今天,谢冰莹已离开了人世。重新审视谢冰莹爱情悲剧的原因,就会惊异甚至痛心地看到:尽管中国社会已经有了巨大的进步,但男权中心主义的思想根基还没有彻底清除,对女性轻视、歧视、伤害、摧残的事情还时有发生,而女性自己也没有真正意义上的觉醒,所以以女性受害者居多的爱情婚姻悲剧随处可见。因此,中国妇女解放的道路仍然是曲折而又漫长,谢冰莹爱情悲剧带给我们的启迪和警示,在今天仍具有深刻的现实意义。

(三)梅山文化的影响

电视剧《春天后母心》里,有这样一个细节:刘雪华扮演的女主人公沈琇娥改嫁,在经过村子里的贞节牌坊的时候,不由得浑身发抖,她认为自己没脸从下面走过去而选择了从旁绕道。

从这个细节我们可以想见封建传统对女性的戕害之深。这种传统以它的残忍冷酷著称,不仅仅束缚女性的肉体,也深深地捆绑了她们的灵魂。"父系社会的严明秩序并不那么中性,在它那慈祥、平和、有几分聪慧和勤奋的面孔背后,另有青面獠牙、残暴狰狞的一面,这便是仅仅朝向女性的那张脸孔。"①

面对这样一张青面獠牙、凶狠狰狞的面孔,谢冰莹反抗"父母之命,媒妁之言"所经历的苦楚是可想而知的,而她坚定的反抗精神也在这些苦楚里熠熠生辉。

作为一位土生土长的农村女子,从出生到性格,从求学到婚姻都是如此得叛逆,观念如此超前,既是先天遗传基因所致,也是后天环境影响的结果。一言以蔽之,是梅山文化的根基性熏陶之必然结果。

梅山文化的精神内核有两个突出点,一是开放,这跟梅山地区独特的地理文化有关。梅山地区在宋元明清时期经历过一个大量外来移民涌入的过程,各种外地文化交相融合,构成了该地区文化的杂糅多元性。

梅山文化"受到中原文化、荆楚文化和巴蜀文化的熏陶,也是多种文化交相

---

① 孟锐、戴锦华:《浮出历史地表:现代妇女文学研究》,第2页。

发展地区"。① 这就注定了梅山文化兼容并包的特点。可以这么说,梅山文化是一种植根于湖南中部向全国辐射的古老而独特的文化形态,是一种有着"动"的目的意向性的开放型文化。

它在几千年的流动嬗变中丢弃与吸纳、融和与调整,不断地接纳来自社会生活和异质文化的新信息,同时遗弃抛弃过时的旧信息,并在这一前提下对整个文化机体进行调整。在这样的吐故纳新中,它能融和异质文化信息,在动态调整中做到与时俱进。

梅山文化精髓内核的另一个点则是坚忍。梅山地区山多林密,生活环境极其险恶。先民们由于长期与艰苦恶劣的生存环境斗争的原因,自然而然地形成一种特别能吃苦、顽强坚韧、不达目的绝不罢休的"蛮子"精神和勇于反抗的品格。在这样的精神熏陶下长大的人,无疑会受到这种精神的感染。所以,以梅山文化为中心的湘中地区向来就是女杰之乡,涌现了唐群英、②秋瑾、向警予、蔡畅③等一批优秀的女性,从这个角度看来,完全是一种必然的现象。正是梅山文化的熏陶让她们成长为中华民族最优秀女性的代表。

谢冰莹的祖父母、父母亲都是梅山文化圈中心的居民,她的血管中本就流淌着梅山文化的遗传因子,她会受到这种文化的感染毫不例外。

正是这样的文化因素的影响,让她敢于坚持不懈地反抗不公平的传统,能够接受外界男女平等的新思想的影响,而不执拗于成见,有突破的勇气。

因此,正是梅山文化的根基性滋润,才使谢冰莹勇于反抗传统偏见,为自己争取到了受教育的机会,争取到了情感自由的机会,因而得以开阔眼界,接受新思想的影响,最终离开故土,并逐渐长成参天大树。

马斯洛把个体的自我需要分为五个层次,其中的自我实现是这一理论的最高层次,也即人生的最高境界。谢冰莹反对封建包办婚姻,逃婚离家出走,接着又南下北上,两度赴东瀛求学,因创作等身进入现代名作家行列,进而又成为大学教授,达到了人生的巅峰,实现了生命的辉煌。

---

① 袁愈雄:《梅山文化的内涵浅说》,《天府新论》2005年第6期。

② 唐群英(1871—1937),湖南衡阳人,是中华民国的缔造者之一,妇女运动领袖、民主革命家、教育家、中国同盟会第一个女会员。首倡女权,为中国妇女解放运动做出了卓越贡献。投身辛亥革命,为推翻帝制、建立民国立下奇功,被誉为"创立民国的巾帼英雄"。

③ 蔡畅(1900—1990),湖南湘乡人,晚清名臣曾国藩之后,中国共产党早期领导人之一,中国妇女运动的领袖和国际进步妇女运动的著名活动家,红军长征年龄最大的女红军。

那她的这种人生辉煌是如何实现的呢?梅山文化依旧起着根基性熏陶滋润的作用。

我们知道,人是文化的载体和传承者,因此,梅山文化的现代形态和核心精神就体现在生长于该文化圈的现代人身上。梅山文化精神的一大内核就是坚忍,梅山人特别能吃苦,甚至不怕牺牲,自强不息,积极进取,不达目的绝不罢休。

纵观谢冰莹的一生,我们可以发现,这种拼死拼活、不达目的决不罢休、死都不怕的"蛮子精神"在其身上表现得尤为突出。而这种精神品格恰恰是创造型人才成长的核心元素。

从创造心理学的角度考察,坚忍顽强的意志是个体成才的重要保障,[1]因为一切创造活动都是意志活动。在艺术和科学的一切创造活动中无不存在着巨大的障碍、困难乃至艰险牺牲,这就需要创造者用顽强的意志和勇气去排除。也就是说一切创造成果都与百折不回的顽强意志紧密相关。

谢冰莹勇于冲破家庭阻挠,进入黄埔军校学习需要这种精神支持;她投笔从戎参加北伐,和男人一样奔赴前线,在随时都可能牺牲的险恶环境中,利用行军休息的时间,咬牙强忍劳累的折磨用膝头作"写字台",奋笔抒写行军日记更需要这种精神的支持。

也就是说,敢于用生命来进行写作,正是由潜涵在她身上的坚忍的梅山文化精神品格所决定的。

开放是梅山文化的另一个核心元素,这种精神元素在谢冰莹、成仿吾、沈从文等以梅山文化为根基的现代名士身上都得到了充分的体现。

作为开放型的梅山文化,其机体的深层结构具有"动"的目的意向性,呈现着立体全开放的态势。谢冰莹深受梅山文化影响,开放性是其思想的一大特点。正是这种开放的心态,使她在北上南下两次赴日求学中,在各种异质文化中能吸取新信息、新学说、各种新的理论主张,从而让自己的视野更加开阔,思想更加丰厚,并在此基础上进一步激活了潜在的创造力,创作了《一个女兵的自传》《从军日记》及其他许多作品,从而在 20 世纪中国文学史,尤其是女性文学史上,留下了浓墨重彩的一笔。相信随着时间的推移,她和她的作品都将越发显示出更为深远的历史价值和光辉。

---

[1] 吕汉东:《思维创造学》,中国文联出版社 1999 年,第 110 – 112 页。

　　1956 年,谢冰莹竟然来了一个人生的大转弯,她选择了皈依佛门,取法名为"慈莹",在家里设立了佛堂,供奉着观世音菩萨。

　　回顾自己的人生之旅,她对四次逃婚、离家出走、参加北伐等行为深表"悔恨",认为自己"是个罪孽深重的人,是个不孝子"。① 对不起父母,并请双亲的在天之灵宽恕她的"罪行"。自此,她每天烧香念佛,似乎无人无我,无智无碍。她还撰写了佛经故事,先后出版了《仁慈的鹿王》《善光公主》等作品。

　　为什么谢冰莹的人生之旅前后变化巨大,判若两人? 其原因还得到梅山文化对她的根基性影响中去探寻。"近巫近道",有"桃花源情结",这是梅山文化的另一大特点。

　　因为梅山文化在自身的流变发展中,在与外来中原文化的碰撞融合过程中,吸纳了儒道释合一的中国传统文化的因子,既保持了自身的个性,又与儒家的入世与道释的出世精神相结合,成为一种非常独特的文化形态。"湘中地区的民间信仰往往将梅山教、佛教、道教、儒教及各种自然崇拜和人神崇拜杂糅在一起。"②因此,梅山文化圈内成长的个体,在仕途春风得意时则儒家的入世精神占上风,拼搏向前,努力居庙堂之高;而当仕途失意时,则道释出世隐退精神占主导,处江湖之远,追求桃花源情境,力图找到终生归宿。

　　追溯中国传统文化圈熏陶下仕人们的生命之旅,诸如陶渊明、王维乃至近人李叔同等人,早年飞黄腾达,晚年入佛入道并追求桃花源境界的人生终极归宿,皆可作如是观。

　　谢冰莹生长在梅山文化的中心地带,梅山文化的"近巫近道"元素和"桃花源情结",作为一种遗传基因在她的血管中流淌,并且成了她心灵潜意识的重要组成部分,时刻影响着她。

　　晚年的谢冰莹独在异乡,远离故土,海外漂泊,又年老多病。断根的恐惧,思乡的忧愁强烈地折磨着她,于是潜意识中的"近巫近道"因子和"桃花源情结"凸显,出世退隐占领了思想的主导。于是,从佛学中寻求精神寄托,皈依佛门,烧香念佛供奉菩萨,遁入空门,这是必然的结果。

　　谢冰莹的传奇一生,从突破世俗、铸就辉煌人生到最终选择皈依佛门,梅山

---

① 谢冰莹:《还乡梦》,《谢冰莹文集(中)》,第 159 页。
② 范大平:《梅山文化与湖湘文化对曾国藩及湘军的影响》,《湖南人文科技学院学报》2012年第 6 期。

文化的影响始终贯穿其中。人的一生，其实就是文化底蕴彰显的过程；而人类的一生，自然就是文化沉淀的伟大历程。"'人的科学'不单是科学本身，还表达着我们对人及其文化的看法，因而人的研究务必特别关注通过人的语言、行为和造物表达出来的文化。"①就是说，通过研究人的语言、行为及其身上所体现出来的文化，有利于我们认识人自身。

可惜的是，虽然她人在天涯，心系故国，对祖国、对家乡、对亲友，始终怀着浓烈的思念之情，却终老于海外，再也没有返回祖国大陆。这，是她人生的遗憾，也是她不幸婚姻的必然结果。

谢冰莹是一个性格豪爽、看重感情的人。还在台湾的时候，她就曾做过一出《还乡梦》："我永远忘不了在北海溜冰的快乐，也忘不了中山公园开得那么鲜艳的牡丹花，那里还有许多金鱼缸，每只缸里养着全世界各种各类、不同形状、不同颜色的金鱼，真是可爱极了！"又说："来到台湾将近20年了，没有看过雪，使我感到异常遗憾！这几天天气特别冷，我觉得很高兴，因为越冷，越使我想念故乡，想念故乡的亲友！可爱的故乡呀，我永远记着你四季如画的风光！"②

1980年初冬，香港中国文化馆馆长、老作家魏中天去美国旧金山探亲时，专程去谢冰莹所住的老年公寓圣母大厦探望了她。他们早年在黄埔军校、上海艺术大学和日本早稻田大学研究院曾三度同窗，结下深厚的友谊。阔别几十年的故友，一旦重逢于异国他乡，谢冰莹不禁欣喜万分，自然又勾起了她对故乡和亲友的强烈思念。她急切地向魏中天打听白薇、陆晶清、赵清阁等老朋友的情况和地址，又很快地写了信去跟她们联络。后来，她又写信向魏中天报告她们老友的联系情况，让魏分享她的快乐。

正是在这段时间，谢冰莹萌动了回国之念。她让侄儿给北京的老友杨纤如写信，询问可否帮助她回国。杨纤如也是她早年在上海艺术大学文学系的同学，听说她有意回来，非常高兴，当即访问中国文联副主席阳翰笙，请示办法。"翰老当即表示同意她回国，并立即行文中共中央统战部，很快批了下来。内容是：一、同意谢冰莹回国；二、打算在何地定居，需要安排什么工作；三、同回国的有几人，需要安排什么工作；四、其他要求。"③杨纤如接到该批件之后，立即复

---

① 王铭铭：《人类学是什么》，北京大学出版社2002年，第9页。
② 谢冰莹：《还乡梦》，《谢冰莹文集（中）》，第167页。
③ 杨纤如：《我说谢冰莹》，北京《团结报》1987年2月14日。

印挂号寄给远在旧金山的谢冰莹。但是,当朋友们都翘首以待与谢冰莹握手重逢的欢欣时,她却避而不谈此事了。

是她忽然改变了主意吗? 不是。乡思、乡愁始终萦绕在她的心头,无一日稍有消释,就在与杨纤如联系时,她跟其他朋友也在讨论返乡的事。但没过多久,她的态度就有了变化,表示要以后再说了。1981 年秋为纪念辛亥革命 70 周年,广东省委统战部通过魏中天邀请她回国与会并观光,说明来回路费及住宿都由广东省负责,她以眼睛看不见、腿行走不便而予以婉谢。再后来,她又多次表示自己心情不好,不愿意写信,继而又要求国内朋友的信都寄给她的友人代转。

这一切皆因为,在是否回国问题上,她与贾伊箴意见不一。尽管结缡数十载,旅居海外以来更是朝夕相伴、相濡以沫,彼此有着深深的感情,但两人在性格、志趣乃至某些思想观点上,却是大相径庭的。特别是对于祖国大陆,贾先生的态度非常抵触,他不允许谢冰莹与大陆的友人通信,有时见到来自大陆的信函,便要抢了去撕个粉碎。杨纤如寄给她的那个中共中央统战部关于同意她回国的批件,很可能就是被贾看到而撕毁的。这使谢冰莹处于非常矛盾的境地,她一方面挚爱着故乡和亲友,一方面又不愿家庭破裂,所以不得不避开贾的视线来与大陆的朋友保持通信联系,以慰难以排解的乡思,至于回国之事,却不能不暂时放弃了。

谢冰莹是个十分要强而又善解人意的人。她不愿意暴露自己家庭的矛盾,又不想让国内的亲友们过于失望,便在信中这样写道:"请二嫂勿提我们回来的话,因为伊和我都很难过,也许等我们的病好了,中国统一了,我们就可见面了,现在我们要好好保重。"[1]这是以健康原因来掩饰她与丈夫的分歧,同时也透露了她将回国的希望寄托于中国统一的心态。

1986 年 8 月 5 日,她又给曾女士去信,说:"现在报上的消息,常有使我们高兴的,海峡两岸也许不久会和平统一了,那时才高兴呢,我们真的快见面了,快团圆了!"[2]

1988 年 7 月,丈夫贾伊箴因心脏病突发而去世。谢冰莹在悲痛之余,给在

---

[1]　见谢冰莹 1984 年 3 月 12 日致曾宪玲函,转引自钦鸿:《谢冰莹何以没有返回祖国大陆》,《黄埔》2004 年第 5 期。

[2]　见谢冰莹 1986 年 8 月 5 日致曾宪玲函,转引自《谢冰莹何以没有返回祖国大陆》。

祖国大陆的友人们发出解除警报的信息,告诉大家以后写信"可直接寄我了"。① 不过丈夫的死对她感情上的打击甚巨,使本来早已皈依佛祖的她更加沉溺不拔,"心中还是苦恼,没有一刻是快乐",其他一切都没有心情了。而她的身体也每况愈下,她常常为牙痛、眼痛、记忆力突然减低到几乎没有的地步而叹息。没有多久,她便患上了老年痴呆症,返回祖国的事也终于成了泡影。

二、"大文学"创作

《从军日记》何以在当时引起那么大的反响? 原因在于其中存在着三个足以引发人们关切的元素:

一是战争。对于人类的日常生活而言,战争自然就是"非常态"的,而"非常态"的存在总能吸引人们的关注。在西方,战地记者完成了这一类生存景观的书写,中国媒体的战地记者却相当缺乏,虽然今天的报刊史常常提及《申报》记者对日军侵台、中法战争的报道,提及武汉《大汉报》对辛亥革命的报道,但从总体上看,直到抗战全面爆发之前,中国的战地报道都是十分不足的。

作为中国现代战争的开始,在北伐这样的战争中,战地报道自然也不发达,关于战争的故事只好交给像谢冰莹这样的一个已入伍的文学习作者了。一手将谢冰莹推上文坛的《中央副刊》编辑孙伏园是现代报刊史上难得的策划大家,早在北平主编《京报》副刊之时,孙伏园就策划过著名的"青年必读书"和"青年爱读书"征文活动,通过紧紧抓住时代脉动,制造热点话题,扩大了副刊的影响,完善了编者和读者之间的互动,为《京报》一举成为《晨报》强劲的竞争对手立下汗马功劳。

担任武汉《中央副刊》编辑伊始,孙伏园又以丰富的媒体经验提出自己的主张:"就是对于眼前(包括时间的与地域的)发生的事情,用学术的眼光,有趣味的文笔,记载与批评。"②北伐是 1920 年代中后期人民生活中的大事,孙伏园敏锐地将这一话题及时捕捉到了自己的副刊中,除了谢冰莹的"日记",《中央副刊》还发表过田倬之《随军杂记》系列(1927 年 5 月 10 日、16 日、17 日、28 日)、徐正明的《熏风吹渡信阳州》(1927 年 5 月 28 日、30 日、31 日)、符号的《我所记得的》(1927 年 6 月 10 日)、黄克鼎《沙场日记的一页》(1927 年 6 月 25 日)等,

---

① 见谢冰莹 1988 年 10 月 6 日致魏中天函,转引自《谢冰莹何以没有返回祖国大陆》。
② 孙伏园:《中央副刊的使命》,《中央副刊》1927 年 3 月 22 日。

记载北伐和西征的情况。当然，这些记载都不如谢冰莹的"日记"丰富而有吸引力。

二是女性。柔弱的女子如何与酷烈的战争发生联系，这本身就是一个极富刺激性的话题，极大地煽动了人们的兴趣。对此，作者本人也十分明了："因为是中国自从有历史以来，第一次有女兵，所以我们的生活，特别感觉新鲜、有趣。"①编者孙伏园更是刻意渲染："这是中央军事政治学校女生队留下的一点痕迹，所以有保存的必要。"②读过日记，曾经担任国民政府主席的谭延闿也在向副刊编者询问到冰莹的真实性别。当时，"我们的冰莹"几乎成为当时青年心仪女性的代名词。③

《从军日记》不仅让人们为战争中的女子担忧，一如林语堂在序言中那样满怀深情和满怀怜惜的想象，而且作者笔之所至，还涉及变革时代女性生活的若干领域，比如妇女协会的活动与遭遇，乡村传统习俗的变革，以及一个时代新女性面对战争、死亡、性别歧视的种种昂奋与焦虑。

三是革命。作为"国民革命"的北伐参加者，谢冰莹一开始就将自己置身于浓郁"革命"氛围之中。她的《从军日记》开篇即是"革命"的豪情：我真高兴，无论跑到什么地方，看见的都是为主义为民众战斗的革命军，都是含笑欢迎我们的老百姓。汇入革命队伍，书写革命的激情可以说是《从军日记》的创作动力："我只有一个希望，那就是把我所见所闻的事实，忠实地写出来，寄给伏园先生让他知道，前方的士气，和民众的革命热情，是怎样得如火如荼。"④这样的激情既符合北伐时代广大读者的需求，契合了"革命大本营"武汉的语境，更属于孙伏园和《中央副刊》苦心探求的"革命文学"实践的有机组成部分。

总之，谢冰莹与民国历史的"合力"，让她的著作成为"革命文学"别具一格的样本。出版者及时地捕捉了其中的"革命"意义并加以凸显。《从军日记》初版前有"编印者的话"："革命文学的理论，曾经有时鼓乐喧闹，有时零零落落传到我们耳边来；革命文学催召的符咒，我们也常时听到。然而革命文学到底是怎般的风味，却始终叫人感到隔着一层障翁似的，不能体会得分明。文学如果

---

① 谢冰莹：《关于〈从军日记〉》，范桥等编：《谢冰莹散文（下集）》，中国广播电视出版社1993年，第7页。

② 谢冰莹：《〈女兵十年〉再版序》，《女兵十年》，北新书局1935年。

③ 玄珠：《云少爷与草帽》，《中央副刊》1927年7月29日。

④ 谢冰莹：《关于〈从军日记〉》，《谢冰莹散文（下集）》，第8页。

是以情感为神髓的,而革命文学又是革命者情感的宣露,那这一部《从军日记》的内涵庶几当的住革命文学的称号。"①

该书的插页广告也这样渲染:"这是革命怒潮澎湃的时候激荡出来的几朵灿烂的浪花,是一个革命疆场上的女兵在戎马仓皇中关不住的儿声欢畅。这是真纯的革命热情的结晶。如果'革命文学'这个名词可以成立,我们认为这就是最可贵的革命文学的作品。"那个时代的读者和评论者也都是从"革命"的角度辨析"日记"的价值。林语堂说:"这大概是在革命战争时期,'硬冲前去'的同志对于这种战地的写实文字,特别注意而欢迎。"衣萍认为,作为出色的革命文学文本《从军日记》可以永远流传下去的。② 李白英甚至将它视作"二十世纪的中国革命文献"的"压卷"之作。③

所谓"革命文学"在既往的文学史研究中大体包括三个方面的内容:一是1920 年代中后期的革命文学理论倡导;二是 1920 年代后期的普罗文学创作;三是 1930 年代的左翼文学。

第一方面的研究侧重于发掘外来理论(日本、苏俄)之于中国革命文学理论的资源价值,第二方面的文学实践往往充满罗曼蒂克的想象,如革命加恋爱的小说,进入 1930 年代以后的左翼文学其实是现实"革命"挫折之后的精神反叛的形式,它更多地体现出来对阶级斗争概念的运用。

与这三方面的"革命文学"比较,倒是谢冰莹《从军日记》所述的国民革命可能为我们提供记录"革命"更为明显的现实内容,而武汉《中央副刊》所展开的关于"革命文学"的种种讨论也成为这一重大文学思潮的独特的构成,虽然今天的人们常常有意无意地回避或淡化这一阶段的"革命文学"主张及创作。④

关于《从军日记》之于"革命文学"的独特意义,林语堂有过一段重要的论述:"我想革命文学只有两种意义。一是不要头颅与一切在朝在野的黑暗,顽固,腐败,无耻,虚伪,卑鄙反抗的文学,一是实地穿丘八⑤之服,着丘八之鞋,食丘八之粮,手掌炸弹,向反革命残垒抛掷,夜间于猪尿牛粪的空气中,睡不成寐,

---

① 《编印者的话》,《从军日记》,上海春潮书局 1929 年第 2 页。

② 衣萍:《论冰莹和她的〈从军日记〉》,《春潮》1929 年第 1 卷第 7 期。

③ 李白英:《借着春潮给〈从军日记〉著者》,《春潮》1929 年第 1 卷第 7 期。

④ 关于武汉国民革命时期对"革命文学"的讨论以及后来学术史的淡化情况,可以参见张武军:《国民革命与革命交学、左翼交学的历史检视》,《中国现代文学研究丛刊》,2015 年第5 期。

⑤ 丘八这两个字合在一起就是一个"兵"字,是指当兵的人,是旧社会对兵痞的贬称。

爬起来写述征途的感想。不要头颅的文学既非妙龄女子所应尝试,而保守头颅的'革命文学'也未免无聊。至于实地描写革命生活的文字,唯有再叫冰莹去着上武装去过革命健儿生活。"①

　　林语堂所描述的第一种"不要头颅"的反抗的文学侧重一种决绝的"革命"气质,它可能具有惊心动魄的力量和可歌可泣的精神,但也可能与现实的人生若即若离,结合中国现代革命文学的实践,从充满个人想象的革命加恋爱模式到对苏俄无产阶级文学观念的硬性移植,我们其实不难见到这一类"气质大过本质"的文学创作,连革命文学队伍内部也在呼吁警惕"小布尔乔亚"式的脱离实际的情调。而如谢冰莹一般真正融入革命斗争,努力写出这一过程的真切体验虽然可能流于简陋,但却自有可贵的质朴与真诚。

　　总之,战争、女性与革命,这原本都属于现实的人生而非作为语言艺术的"文学",对于执着于语言艺术建构的"纯文学"的梦想来说,它们实在是"不成文学"的。然而,对于刚刚脱离传统"帝国",步入现代"民国"的中国人来说,它们恰恰属于现实人生最重要的关注对象——现代中国反复卷入内外战争的梦魇,女性社会角色的改变同时也深刻地改变了我们的生活,革命则影响甚至决定了一个多世纪以来的普通人的命运。可以说,它们已经深深地渗透进了我们的人生乃至生命,内化成为我们日常喜怒哀乐的一部分,生发成为我们感知世界、读解人情、辨认未来的基础。

　　较之于欧美文学,这里出现了一个重要的差异:从中世纪后期的人性释放到文艺复兴的宗教与生活世俗化,再到启蒙运动的理性确立、法国大革命之后的制度完善,但凡属于国家、民族、社会生态的重大问题都已经逐步解决或纳入到了制度化解决的轨道,文学的"现代关怀"在相当大的程度上可以自由自在地回到"文学本身"——当"文学周边"的因素可以不再成为国家公民普遍的必然的关心对象,我们的兴味完全有理由专注在语言艺术形态之中,文学有理由"自我"起来,"纯粹"起来;中国的"现代"则完全不同,在很大的程度上,"帝国"传统挥之不去,"民国"尚属梦想,大量的安身立命的事业都在"文学外",包括战争、女性与革命,它们首先就不是一个"文学"的问题,单纯的语言艺术的探寻常常都不能不是我们日常人生的奢侈品。

　　当然,现代中国的作家与欧美作家一样都立足于一个被称作"现代"的历史

---

① 　林语堂:《冰莹从军日记·序》,《从军日记》,第12页。

进程中，并且在一系列的文学观念上，前者也无从拒绝来自后者的影响。所以，我们看到的现实就是，现代中国作家一方面承受了现代欧美文学的"文学"概念——对于纯文学的向往，但另一方面却也一再表述着对"文学之外"的人生主题的强烈兴趣，现代中国文学归根结底都属于"为人生"的文学。

这种以文学艺术的方式传达人生遭遇与现实社会问题的追求也不能被视作是对文学的背叛，因为它们本身依然具有文学的基本特点——对人类情感和情绪提取和淬炼，对语言表述形态的种种摸索，只不过后者不再是至高无上的艺术目的。

其实，在西方文学的古典时代和中国文学的古典时代，原本就有过如此"不纯"的文学理念，中西文学的传统差不多都有过对"杂文学"或曰"大文学"的历史追求。

需要注意的是，在现代中国影响深远的"纯文学"运动史的另外一面，其实都暗含着同样深厚的"大文学"的底蕴，对"大文学"的需要就是人们对人生现实的根本关怀，就是对文学承载生存问题的执着的诉求，即便充满"纯文学"理想的作家也实在无法拒绝这样的基本诉求。

可以说，"大文学"写作方式是民国时代的显著特征，甚至在相当长的时间内也是人民共和国时代文学的基本特征。尤其"日记"，按照中国传统的"日记"观念，本身就属于后来输入的文学诸文体概念所不能容纳的"杂文学——大文学"的文体范畴。朱光潜先生就认为，"日记"在中国脱胎于古老的编年体史书。①

也就是说，它的首要功能就是记载社会与人生"事态"的，直、真、诚原本属于中国史家的追求，所谓不虚美、不隐恶、秉笔直书的《史记》传统，而这恰恰就是谢冰莹的自我写作期许："'文如其人'这句话，我想大概是对的，我为人处世只有三个字：'直''真''诚'，写文章，也是如此。"②

谢冰莹的《从军日记》就是这样，虽然新的文学知识让作家自认为"不成文学"，也一度对发表与出版的信心不足，最终还有苛刻的自我批判，但是将战争、女性与革命纳入视野的表达却那么深刻地激动过她，"我不是为了批评而写这

---

① 朱光潜：《日记——小品文略谈之一》，《朱光潜全集·9》，安徽教育出版社1993年，第358页。
② 谢冰莹：《平凡的半生》，《谢冰莹文集（中）》，第58页。

些东西的,只是赤裸裸地说出我当时所要说出的话,在欢乐时这样,在愁苦时也这样。我不会空叫些革命的口号,也不会说些不曾经过的肉麻的话来"。① 这些"实在"的、以自我的真实经历为基础的写作也那么自然地激动过民国文坛的一干编者、读者和评论者,这也是中国文学发展史上的事实。

　　而且,有趣的事实还在于,谢冰莹一方面自我批判,一方面却又继续着这种集中展示个人生存体验,融自传、日记与社会世象于一炉的写作方式,《从军日记》之后,又有《女兵自传》和《新从军日记》(《抗战日记》)。从"日记"到"自传",受邀写作、在期刊连载最后结集出版的方式都完全相同,前有孙伏园、林语堂和夏康农的提携,后有陶亢德、林语堂与赵家璧的鼓励。

　　这说明,作者虽然有过种种的自我不满,但这种写实掺杂情感的叙述已然成熟,既为通过作家文字来了解、认知社会情形的读者所喜闻乐见,也方便了作家对时代社会的记叙与个人观感的实录,无论是社会的描写还是自我的感怀,都诉诸真切质朴的描绘,而与种种艺术的"炫技"无关,或者说,语言艺术方面的刻意推敲、经营并不是这些"日记"与"自传"的目标。

　　这就是一种源于历史实录的文体传统,属于我们所谓的"杂文学——大文学"的追求。一方面,进入"民国",置身于更多"公共事务"的中国读者需要透过作家的文字来关心社会现实;另一方面,作家也在顺应这一需求中训练和发展了自己。"大文学"的写作方式就这样成型了,成了民国文学需求的重要组成部分。

三、女性文学美学形态的突破:崇高美

　　中国文学从古典和谐美向近代崇高美的转换,经历了漫长而艰难的历程。《红楼梦》问世,王国维悲剧理论诞生,标志着中国文学近代崇高审美范式的初步确立。以鲁迅小说为发端的五四新文学,从一开始就突破了优美和谐的审美理想与形态,转换为对立崇高型。郭沫若、茅盾、巴金、老舍、曹禺等人的作品进一步丰富发展完善着崇高美。

　　而作为新文学组成部分的女性文学实现这种转换,却至少推迟了十年。由于女性反叛传统的力量不如男性巨大,由于中国古典和谐美在女性作家意识中更加根深蒂固,由于女性的天性更喜爱优美和谐,追求崇高的主动性、积极性不

---

　　①　谢冰莹:《平凡的半生》,《谢冰莹文集(中)》,第58页。

如男性。又由于新文学第一代女作家的代表人物冰心，其创作个性偏向于优美和谐，在她周围集结了一批新闺阁派女性作家。所以，尽管有淦女士、石评梅等作过打破优美和谐型格局的尝试，但未能扭转局面。直至新文学的第二个十年，丁玲、谢冰莹、白薇、萧红等出现，才使女性文学的审美范式从和谐美走向崇高美。

丁玲的莎菲已失却优美和谐，而成为扭曲、变态、冲突、对立的人物形象。此后的《韦护》《田家冲》《水》显示出对崇高美的倾斜，1940年代的《我在霞村的时候》《太阳照在桑干河上》更沿着崇高型的美学路线前行。白薇的小说《炸弹与征鸟》《悲剧生涯》写人生悲剧、革命悲剧，也是大刀阔斧，"赤裸裸毫不加掩饰地记录"，①其剧本《打出幽灵塔》《乐土》《敌同志》等更把刀光剑影、剑拔弩张引入舞台。其冲突的严重性、人物命运的悲剧性、悲剧性格的刚毅性、主题的正义性，使剧作的崇高美得到淋漓尽致的表现。萧红的《生死场》表现"北方人民对于生活的坚强，对于死的挣扎"，往往"力透纸背"，②写出了倔强的男性、女性，勾勒出了不屈的民族魂魄。

谢冰莹的创作，对女性文学有着独特的贡献。她自觉主动地抛弃了优美和谐，执着地追求对立崇高。她的作品表现出的崇高美比其他女作家更突出。当她1927年在平定杨森、夏斗寅叛乱途中写作、发表《从军日记》时，早期的普罗小说正处于革命的罗曼蒂克时代，男性作家中，茅盾创作《蚀》描画出时代新女性在大革命中"幻灭——动摇——追求"的心灵历程，蒋光慈的《冲出云围的月亮》，描写大革命失败后时代女性王曼英的幻灭、动摇、最终回归革命的曲折道路，明显地带着革命的罗曼蒂克的印痕。

郁达夫《她是一个弱女子》表现大革命前后三个意识志趣不同的女性——李文卿的"丑"、郑秀岳的"弱"、冯世芬的"刚"，分别代表着"土豪资产阶级的堕落的女性""小资产阶级的犹豫不决的女性"和"向上的小资产阶级的奋斗的女性"，③表现了他在政治上的热情与艺术上的困惑。谢冰莹笔下的女性却已作为新时代的女军人的形象踏入文学庙堂，这是同时期男性作家笔下所缺少的。

她所描写的女兵形象十分真实、丰满、栩栩如生，而绝无同时期男性作家的

---

① 白薇：《悲剧生涯·序》，《悲剧生涯》，文学出版社1936年。
② 鲁迅：《萧红作〈生死场〉序》，萧红：《生死场》，容光书局1935年。
③ 许子东：《郁达夫新论》，浙江文艺出版社1985年，第85页。

某种理念大于形象的概念化和革命加恋爱的模式化倾向。

　　女性文学中的丁玲、白薇、萧红都有着女性意识、女性视角,她们的崇高美带着较多的女性气息。而谢冰莹不同,她的女性美更多地"异化""雄化"了!她的作品的美学形态更体现出"崇高"。丁玲莎菲式的女性处于醒了后无路走的"孤独的愤懑挣扎和痛苦",①带着浓厚的感伤色彩;丽嘉、美琳都处于方向转换途中,她们还没有在革命的大风暴中表现出崇高美与悲剧美来。白薇小说的崇高美不如剧本,剧本的崇高感、悲剧性往往跟浪漫抒情融为一体,具有一定的幻想成分。萧红小说的崇高体现在生与死的平凡与不凡、爱与恨的热烈与粗犷、心灵的不屈与倔强。人物反抗呈自发的原生态,其崇高偏于悲剧美。

　　谢冰莹作品的主人公有着反抗的艰辛磨难,却没有莎菲式的内心矛盾、惶惑,也没有丽嘉、美琳式的缠绵徘徊,她们是一往无前的,对大革命、对抗日救亡有着很强的自觉性,在硝烟烽火中焕发出精神品格的崇高美。她们有理想,但不是白薇式的浪漫幻想。谢冰莹的作品有悲剧因素,但没有萧红那样浓重,充满理性的乐观与感情的明朗。她不像萧红那样"凭个人的天才和感觉在创作",②而是凭着丰富曲折的人生经历和真诚的态度来表现崇高的,她的作品格调粗犷、雄浑、深沉、壮烈,与丁玲的浑厚、深沉,白薇的奔放、浪漫,萧红的阳刚阴柔融为一体,有着明显的差异。正因了这种独特性,谢冰莹得到了当时一些读者或批评家的偏爱。在读了《从军日记》后,他们"爱她新鲜而活泼而且勇敢的文格",认为"这不是一些专讲技巧结构的文人所能写得出来的",③也不敢再说,"丁玲是足以代表现时女作家的魁首了"。④

　　崇高形态的作品,总是具有题材与主题的重大性。谢冰莹的创作大都表现重大的政治题材,革命题材,血与火的题材,闪射出时代精神的光芒,跃动着历史的宏大脉搏。她所叙写的绝非个人的遭际,一己的悲欢。她通过个人遭际的描述反映了一代新女性在不同历史时期的共同命运,通过一己之悲欢的抒写倾诉了一代新女性在不同历史时期的共同感情。

　　她的成名作《从军日记》充满着投入大革命风暴的女性的解放感、自豪感与

---

①　丁玲:《一个真实的人的一生》,《人民文学》1950 年第 2 期。

②　胡风对萧红的评价,转引自颜坤琰:《萧红与胡风一笑泯恩怨》,《名人传记(上半月)》2012 年第 9 期。

③　衣萍:《论冰莹和她的〈从军日记〉》,《春潮》1929 年第 1 卷第 7 期。

④　黄人影:《当代中国女作家论》,第 79 页。

幸福感。面对鲜血,她产生的不是惧怕,而是杀敌的热情。她丢了行军日记,感到十分伤心,因为"那些日记是我坐在地上按着膝头写的,有许多悲惨的、破肚的、快乐的战争故事在里面"。(《从军日记》三节)这几句话,可视为她对《从军日记》题材的概括。她个人的命运随着时代浪潮的起落而起落。大革命失败后,这个驰驱战场的女兵归来,却被母亲关起来了,封建家长强迫她与自己不爱的男子结婚。她成了家庭监狱的囚徒,觉醒并逃离过家庭的新女性,再度陷入封建家庭的樊笼。于是她还要进行第二次争取个性解放、婚姻自由的斗争。

在新文学的第二个十年,在文坛热烈鼓吹社会革命的背景下,谢冰莹《一个女兵的自传》却在提醒人们,对于中国女性来说,争取个性解放、婚姻自由的任务远远没有完成,反封建的重要意义不容忽视;不能等待社会革命来拯救女性,女性必须自己奋起反抗,逃离家庭走向社会。这也许便是《女兵自传》主题的独特与深刻性之所在吧!

《女兵自传》,"主要是表现在那个时代的女性,如何地从封建的家庭里冲出来,走进这五光十色的社会,吃过多少苦,受过多少刺激,始终不灰心,不堕落,仍然在努力奋斗,再接再厉……"①妇女解放必须跟社会解放、民族解放紧密结合才有光辉的前程。小说《抛弃》写革命女性姗姗投入社会解放斗争的行列,虽然有苦恼,却是正确的路径。谢冰莹说写《在日本狱中》,"我是在发泄我的悲愤和满腔的爱国热情",②那是因为留日期间,被日本小孩欺负,她产生民族的耻辱感,积极参加东京一千多人追悼东北死难同胞大会,拒绝迎接溥仪访日,被投入日本监狱。

除《女兵自传》外,她还写了不少散文、报告文学,表现抗日救国的主题。她愤怒地揭露日本军国主义的暴行。日机的轰炸,炸死了儿子,逼疯了母亲(《夜半的哭声》);日军统治下的都市,交通警察指挥来往车辆,可汽车撞倒了洋车;日军摊派款项,大户也叫苦不迭(《银座之夜》)。民族战争调动了人民的抗争意识,蠢笨的农民毛知事也积极从军,表现出广大农民抗日的积极性、自觉性和英雄气概(《毛知事从军》);身世悲惨的妓女刘婉云也觉醒了,参加了抗战(《晚间的来客》);侵华战争不仅受到中国人民顽强的抵抗,而且招致日本人民的反对,他们中有人参加了反战工作(《梅子姑娘》)……

---

① 谢冰莹:《关于〈女兵自传〉》,《谢冰莹散文(下集)》,第5页。
② 谢冰莹:《在日本狱中》,《谢冰莹散文(下集)》,第79页。

　　由此可见,谢冰莹的创作题材、主题跟时代、革命、民族密切相关。巨变时代的火山爆发般的精神,革命战争、民族战争的硝烟烈火、流血牺牲,均现于谢冰莹的笔下。她正是从极其广泛的题材中择取重大题材,并提炼出具有重大意义的主题,才使作品具有崇高美的。

　　悲剧往往跟崇高相联系。当悲剧不仅仅属于个人而属于社会、时代时,它就跟崇高接通了线路。主人公的悲剧命运,其不屈不挠地同命运抗争的性格,都体现着崇高。谢冰莹说:"在我写作的作品里面,再没有比《女兵自传》更伤心更痛苦的了! 我要把每一段过去的生活,闭上眼睛来仔细地回忆一下,让那些由苦痛挤出来的眼泪,重新由我的眼里流出来。……写的时候,我不知流了多少眼泪。"为什么流泪,因为主人公的遭遇"的确太复杂,太悲惨,甚至太可怕了!"①母亲的专制,幼时缠足的痛苦,为争得读书权利而进行的绝食,从军后队伍的解散,归家后的囚禁,四次逃奔的折磨,二度入狱的不幸(上海的巡捕房与日本帝国的监狱),闯进社会后的饥饿,多次产生的死与自杀的念头,爱情的波折……然而主人公并非悲剧人物,因为她有倔强的灵魂,不屈的个性,在厄运面前,她抗争不止,直至获胜。

　　单凭个人的反抗可能出现悲剧,所幸她生活的时代是大革命的时代,抗战的时代。时代赋予新女性以拯救自我,并将自我跟社会相结合的机遇,也赋予她们不屈的抗争性格。从性别上看,《自传》主人公是女性;从性格上看,她既有女性的,又有男性的;她的形象有阴柔美,更有阳刚美;或者说,她的女性雄化了。从遭遇看,她同样受黑暗社会压迫,但她跃进于沙场之上,辗转于民众之中,搏击在时代潮头。她身上,女丘八是主要的、本质性的,"她有的是慷慨的、热烈的、革命的思想,有的是勇敢的、进取的、不屈不挠的精神"。② 正如林语堂所描述的,这是个"戎马倥偬束装待发","少不更事,气宇轩昂,抱着一手改造宇宙决心"的"女子军"。③ 这个形象表现出的是崇高美。

　　康德认为崇高的特征为"无形式",即对象的形式无规律、无限制或无限大。也就是说它不受形式的限制。④ 谢冰莹的创作正具有不受形式限制的特点,她说:"总觉得自己写的不成文章,只是一堆未曾经过琢磨的粗硬石头,或者是一

---

① 谢冰莹:《关于〈女兵自传〉》,《谢冰莹散文(下集)》,第 6 页。
② 黄人影:《当代中国女作家论》,第 79 页。
③ 林语堂:《冰莹从军日记·序》,《从军日记》,第 12 页。
④ 康德:《判断力批判(上)》,宗白华译,商务印书馆 2009 年,第 79 页。

束长在深山里的青青野草,看来很自然,其实太缺乏艺术的剪裁了。"她又说:《从军日记》"没有系统","没有组织,没有结构","谈不上技巧"。① 无形式实际上也是一种形式。谢冰莹作品的崇高,主要表现为直、真、诚。她说:"'文如其人'这句话,我想大概是对的。我为人处世只有三个字:直、真、诚,写文章也是如此。"②她写《女兵自传》时就追求直、真、诚:"我要百分之百地忠实,一句假话也不写,完全根据事实不渲染,不夸张。"③林语堂认为她的作品"气概轩昂",衣萍说她的文章有"特别的'气骨',勇敢而且活泼,几乎一点儿女气也没有"。④甚至,有人说她的作品"充满着真实,充满着活力","它给我们整个的影像,是活的,不是死的。是生动的,不是固滞的"。"她的文字正像一匹悬在高山顶上的瀑布,它根本无所顾虑,无所作态,永远地活泼地向下随意地狂泻。"⑤这些论述都从不同侧面揭示了谢冰莹作品的崇高特征。

谢冰莹作品的崇高首先由于时代伟大。伟大的时代造就了崇高的美。她曾说:"没有伟大的时代和社会背景,是不能写出好的作品来的。"⑥其次是由于她男孩子般的个性。第三是由于她所受到的文艺熏陶。她说:"我佩服水浒上所描写的每个英雄好汉,他们那种勇敢侠义的精神,给了我后来从军的许多影响。"她又说:"也许这是我的性格。从少年时代开始,就喜欢看悲剧性的小说。""我总感到人生是苦痛的! 悲剧的!"⑦这种勇敢侠义的精神和悲剧感,引导她走向了崇高。

"读过谢冰莹作品的人。会感觉到她的文章是兼有湖南人本色的一股蛮劲和江南人典型的一种秀气。有时她的文章不像女人写的,有时又太像女人写的。"⑧谢冰莹拥有的是女性的崇高美,它跟男性的崇高美不同。她的崇高总是渗透着女性意识,总是跟女性的特征如荏弱、温情、母性等割不断联系。其崇高的美学形态中,总又包含着一定的优美,阳刚中又有几分阴柔,形成以阳刚为

---

① 谢冰莹:《〈从军日记〉的自我批评》,《谢冰莹散文》,第 58 页。
② 谢冰莹:《平凡的半生》,《谢冰莹文集(中)》,第 467 页。
③ 谢冰莹:《关于〈女兵自传〉》,《谢冰莹散文(下集)》,第 5 页。
④ 衣萍:《论冰莹和她的〈从军日记〉》,《春潮》1929 年第 1 卷第 7 期。
⑤ 黄人影:《当代中国女作家论》,第 79 页。
⑥ 谢冰莹:《我怎样写〈从军日记〉和〈女兵自传〉》,《谢冰莹散文(下集)》,第 78 页。
⑦ 谢冰莹:《关于〈籧山集〉的话》,《谢冰莹散文(上集)》,第 40 页。
⑧ 易君左《文坛怀旧录》的评价。转引自游友基:《女性文学美学形态上的突破》,《山西师院学报(社会科学版)》1996 年第 4 期。

主,以阴柔辅之的特色。

作为女性,谢冰莹同样存在"女性关注"。她关注着女性的个性解放与社会解放,关注着姐妹们的前途命运。《从军日记》并非大革命的鸟瞰图,它只是从女性的独特视角观察着大革命的某些侧面,是一部女性的奋斗史与心灵史。如果说《女兵自传》从正面指出了女性解放的道路的话,那么,《给S妹底信》则从反面告诫姐妹们不要成为金钱的牺牲品,成为环境的妥协者。她时时有女性的危机感,《女兵自传》慨叹:"唉!女人!女人的一生都是痛苦的!"《梅姑娘》深深同情女性的不幸婚姻,抨击着封建婚姻制度。《姐姐》写女性在旧家庭中悲惨的一生。谢冰莹有时把女性的危机感发展为女性恐惧。《新婚之夜》表现秀姑娘在月经初潮的恐惧,对生育的恐惧。这个十六岁的姑娘却被迫嫁给了四十八岁又矮又丑的男子,她有着女性的性恐惧,在新婚之夜逃到媒人大姨母家,拿头撞墙上的铁钉,以死抗争。小说从女性恐惧的视角切入包办婚姻,抨击其罪恶。

谢冰莹在表现女性粗豪的一面时,也真实地表现女性荏弱的一面。例如,她笔下的人物常常想到自杀,然而又常常以理智控制感情,以生战胜死,显示出柔弱中的刚强。

女性的心理特征使之难于割舍爱情。谢冰莹《女兵自传》的主人公尽管性格刚毅、坚强,仍然难脱情的羁绊。她有新的爱情观,认为爱情是婚姻的基础,必须追求爱情婚姻自由。但她跟一般女性一样,容易溺于情。她感叹:"无用,无用,女人到底是个无用的人呵!她一辈子也逃不出爱的罗网。"能以理智驾驭、控制情感的女主人公尚且如此,溺于情无可自拔的曼曼、真真就更不必说了。

女性的天性之一母性,在谢冰莹笔下也有明显的流露。《女兵自传》里的女主人公,当她还是个少女时,便当了教师。她从孩子们身上得到精神安慰,等当了母亲后,母性更强烈了。为摆脱与奇的爱情痛苦,她要悬梁自尽。但忽然望见熟睡的孩子那样美丽、恬静、可爱,自杀的勇气立刻消失。小说《抛弃》对姗姗迫于穷困抛弃亲生婴孩的痛苦心理作过生动的描绘,展现了女性的母性特征。《女兵自传》也表现了亲情之爱。女儿遭到母亲压迫时,称呼母亲是故乡的墨索里尼,但母女毕竟是母女,《女兵自传》特辟一章"慈母心",写母亲对她的爱。当我假睡时,母亲悄悄地爬起来,点燃小小的煤油灯照着我沉重地叹了一声:"唉!瘦了!瘦了!比她离家时瘦得多了。""突然,一颗冰冷的泪珠,掉在我的嘴角上了。""我实在太受感动了。"①于是,以往的一切嫌隙冰释了。她感悟到"伟大的天性之母爱",并以母爱作为重新振作,再赴上海的动力,满怀新的希望,离开故乡。

谢冰莹喜爱自然,她的写景散文《爱晚亭》《秋之晨》《黄昏》《珞珈之游》《济南散记》等,完全是另一副笔墨,非常优美和谐。

我们说谢冰莹创作中有女性柔美的一面,是想说明谢冰莹作品的崇高自有其特征,但这绝不影响其创作的基本形态——崇高。从总体上说,谢冰莹的作品充溢着阳刚之气。在特殊的大革命和抗日战争的年代,她的思想、情感、性格都阳刚化了。

从大革命时代的女兵,到1930年代初北方左联的骨干,再到抗战期间的女救护,谢冰莹跟随时代的步伐前进。她的创作促使当时的女性文学从和谐美走向崇高,对新文学做出了出色的贡献。1948年她赴台任教后的作品,如长篇小说《碧瑶之恋》《红豆》,表现男女情爱,时代色彩已不像以前那样浓烈,许多散文也优美流畅,委婉清丽,其美学形态已由过去的崇高变为了优美。1956年皈依佛教后,作品中就有了佛学气息,那是后话。

---

① 谢冰莹:《女兵自传》,《谢冰莹文集(上)》,第89页。

沉樱：一朵沉寂的樱花

　　以成就论，沉樱的小说不如散文，散文不如翻译。她的小说，以文字的秀丽与富有诗意的风格为特点，在艺术性与思想性上，在现代中国女作家中，有承上启下的地位——丁玲之后、张爱玲之前。她的散文不多，但那纯朴、简洁、流畅的文笔，真挚、动人的感情，从不眩惑于奇巧和华丽辞藻的艺术风格，令人难忘。她视翻译为创作，译笔潇洒、优美如行云流水，卷舒自如，她翻译的茨威格的《一位陌生女子的来信》，被认为是该世界名著的中文定本。

1986年8月,台湾《中国时报》"人间"副刊特辟两个专栏,刊登了沉樱的四篇散文和六位友人林海音、琦君、罗兰、张秀亚、刘枋、司马秀媛怀念沉樱的文章。编者按中说:这些文章,是祝贺这位在文学上奋斗了大半辈子的文坛先辈的八十寿庆。在台湾,她翻译的茨威格的《一位陌生女子的来信》,被认为是该世界名著的中文定本。她同苏雪林、谢冰莹一样,被尊为"先生"。

她在文学创作(包括翻译)方面深受梁宗岱的影响。1972年在写给梁宗岱的信中,她说:"……时光的留痕那么鲜明,真使人悚然一惊。现在盛年早已过去,实在不应再继以老年的顽固……在这老友无多的晚年,我们总可称作故人的。我常对孩子们说,在夫妻关系上,我们是怨偶,而在文学方面,你却是影响我最深的老师。"①由怨偶到老友,足见两人之胸襟寥廓,情意深挚。相隔二十多年后,她还说自己"在读和写两方面的趣味"都没有摆脱梁宗岱"当年的藩篱",足见梁宗岱对她的影响有多大。因此,要了解沉樱的创作,就必须要了解他们的情感。

一、婚恋

沉樱,原名陈锳,1908年出生于山东省潍坊城里一个知识分子家庭,乳名娟。在姐弟四人中,排行最大,下面有一个弟弟、两个妹妹。但由于伯父家有女长于她,故沉樱在家族中的排行为老二。祖父是清朝的学官,父亲陈寄园接受过新式教育,外祖母和姨母都识文认字,爱看闲书、听闲书。母亲虽然不识字,却能背诵很多古诗,领悟力极强,曾口授沉樱《千家诗》。沉樱六七岁时被送到潍县城里一所私立小学读书。在从高小到初中的这段时期,沉樱半猜半读地读了许多旧小说,包括四大古典文学名著和《儒林外史》《聊斋志异》《镜花缘》《封神榜》及各朝代历史演义、各种侠义公案小说,还有许多社会、言情、侦探小说、鼓子词,凡是能得到的,都读了个遍,这对其阅读和写作能力的提高无疑起了重要作用。②

1920年,沉樱一家迁居济南,住在正觉寺街吉仁里。次年,沉樱入山东省立第一女子中学,遇到了毕业于北京大学哲学系的国文老师顾献季。顾老师文才出众,拥护新文学,一有机会就给学生介绍五四运动后涌现的新作家、新作品,

---

① 沉樱:《沉樱自美国来信》,《新文学史料》1992年第1期。本章文字中涉及沉樱书信中的文字,均出自本文,不再一一注明。

② 阎纯德:《沉樱:文坛的蒲公英》,《二十世纪中国女作家研究》,北京语言文化大学出版社2000年,第408页。

有时还带英文的短篇小说到课堂上随读随念。在顾老师的影响下,沉樱喜欢上了鲁迅、周作人等语丝派作家的作品。同时,她还废寝忘食地阅读各种翻译小说,对周氏兄弟译的《域外小说集》更是爱不释手。

1924 年,十七岁的沉樱随家南下,第二年考取了上海大学中文系(当时瞿秋白、茅盾等人都在那里任教授)。两年后,上海大学在白色恐怖中被封闭。于是,沉樱便转到复旦大学中文系借读了两年。期间,她很是活跃。

1926 年,复旦大学隆重庆祝建校 20 周年。① 此时,马彦祥从北京孔德学校②毕业来到复旦,由于他有深厚的京剧功底,后来演话剧,成为复旦剧社的台柱子。他与洪深决定排演《咖啡店之一夜》,作为 20 周年大庆的献礼节目。男女主角为马彦祥与沉樱,由于排演与演出频繁,两人便坠入爱河,结为连理。婚礼简单朴素,没有双方家长亲友参加,洪深先生既是他们的证婚人,也是他们的主婚人。

可是,一年多光景的新婚燕尔后,沉樱黯然离开上海,来到了北平。人间最痛苦的莫过于这样的希望瞬间就没了,朝露般的短。一身情伤,拒绝哀怜;一人独自承受,躲避嘲讽的目光……

很短的婚姻,女儿马伦出世之时,马彦祥移情于白杨。③ 婚后四载,他们的婚姻走到了尽头。只是自始至终,沉樱本人对此不提一字。尽管妹妹马琰指责哥哥不专情,辜负了嫂嫂沉樱,一段不能抹去的情殇,是沉樱永远的痛,永远的痛就压在心底,亦如压在箱底的旧事,永远不要翻阅。

继沉樱之后,风流公子马彦祥,先后四次婚姻。他就像驿道上不知疲倦的马,将沿途遇到的女人视为短暂停留的驿站。晚年,他倦了,累了,念及旧人,挂

---

① 复旦大学始建于 1905 年,初名复旦公学,是中国人自主创办的第一所高等学校,创始人为中国近代知名教育家马相伯。1925 年是复旦 20 年校庆,因"五卅"惨案之故,推迟一年举行。

② 孔德学校是现在北京第二十七中学的前身,位于东城区东华门大街智德前巷 11 号。建于 1917 年,是华法教育会利用庚子赔款的退款筹建的。首任校长是蔡元培。由于当时很多北大教师——如蔡元培、胡适、钱玄同、李大钊、沈尹默、周作人等——的孩子,都在孔德读书,这些知名教授也在这兼课。因此,当时也被称为"北大子弟学校"。

③ 白杨(1920–1996),原名杨成芳,湖南省汨罗市古仑人,中国电影、戏剧表演艺术家。1936 年与明星影片公司签约,与赵丹主演《十字街头》一举成名,是那个年代最受欢迎的中国女演员。抗战期间随上海影人在内地演出话剧,被誉为四大名旦之一。其后拍摄了多部电影,表演风格质朴、优美、自然、含蓄,长于表现东方女性神韵,曾任中国电影家协会副主席。

牵沉樱。1982年,沉樱回大陆时,他渴望见面,当年受伤的小鹿,而今还会痛的沉樱,拒绝了。即使女儿马伦带来父亲表达思念和歉意的两幅名人扇面,她也一口拒收!纵然承载无限情愫,也迟了日子;纵然值得千金,也是粪土不如。

1931年末,梁宗岱与沉樱在北平相识。在复旦念书时候,她就听老师们鲜活地描绘过梁宗岱:英国绅士的派头,在北大独成风景,引人注目。一身英国式西装短裤,没膝的白袜;一只山羊像狗一样,在主人身后温顺地亦步亦趋,直到主人进课堂登上讲台,山羊才依依不舍地回转。

梁宗岱是当时北大法文系主任,著名翻译家,翻译中一丝不苟、反复推敲的精神给沉樱很大影响。1934年秋,梁宗岱因早年包办的婚姻问题闹得满城风雨,对他颇有成见的文学院院长胡适决定不续聘他。然后,梁宗岱与沉樱同赴日本,在叶山同居一年。当时也在日本的巴金在《繁星》中描写了他俩的生活:"在松林的安静的生活里,他们夫妇在幸福中沉醉了。我在他那所精致的小屋里看到了这一切。"①

可见当时两人感情甜蜜。翌年秋天二人回国,在天津结婚。梁宗岱被南开大学聘为教授,沉樱闲居家中,少有创作。1937年7月5日,他们的第一个女儿思薇出生。1941年,次女思清出生。

梁宗岱与沉樱,本是很匹配的一对。按林海音的回忆:"他们彼此倾慕对方的才华而结合的。"②一个诗人,一个作家,又都从事翻译与创作,看上去很两情相悦,举案齐眉。但他们在一起生活了不到八年。

1942年3月,梁宗岱回广西百色处理父亲的后事,结识了甘少苏。据说,当时梁宗岱偶然被朋友拉去看粤剧《午夜盗香妃》,被花旦甘少苏的表演深深打动。此后,梁宗岱经常去看甘少苏的演出,每次都"诗情盎然",写词相赠,后编成词集《芦笛风》出版,"半生道行纵成空,肯惜浮名轻一笑"。

梁宗岱与甘少苏的事情当年曾轰动百色,甘少苏前夫钟某纠集恶徒殴打梁宗岱。梁宗岱骨子里"救风尘"的侠义被激发了,筹了3万元巨款,为甘少苏赎身。甘少苏当然要抓住这救命的稻草。因此,梁宗岱尽管也有"我与你结了婚,沉樱就会离开我"的喟叹,还是很快与甘少苏登报结婚。

① 巴金:《繁星》,《巴金选集》(第八卷),四川人民出版社1998年,第87页。
② 林海音:《念远方的沉樱》,黄建华:《宗岱的世界·评说》,广东人民出版社2003年,第129页。

沉樱闻讯后,没有吵闹,没有哀求,丝毫不拖泥带水,毅然决绝,偕两个幼女搬出梁家。1948年带子女随母亲、弟妹离开上海去台湾,后赴美居住。梁宗岱曾经劝止,遭拒。他负气说:没了孩子,可以再生! 不想,相伴她后半生的甘少苏不能生育,终于使他"没了后代"。

沉樱与梁宗岱的感情是颇为复杂的。他们的幼子思明,是在他们分居之后才出生的,可见他们的感情并未完全破裂。林海音在怀念沉樱的文章中说:"她并没有和梁宗岱离婚,在名义上仍是梁太太,而梁宗岱的妹妹在台湾,她们也一直是很要好的姑嫂。"①

沉樱和梁宗岱在1950年代后期便恢复通信联系。1972年沉樱写给梁宗岱的一封尤其感人:"……时光的留痕那么鲜明,真使人悚然一惊。现在盛年早已过去,实在不应再继以老年的顽固……在这老友无多的晚年,我们总可称作故人的。我常对孩子们说,在夫妻关系上,我们是怨偶,而在文学方面,你却是影响我最深的老师。"②由怨偶到老友,足见两人恩情未了,胸襟寥廓。

梁宗岱舍弃精神上有共鸣的妻子沉樱,而选择与只有小学三年级文化水平的甘少苏共度后半生。却是为何?

是甘少苏美貌过人? ——据说,她不过是个姿色平平的女子。与梁结识时,她人很瘦,嘴巴大大的,笑起来,嘴的两角仿佛翘到了耳朵边。

是梁宗岱所说"看中她的灵魂"?③ ——从后来处事的情况来看,沉樱的心灵高洁宽阔。据思薇说,从未听母亲说过梁宗岱、甘少苏的"坏话"。

是出于同情甘少苏的不幸遭遇而致? ——单纯的骑士精神,单纯的同情,能让两个人共度半生?

与沉樱邻居多年的好友赵清阁回忆说:"沉樱热情好客,朋友们都喜欢接近她。为了家务之累,她不能常写作了,心里不免烦恼,常和宗岱闹脾气。宗岱性情耿直,也不谦让,终于两人吵了几年分开了……"沉樱晚年也曾说过:"我只有离开他,才能得到解放,否则,我是很难脱身的。我是一个不驯服的太太,决不顺着他! 大概这也算山东人的脾气吧……"④

"山东人的脾气",道出了她作为一个现代知识女性的自尊与坚强。琦君到

---

① 林海音:《念远方的沉樱》,黄建华:《宗岱的世界·评说》,第131页。

② 杨建民:《怨藕:沉樱与梁宗岱》,《博览群书》2009年第1期。

③ 甘少苏:《宗岱和我》,重庆出版社1991年,第120页。

④ 赵清阁:《哀思梦沉樱》,《新文学史料》1995年第4期。

美国看望晚年的沉樱,一起到屋外拍照时,想去扶她,她不让扶,她"愿意让老友看到她能自己健步行走"。当琦君要和她拍一张她坐在轮椅里的照片时,她说:"不要,你坐在里面,我站在你旁边。"拍照时,她要戴眼镜,"戴上眼镜比较像样些……她总是希望朋友们看到她整齐的仪容"。她喜欢邻儿女租房单住,说"既有依靠,又能独立"。

关于与梁宗岱的关系,琦君在文中写道:"思薇说她母亲对父亲一直是又爱又恨。他们俩其实都相互的欣赏,相互的关爱,但因两个人个性都太强,永远无法相爱。"①而她的女儿思薇也说:"小时候,我就经常听到父母亲吵架,即便没有甘少苏,两个人也未必合得来。母亲看不惯父亲那种爱吹嘘的性格,有时不免说他,于是就吵嘴。两人在一起时,虽然吵吵闹闹,但一旦分处两地,书来信往却表达出深厚的感情。应该说,两个人是有真感情的,父亲对母亲的为人也很尊重。甘少苏自然会顺着父亲,还可能会捧着他。他们当然就吵不起来。"②

相爱容易相处难,两个个性太强的人在一起生活,如同两只刺猬,互相取暖却磁场排斥。婚姻与自由,也多相背。也许梁宗岱也已厌倦了他们之间没完没了的争吵,也许他那颗英雄救美的诗心太过天真烂漫。相比而言,沉樱是强势而独立的,而甘少苏是柔弱的、完全依赖于他的,于是,他放弃了名利,也放下了他与沉樱的情缘,以一颗救世主的怜悯之心,决定与一名苦情伶人相伴终老。

甘少苏后来写有回忆录《宗岱和我》。虽稍逊文采,却写得质朴深情。——"在纵情声色的社会里,宗岱抛弃了世俗观念,用艺术审美的眼来鉴别人的品性,付出了很高的代价救我于水深火热之中,让我恢复了人的尊严,走出了苦海,过上了正常人的生活。"③她是把梁当成救赎者的高度来敬仰的。而她,则是一个虔诚而谦卑的落难天使,在得救后,以她单薄的翅膀,柔软的坚贞,为梁宗岱遮风挡雨,陪伴他走过了十年浩劫的磨难及多病的晚景。

梁宗岱的学生卢岚女士提的一个问题说到了某个点子上:"宗岱师所需要的究竟是一个携手共进的人呢,还是一个在旁边为他鼓掌喝彩的人?"④从梁宗岱刚愎自用的性格来看,恐怕他更能受用的是一个从低微处仰视他,时时处处"为他鼓掌喝彩的人"吧。

---

① 琦君:《往事恍如昨》,武汉人民出版社 2006 年,第 73 页。
② 夏真:《民国韵事》,外文出版社 2009 年,第 83 页。
③ 甘少苏:《宗岱和我》,第 120 页。
④ 夏真:《民国韵事》,第 83 页。

不由联想起林洙之于梁思成、廖静文之于徐悲鸿。林徽因去世后,依然在国际声誉的光环下周旋于各种会议的梁思成,需要一个助手,一直和梁家关系很好的林洙被选中了。于是,在林徽因香消玉殒七年之后,林洙从秘书水到渠成地成为妻子,成为才子梁思成身边那个不重要却又十分重要的人:心甘情愿地每日料理他的起居,忍受他经常性的多日出差,担任妻子、佣人、理发师、护士等等角色。梁思成曾对林洙说:"做她(林徽因)的丈夫很不容易,中国有句俗话,'文章是自己的好,老婆是人家的好',可是对我来说是老婆是自己的好,文章是老婆的好,我不否认和林徽因在一起有时很累,因为她的思想太活跃。和她在一起必须和她同样的反应敏捷才行,不然就跟不上她。"①

在结束了和孙多慈、蒋碧微的情感,孤身生活八年后,被评价为"一个为徐悲鸿而生,为徐悲鸿而活的女人"廖静文和徐悲鸿正式举行了婚礼。廖静文不仅爱徐悲鸿,也是他的崇拜者。婚后,廖静文一直都很辛苦,她每天不仅要料理家务,还要照顾徐悲鸿的生活,并且在他工作上遇到困难的时候,给予强大的支持。

后来,林洙作《梁思成、林徽因与我》,廖静文作《悲鸿的一生》。两人在回忆中,都诉尽了对丈夫人格与学识的膜拜。她们把"丈夫"摆放在"大师"的位置,敬之爱之。这是林徽因、蒋碧微所不能给予"丈夫"的。

梁思成与徐悲鸿,都曾拥有过才情智慧过人的妻子,但他们,无一不在人过中年,面临再一次选择时,选择了默默无闻的平淡妻子来相濡以沫。也许,对男人来说,做妻子,一个女人的"德",比她的"才"更重要。换言之:男人都更需要一个崇拜他、仰望他的女人。

抗战胜利后,沉樱辗转到上海。梁宗岱打算接母子四人去广州,遭到了拒绝。后得知沉樱即将赴台,友人赵清阁试图劝阻,沉樱道:"我要走得远远的,永世不再见梁宗岱。"②——精神上的最重一击莫过于彻底抽身,让他目力不及,让他牵挂无望,让他补偿不了,永生不得心安。比如小儿子思明,是在梁宗岱与沉樱分居之后生下的。梁宗岱很想见之一面,但得到的答复是:"父亲当年那样对待母亲,我不想见他。"对此,梁宗岱只能抱憾终生了。

知道沉樱要走,梁宗岱从广西急飞上海,希望至少阻止子女赴台。沉樱当

---

① 林洙:《梁思成、林徽因与我》,中国青年出版社 2011 年,第 1 页。
② 赵清阁:《哀思梦沉樱》。

然不理，将爱情和亲情打包带走。梁宗岱呆呆地伫立在飞机场，细细地体验着心被一点点掏空的痛，良心被一寸寸凌迟的苦……

1972年12月7日，沉樱致信梁宗岱："在夫妻关系上，我们是怨耦，而在文学方面，你却是影响我最深的老师……"感情多蹇，绝无怨言。真正的大家风范。

接下来是告知情况，但却似乎没有一点点因时光流逝产生的陌生，心灵是张开的，灵动的，仍然是对最亲的人的倾诉：

> 我们之间有许多事是颠倒有趣的，就像你雄姿英发的年代在巴黎，而我却在这般年纪到美国，作一个大观园里的刘姥姥。不过，人间重晚情，看你来信所说制药的成功和施药的乐趣，再想想自己这几年译书印书的收获，我们都可以说晚景不错了。

这富于生气的文笔，反映出沉樱与梁宗岱通信时特有的愉悦，尽管此时已是七十多岁的老人。

接下来，沉樱告诉梁宗岱：你的《一切的峰顶》也印了。她还记得梁译出了歌德的《浮士德》，并请梁寄去让她出版。但她不知道，在"文革"中，梁的多部译稿被焚毁，其中就有这部《浮士德》。后来梁宗岱病中又坚持译出上卷，但伤病终于夺去自称可活到一百岁的才子，梁译的《浮士德》只能永远是一半残璧了。

沉樱在文学方面深受梁宗岱的影响。例如她在文章中常引用法国思想家蒙田的句子。信中还说，自己买到一册英译的蒙田全集，实在喜欢，但不敢译。她是深知梁宗岱最爱蒙田的，早在30年代便译出过部分蒙田随笔，常常捧书吟哦，并曾起意要译出蒙田全集。沉樱说自己不敢译，当然包含了自谦的因素。沉樱还真诚地说：我的几本译书真想请你过过目，因为"至今在读和写两方面的趣味，还是不脱你当年的藩篱"。

不久，梁宗岱的信也飞到了美国。"文革"中他的身体受到了严重的伤害，数种伤病一起纠缠着他，但他的精神仍一如既往，认为：我们每个人这部书里都写就了大半了，而且不管酸甜苦辣，写得还不算坏；还说白朗宁的"跟我一起朝前走，最好景还在后头！""仍是我最常哼的两句诗。"①

---

① 《梁宗岱沉樱书简》，《收获》2013年第4期。

　　从这信中我们大致可以看出梁宗岱的部分精神性格,再进一步比较,更可以见出梁宗岱、沉樱性格上的某些异同。

　　1982 年 4 月,沉樱回国,会见赵清阁等故友。梁宗岱卧病在床,希望见沉樱最后一面,沉樱在临飞广州前的最后一刻,决定还是信守诺言,永生不再相见。有人说她"薄凉",但从她心中依然有爱,所以不能旷达的角度来理解,可能会更好些。当然,还可以这样理解:她知道梁宗岱的病情已经十分严重了,不见,可以将梁宗岱年轻时期的潇洒风神永远留存在心中,不致为他最后的衰老病残形象造成心灵更加的痛楚。

　　1983 年 11 月,梁宗岱去世。他们这一对"怨耦"在人间相会的企愿,只能留待另一个世界去完成了。听到这消息,在美国的沉樱更加衰弱了,行动已经异常缓慢,并经常处于昏迷状态。但也有意外,1986 年沉樱八十岁生日时,林海音等一些文坛好友要写文章发表以示纪念,去信沉樱,要照片,尤其要沉樱与梁宗岱共同的照片。沉樱就急急地催着孩子并嘱咐:"赶紧找出来挂号寄去。"这似乎是她最后的一脉心火了。①

　　就在这一年,好友林海音将所能集中到的沉樱散文收在一起,又加上沉樱为自己所译作品写的序言,出版了一册厚厚又精美的沉樱散文全集《春的声音》。书中插入了许多照片,其中就有极其珍贵的梁宗岱与沉樱的数帧合影,这该是这对"怨耦"几十年后象征性的共同"亮相",从中该能窥到他们曾经,乃至升华后永远的精神灵境。

　　1988 年 4 月 14 日,沉樱病逝于美国马里兰州老人疗养院。我们永远不能知晓她离世时的最终心情。据其女儿梁思薇说,沉樱生前曾留下遗嘱说:她活着一直不愿加入美国籍,死后也要尸还故国,并且希望能被安葬在北京。这恐怕不仅意味着对身体的安息,更要紧的,是想求得一方灵魂的栖息地吧? 或许梁宗岱给沉樱信中所引陶渊明的"聊乘化以归尽,乐夫天命复奚疑",可以表述他们共同的生命态度。②

　　可惜的是,虽然梁思薇后来曾托沉樱早年的好友、著名作家赵清阁帮忙,但由于种种原因,沉樱回国回北京的愿望到现在还没有实现。

---

① 林海音:《念远方的沉樱》,黄建华:《宗岱的世界·评说》,第 131 页。
② 《梁宗岱沉樱书简》。

二、小说

沉樱开始步入文坛是在复旦大学学习期间。1928 年 11 月,沉樱(当时署名陈因女士)在复旦大学中文系主任陈望道主编的《大江月刊》第二期上发表的课业习作《回家》,这是沉樱的处女作。茅盾看到这篇小说后,立即写信问编者:"陈因何许人? 是青年新秀,还是老作家化名?"后来,茅盾又在该刊第三期上撰文称许道:"《回家》一篇的风格是诗的风格,动作发展亦是诗的发展,此等风格,文坛上不多见。"①此后不久,赵景深在其主编的《现代文学》编后记中也介绍说:"陈因女士是在《小说月报》上以《妻》得名、在《大江月刊》上以《回家》得茅盾称许的女作家。"②就这样,在茅盾和赵景深等大家的褒奖之下,沉樱一举成名了。此后,她又连续发表了多篇短篇小说。1929 年 8 月 16 日,她在《北新》半月刊第三卷第 15 期发表短篇小说《欲》时始以"沉樱"为笔名。据说,之所以起这样一个笔名一方面是因为"沉樱"与她原来的名字"陈锳"谐音,另一方面缘于她对周氏兄弟翻译的日本小说的喜爱——"樱"系指美丽的樱花。

1920 年代末到 1930 年代初,是沉樱小说创作的高峰期。在 1929 至 1935 年间,她先后在《大江月刊》、《小说月报》、《现代》月刊、《文学季刊》等杂志上发表了大量作品,出版了五个中短篇小说集:《喜筵之后》《夜阑》《某少女》《一个女作家》《女性》。此后,除了散文偶有所作外,她再也没有写过小说。她的小说,尤其是婚恋小说,不论作品的艺术性还是思想性,在现代中国女作家中都有某种承上启下的地位:丁玲之后、张爱玲之前。③

(一)内容

1. 爱情神话的解构

女性一生把爱情、婚姻、家庭当作生活的圆心,而在关系个人幸福的终身大事上,中国女性却一直是一群无法言说的失语者。五四伊始,部分女性获得了婚姻自由。所以,她们格外热烈地追求纯真的爱情,渴望美满的婚姻和向往和谐的家庭。但是,因为没有社会大环境的同步觉悟和支持,没有爱人的思想协奏,女性对恋爱、婚姻的一切美好的追求与向往最终都不能获得成功。有着切

---

① 见 1925 年 12 月 15 日《大江月刊》第 3 期。

② 见 1926 年 1 月 3 日《现代文学·编后记》。

③ 张芙鸣:《沉樱小说的历史地位》,《复旦学报》(社会科学版)1999 年第 2 期。

身经历的沉樱深刻认识到了这一点,从自由恋爱、两情相悦、天长地久三个方面对千百年来的爱情神话进行了解构。

首先,对"自由恋爱"的解构。新女性以为只要冲破结婚"父母之命,媒妁之言"的牢笼,自由地与心上人结合,就是步入幸福的殿堂,但是高扬的爱神旗帜并没有给她们带来想象之中的幸福。当她们在"自由恋爱"的号召下,满怀希望地开始自己的爱情之旅时,动听的口号成了被冠以"新青年"头衔的男人们玩弄欺哄她们的理由。

《爱情的开始》的主人公就是自由恋爱结合的夫妻,但是他们的爱情刚一开始就进入老人感情的坟墓。冰心说:"夫妻关系就是婚姻关系,而没有恋爱的婚姻是不道德的。恋爱不应该只感性地注意到'才'和'貌',而应该理智地注意到双方的'志同道合'……在不太短的时间考验以后,才能考虑到组织家庭。"①女主人公半年前和男的急促地陷入恋爱后,便牺牲了学业,牺牲了一切与之同居。可是爱情开始后的日子被无数琐碎、冷漠的争吵充斥着。不久,她就发现男的同时还在追求其他的女人,两人的和谐因男人的背叛而摧毁。但因为还热烈地爱着男的,女主人公没有愤然离开反而甘愿做爱的受虐者。她希望他们能恢复如初,但每次希望过后都会有更深的伤痕,"屡屡被毁灭着的心渐渐死寂了,且像无赖似的尽量地堕落去"。② 二人好像也在寻求夫妻关系的和解,但是哪一方也不愿主动退让。丈夫最终还是首先退让了一步,但并非发自内心的意愿,言语中仍会带有"别人无论哪一对都是很亲热的,为什么就是我们俩一天到晚地怄气"的抱怨,满心委屈的妻子听到背叛自己的丈夫毫无悔意的责问时,也会情不自禁地给予讥讽。妻子气愤丈夫的背叛,但更怨恨丈夫无羞耻地将自己的过错归咎于双方,因此当丈夫向自己发出缓和的信号,安慰自己两人的爱情可以重新开始,他依然会如初恋般爱着自己时,妻子不仅没有给予温暖的回应,反而被勾起更多痛苦的回忆。她对丈夫过去伤害自己感情的行为无法释怀,也就无法平静地与丈夫进行沟通。因此一夜的平静过后,两人又因起床太晚、扫地灰大、待友不周等小事你来我往唇枪舌剑,只有重回前一晚的沉默。男人的虚伪、女人的尖锐和敏感使得他们重新开始的美好愿望化为了泡影,只有依然

---

① 冰心:《论婚姻与家庭》,金宏宇编:《冰心作品精选》,长江文艺出版社 2008 年,第 134 页。

② 中国现代文学馆编:《沉樱代表作:某少女》,华夏出版社 2010 年,第 60 页。本章中的沉樱小说引文,除非特别注明的,均出自该书,不再一一注明。

同床异梦。

《飘零的红叶》中与 C 女士关系暧昧的丈夫在妻子眼皮子底下借故离开,当被发现与情人幽会时,不但没有一丝慌乱和愧疚,还以"我不知道"干脆地回答了妻子的质问,而后夺门而出。他们的婚姻如同飘零的红叶,逐渐凋敝。

《喜筵之后》中的丈夫与妻子"除了必须回答的几句话之外,很少交谈",还公然追求别的女人,甚至还以"怎么这样不伟大"来取笑妻子的愤怒和痛苦。妻子曾想借着与昔日恋人的调情来报复丈夫,但最终因为觉得"没有谁比丈夫更可爱"而放弃了。当她将自己的这段心理感受当作对丈夫的爱的表白告诉丈夫的时候,丈夫竟然将之当作了自己出轨合理化的辩白。两人除了赤裸裸的伤害和隔阂以外,没有丝毫夫妻间的忠诚和慰藉,暗淡的婚姻没有丝毫的生气。

沉樱小说中描述的婚姻家庭就是这样。是都是自由恋爱的产物,但婚姻中的男性对于自己的背叛都没有内疚,更不会反省。所谓的自由恋爱,只是给某些男人随意的两性关系冠以了一个合理的理由,使他们可以在自由恋爱的名目下公然地践踏爱情。以往,女人们以为不自由导致了她们爱的苦涩,而现在,当她们冲出家门,由自己做主与心爱的男人组建新式家庭后,她们才发现,她们获得的依然只是苦涩。

其次,对"两情相悦"的解构。两情相悦本应是爱情产生的最基本条件,几乎每一对恋人的恋爱都会经历从相识到相知到相悦的过程。但沉樱笔下的都市爱情充满了虚伪、怀疑和逢场作戏,恋爱的男女之间没有信赖与忠诚,少有甜蜜与愉快,从而颠覆了"两情相悦"的神话。

《下午》中从大革命退缩下来的女大学生伊楠,在"浪漫一点也无妨"的生活中迷恋于交际和打扮。在与新男友的交往中,她一边轻视男友的自以为是,一边又陶醉于男友"使女子欢悦的魔力";因为深知"尽欢而散,是无味的事,同时对于要笼络住对方是要常使他不能全然的满足"的道理,她刚刚还与男友坐车兜风、看电影,下一刻便断然回绝他共进晚餐的邀请。她自知这种没有真情付出的爱情游戏肤浅虚伪,但又沉迷其中,享受由此带来的爱的周旋与征服的满足。

《怅惘》中呈现的不是一对因两情相悦而结合的恋人,而是两个视爱情如游戏的情感弄客。男人热烈地爱着女人,交往后却发现"她对于自己并无怎样热烈的爱,不过存了随便爱爱,也未始不可的念头,所以一方面和自己爱着,一方面还在笼络着别的异性。她根本不知道什么是爱情;她只是把恋爱当作享乐,以使异性为自己颠倒为快乐,为光荣"。①　于是,痛苦与无奈的男人开始寻找曾经爱过他却被他因结新欢而抛弃的爱人李丽,想在那儿找到安慰。

《搬家》中的夫妻之间则没有基本的信任。妻子一人独留家中,为排除寂寞,也为省钱,提出与朋友时中夫妇合租一套房子同住。丈夫忽略妻子的感受,态度冷漠,甚至怀疑她与时中关系暧昧。

这些作品中的男女,欲望和享乐是感情的替代品,似乎不需要两情相悦;即使两情相悦,夫妻间也缺乏基本的信任。书信体小说《某少女》则以一个单恋故事来解构两情相悦的爱情神话。情窦初开的女学生因为一次话剧演出对 C 君一见钟情,在得到 C 君同意交往的许可后,在半年多的时间里,写了 58 封情书,大胆表达着自己爱的呼唤与追求。但这不可抑止的爱换来的却是失望与痛苦,因为 C 君"不过是觉得她是个可爱、天真的小妹妹;说是想把她作为自己的恋人,那是没有这意思的……于是便下决心和她断绝了"。

第三,对"天长地久"的解构。"山无棱,汇水为竭,冬雷震震,夏雨雪,天地合,乃敢与君绝!"是热恋中的男女渴望彼此感情天荒地老的铮铮誓言,但是当山盟海誓遇到来自家庭、社会的阻力或遭遇其他世俗诱惑时,他们还能坚守不变吗?

男人是善变的,"在他们生命之中,在他们的内心还停留在自我的状态,他爱的女人仅是有价值的东西之一;他们希望女人整个活在他们的生命中,但是并不希望为她而浪费自己的生命"。②　于是,我们看到,《妩君》中柔弱的妩君坚决地与震怒的父亲与顽固的家庭决裂,在漆黑的夜晚离家出走。但当她来到和情人约好的地点后,却不见情人的影子。相守永远的誓言随风远去,失望至极的妩君毅然走向了夜幕下的大海。她用生命的抗争来嘲讽着恋人天长地久的誓言,柔弱而短暂的生命显示出超凡的人格力量。

德·波伏娃说,与男人相反,女人"去爱一个人就是完全抛弃其他一切只为她爱人的利益存在"。拜伦说:"男人的爱情是男人的生命的一部分,是女人生命的整个的存在。"③但是当受到足够的诱惑的时候,女人会恒久坚守情爱的爱情神话也被女人自己打破了。

---

① 　中国现代文学馆编:《沉樱代表作:某少女》,第 231 页。
② 　[法]西蒙娜·德·波伏娃:《第二性》,陶铁柱译,中国书籍出版社 1998 年,第 56 页。
③ 　[法]西蒙娜·德·波伏娃:《第二性》,陶铁柱译,第 61 页。

薇是一名在上海读书的女大学生,是《时间与空间》的主人公。暑假回家途经青岛时候,她完全忘记了自己已经与方先生恋爱的事实,去拜访自己中学时代苦苦暗恋的同学的哥哥叶师华。两人短暂的相聚又唤起了从前的回忆,叶师华听从了薇的建议,计划转学上海。然而返校之后的薇,注意力多在游玩、交际之上,很快沉迷于与方先生的恋爱之中,而将叶师华抛在了脑后。当看到叶师华为她来上海办理转学,又因与她恋情无望而离开时,也难过,也内疚。但很快就被与方先生交往的快乐所代替,心情又像夏天的清晨一样愉快活泼起来。都市环境下,历来推崇的纯真、节制的爱恋被招之即来挥之即去的快餐式感情所代替,天长地久的感情也便成为远去的爱情神话。就像 2007 年最流行的网络语言之一所说:"女人无所谓正派,正派是因为受到的引诱不够;男人无所谓忠诚,忠诚是因为背叛的筹码太低。"

2. 知识女性的自处

沉樱的小说多写处于恋爱婚姻中被温馨和苦涩同时困扰着的知识女性。她是首先将笔触直伸进新式婚姻内部、写出知识女性面对情感危机无法逃避的幻灭感的女作家。

她笔下的女主人公已经从追逐自由婚姻的狂热中疏离出来,进入对现实情感的理性思考状态。她们已经站到与男性平等的视点,以一种成熟而机警的心态,透过对方审视自己,对方世界不再是一个单纯的充满敌意的世界,而是一个被自己依赖又常令自己失望的现实世界。面对这个世界,女主人公表露的情绪是错综复杂的:信任、无奈、讽刺、自嘲,这些交织在一起的立体化情绪后被张爱玲吊诡的笔法演绎成精刮男女们在浮华世界中机关算尽的心理游戏。这些饱满的情绪是早期女作家笔下略显扁平的人物难以涵盖的。

沉樱是继丁玲之后再次敢于正视女性自身困窘的小说家,但她滤去了莎菲追求性、爱的大胆与狂妄,而将其内心隐秘的失望与焦虑延展开来,这就是她笔下都市女性在恋爱婚姻中面对男性世界表现的情感经历以及在此经历中日益加深的幻灭感:妩君(《妩君》)选择了与恋人私奔的道路,她不顾父亲的怒骂、母亲的悲痛,怀着少女的美梦向约定的山峰奔去,明天意味着结合,明天意味着自由,但轮船已经起航,夜已把一切迷蒙罩住。她在失望中幻想着希望,又怀着希望迎来失望。小说把"他"置于背景上,全篇着重描写她在等待中的心理起伏,作者以温柔的笔法给了背景上的对方世界重重一戳,深度与力度远甚于庐隐笔下的倚天长吁、冯沅君笔下绝食自杀的女主角们。

　　如果说恋爱中的少女是以纤细、柔婉的心理话语表达对男性世界的不满与讽刺，那么，已婚少妇则是在冷静的观察、理智的思考之后把握对方世界，平衡自我的心灵状态：茜华(《喜筵之后》)为了报复婚后丈夫对她的冷淡，故意参加了朋友的喜筵，并约见旧日情人，甚至赌气放纵自己的感情，但回到家里她发现最爱的仍是自己的丈夫。情感历险并没结束，新的考验即将开始：当她把一切告诉丈夫时，他很是得意地回敬了她："这样你就可以知道我向别人追求时也是一样，总忘不了你的呵!"丈夫平和而狡黠地认同了茜华的感情经历，这比责备一通更令她不安，心理错位造成了出乎意料的反讽效果。

　　家庭生活的波折来自感情自身的危机。沉樱敏锐地意识到婚姻内部的这一矛盾，把都市男女相知又相隔、相近又相离的复杂情感，以沉稳而略带忧郁的叙述话语吐诉出来，这种自我的疏离以及自我与他人的疏离，被后来的张爱玲幻化成沧桑世事面前的命运感，将两性相处的玄妙扩展到对人的认识力和人际沟通的怀疑乃至绝望。

　　知识女性面对两性情感幻灭感，势必导致她们面临生存中的自处问题。这一时期，男权价值体系经过五四运动的撞击，出现松动的痕迹，都市女性不能再以前期的抗争态度与之对话，她们在新的文化氛围中面临的是更具挑战性、尖锐性的考验：自处问题，即在浮华世界中如何自怜、自珍、自强与自卫的问题。这是整个20世纪中国女性写作反复吟唱的主题，最早始于沉樱。绮君(《欲》)与丈夫婚后仍然甜美如初，但生活里出现了落拓不羁的艺术家季平，绮君于是春心萌动，"在季平面前施着挑拨似的意味"，但季平最终还是走了，绮君也清醒地知道"命运是以快乐为饵，给人以痛苦的"，她收起非分之想，与丈夫重新开始了平淡的生活。与其说是外在传统的道德理念迫使绮君精神自律，不如说是她自己看穿了男性世界，把自己从感情枷锁中解脱出来。她理智地分析了自己与季平的将来："也许比现在想念着季平更苦地念着丈夫了吧? 同时就了结婚的经验，觉得就是这样了，说不定仍逃不出这平凡的结局。"张女士(《中秋夜》)已过了娇媚风致的年龄，她一面瞧不起那些被恋爱俘虏的少女们，一面又哀叹着自己的"将来"正一天天成为"过去"，当中秋夜李先生唱着"妹妹我爱你"向她调情时，她似受了巨大侮辱，却又按捺不住内心深处被撩拨的涟漪，她那套"爱的哲学"在这样一个残烟将尽的中秋夜发出"何处是归程"的感叹。自处的困境是人类自我意识的飞跃，当人有了清醒的自我意识之后，才能称其为现代性的人，这是人的主体建构的思想基础。沉樱的小说虽然远离时代主题，淡化了火热喧嚣的现实背景,把故事的展开囿于狭小琐碎的日常生活中,但这使女主人公有了更多反思自我意识的可能,她们朦胧地意识到人、女人的孤独,把自己从或真实或虚幻的梦中分离出来,她们一面看到自身的脆弱,一面又获得了承担自己的勇气。因此,个人意识在她们身上被表现为一种现代性的价值立场和精神气质,一种生存的勇气和智慧。

在表现女主人公自处困境的心理流程时,沉樱抛弃了早期女作家(包括丁玲)"替女性说话"、唤醒沉睡女人的先进的叙述姿态,而是以一个女人对另一个女人说话的平等、坦诚来诉说五四高潮过后都市女性在琐碎生活中的焦躁不安。于是,现代女性关于自身生存方式与生存意义的焦虑,虽远离了政治和意识形态,被作者搁置到私人生活中,但这迫使她们的思维有了私向化和内向化的可能。

如果说五四女作家对爱情的追求是带有盲目性的宗教崇拜式的,她们没有勇气和能力去探讨爱情的情爱标准,那么,经过莎菲对性爱权力的确认和对异性对象的审视,到沉樱笔下,小说已经切实深入到婚姻生活的实质性。无论是张女士面对调情的窘态(《中秋夜》)、薇在与老同学散步时微妙的心理波动,还是妻的流产(《女人》)、女人的醋意(《爱情的开始》)、绮君的实施挑逗(《欲》),都是以性为核心的情感辐射。五四女作家为"不仅仅做个女人,还要做人"的理想奋斗过,而沉樱笔下的女主人却为"不仅仅做人,还要做个女人"努力着,她们唤醒了自身曾被忽略的性别意识,勇敢地揭示出曾被五四女性狂热追逐的自由爱情内部的危机,将新式婚姻放入思辨范畴接受新的理性考验。性别,在沉樱的创作中,不仅是刻意追求的意识,更是天然流露的视角。

(二)艺术

1. 做小说

虽然五四文学并没公开打出小说"非情节化"的旗帜,可在个性主义思潮和民主自由意识极度扩张的现实条件下,对急于宣泄个人情感、表达人生体验及社会理想的年青一代来说,缺乏情节的"独白式"小说(包括日记、书信等)是最合适的选择,随着小说创作重心由注重情节向五四初期淡化情节的游移,读者也曾一度把散文、诗当作小说的误读。针对文坛这一倾向,《文学旬刊》曾展开讨论,朱自清就慨叹道:"我们的短篇小说即兴而成的最多,注重结构的实在没有几个人。"①面对更为复杂壮阔的社会人生,1930年代的作家不得不放弃五四作家放纵主观情绪地"写小说",而把艺术触角深入到小说叙事模式的美学功能内部,有意识地去"做小说"。

　　沉樱是在现代中国女作家中较早自觉地承担起研习小说技巧的一个。她以"做小说"的态度塑造知识女性,艺术手段在现代小说叙事模式完成转变之后进一步成熟。具有很强自传色彩的《一个女作家》中的鲸珊,是一个由热爱文学、自由大胆地宣泄情感到为生存、为爱情而"做"文学的知识女性。当鲸珊发现文学已由充满感情的理想世界走进被琐事缠扰的现实生活时,不禁悲哀并且自嘲:写小说可以一举三得,享有名誉、金钱和爱情。现代中国女作家拒绝把小说作为一种事业,拒绝为之倾注全部精力,是文学史的一大遗憾。她们更愿意将之作为随心所欲的倾吐工具,心烦意乱的排遣手段,而不视之为生存途径,她们宁愿做学者、教授或贤妻良母,而不愿做实实在在的小说家。所以在漫长的半个世纪里,尽管有众多的女作者在文坛登台亮相,但艺术水准能经得住时间砥砺的却寥寥无几。她们的总体创作面对男性作家显得苍白而平庸。虽然沉樱也心痛文学的现实化,但她毕竟有过一段为生存而创作的体验,其小说无论结构还是语言都渗透着作者潜心营造的严谨态度。

　　沉樱小说的总体设想是让读者听到人物内心的声音。如果说早期的凌叔华以纯客观叙述来表达女性细腻的思想情感,沉樱则将其扩展到多种视角并借助叙事时间的变化来展现人物的情绪演变。《女性》写一个热爱文学的女性婚后不想改变浪漫的生活方式,却无意中怀孕,这使她的理想受到威胁,小说叙写了她做人工流产的过程。作者独具只眼地选择了"丈夫"作第一人称限制叙述视角——全篇采用倒叙,循着丈夫"我"的情绪线,写一个将为人母却从心理上无法接受这份权利的妻子内心的矛盾:她"一方面对这事厌恶着,一方面莫名其妙地想着如果有了小孩以后种种有趣的事";每次疼痛过后,妻都燃烧起强烈的生之欲望,计算着出院后的生活,这使"我"深为感动。当最后一次疼痛过去,妻疲倦地睁开眼睛,向"我"平静地微笑了,并要看护把小孩拿给她看:

---

　　① 朱自清:《叶圣陶的短篇小说》,吴为公、李树平编:《朱自清散文全编》,浙江文艺出版社1995年,第200页。

只剩下我和妻两人了，静静地拥抱着，欢喜之中又掺杂着那婴儿给予的悲惨的印象，心情颇为紊乱。妻忽然把我的脸注视了一会笑了说："那小孩很像你呢。"

还有什么比一个女人九死一生之后并没成为母亲更令人难过的呢？在"我"的眼里，妻是凭着对死婴一瞥的快乐来抚慰自己心头之痛的。她那些美好的幻想注定要被困在伤感的氛围中，生活只是一种连续，并没有开始。沉樱把一个女人生命中的普遍现象从她们的周遭生活中抽取出来，通过丈夫的眼睛加以临摹放大，这不仅触动了女性自身曾一度麻木的神经，更触动了男性世界粗疏、冷淡的情感区域。"仅仅说一个故事是由第一或第三人称讲的，并不能告诉我们什么重要事情。除非我们能更精确地描述叙述者的特性与某些特殊效果有关。"①一个女作家写女性私生活却借用男子的话语娓娓道来，其特殊效果，首先在于它抑制了作家自传倾向的诱惑，防止作者主观情绪的过多参与，使读者能在视角以外更客观地审视人物，理解人物。

其次，早期女作家青睐自传性叙事，除源于时代契机外，与男性世界的隔离也是不可或缺的因素。在她们的作品中，无论是"人生几何，对酒当歌"的自说自话，还是对生命、哲学、爱情等理念的抽象追问，都存在一个潜在的读者，即自身或同性，而沉樱选择男性视角叙写女性生活，突出了女性生存境遇的艰难。这一叙述视角获得了空前的可感性和可信性，使两性世界在"平视"线上的通融成为可能。除限制视角外，沉樱还经常采用纯客观叙述视角，将人物心理放入相对完整的情节中，潜入小说结构内部，精心构置情节，有意识地使小说在关键处收放转合，让主人公流动着的意识在某个时间或空间戛然受挫，落差和错位使读者流畅的阅读心态突然波动，不同凡响的艺术效果由此产生。

现代女作家在写作中对具有性别特征的小说语言的刻意寻求是一个不可忽视的事实。无论冰心、庐隐、凌叔华，还是后来的萧红，在其作品中都注重渲染和强化性别因素，让文本呈现出纯粹的女性话语形态。细腻舒缓的节奏，纤巧、甜蜜的语言，构成一股轻轻流动的诱惑力，但这并不意味着她们掌握了女性风格的成熟话语。伍尔夫在谈创作时，说英国女作家多萝西·理查生，"发明了，或者如果她没有发明、发展和使用了一种合适于她自己的句子，我们不妨称她为女性性心理的句子，它比旧的句子更富有弹性，可以拉得很长，挂得住最细

---

① 韦思·布斯：《小说修辞学》，广西人民出版社 1987 年，第 425 页。

小的微粒,也容得下最模糊的形状……这是一种妇女的句子。但只有在作家描写妇女的心灵时它才是妇女的"。① 这种富有弹性和容量的句子应该是女性写作成熟的话语形式。

在现代中国女作家的创作中,张爱玲富有情致的小说语言具有上述叙述的密度和厚度,形成女性写作熟透了的语言范式。但从早期女作家注重小说语言表现性的抒情功能,到张爱玲注重再现性的叙事,其中不可忽视的转承者,是沉樱。仅仅用"温柔、纯净"等描述女性写作的惯用话语概括沉樱的小说语言是不切实际的。读沉樱的小说,几乎不能立刻进入强烈的冲动、感奋状态,但她客观冷静的叙述中透着几分机警,有几分苛刻,其中既有对婚姻生活哲理性的思考,又不失生活原色的天然魅力。冷静,作为一种情感态度,具有人性和道德的内涵,作为一种叙述技巧,它又是反讽的,显示出人类感情的另外一极。② 《爱情的开始》里女人和男人出现情感危机后,女人冷静地检视两人的婚姻生活,慨叹着面对无谓摩擦的心灰意冷:

> ……因为我已经是你的妻子,不是你的爱人,恋爱的时期已经毁灭了,过去了。即使你以后对我稍好一点,也只是对于一个妻子的情意.不是爱情了!

同是描述女性面对爱情失落的心理世界,早期女作家却使用另一番话语形态:

> 人生到底作什么?……青年男女好像是一朵含苞未放的玫瑰花,美丽的颜色足以安慰自己,诱惑别人,芬芳的气息,足以满足自己,迷恋别人。但是等到花残了,叶枯了,人家弃置,自己憎厌,花木不能躲时间空间的支配,人类也是如此。那么人生到底作什么?③

这种在语词的玩味中抚弄心灵苦痛的缺乏弹性的语句,被沉樱注入知识女性清晰的判断力和自信力,到张爱玲笔下已经是既有从容的理性思考,又被瑰丽而富有嘲讽的语言煽动起读者情绪的诉说。如《倾城之恋》中有这样的句子:

---

① [英]弗吉尼亚·伍尔夫:《一间自己的房间》,吴晓雷译,陕西师范大学出版社 2014 年,第 394 页。

② 李振声、张新颖:《张爱玲和她的创作》,《张爱玲作品欣赏》,广西教育出版社 1994 年,第 17 页。

③ 林伟民编选:《海滨故人庐隐》,人民文学出版社 2001 年,第 170 页。

柳原现在从来不跟她闹着玩了。他把他的俏皮话省下来说给旁的女人听。那是值得庆幸的好现象,表示他完全把她当作自家人看待——名正言顺的妻。然而流苏还是有些怅惘。

对经验细节的体验,与沉樱惊人的相似,但就叙述态度和叙述技巧而言,沉樱是幼稚的、单调的,张爱玲却让我们看到了女性话语成熟的归宿。

2. 心理描写

沉樱的作品既不同于古典小说写事为主、情节取胜的艺术格局,又不同于五四初期很多作品忽略叙事技巧、直白地渲染情感的艺术风格,她的小说重点披露的是人物内心的欲望与矛盾,将生存的困惑和人性的隐秘凸现出来,用细腻精到的笔法把婚恋当中男女双方幽深微妙的心理表达得淋漓尽致,从而给人以震撼和沉思。正如盛英所说:"沉樱小说吸引人之处并不在情节的曲折或冲突的尖锐,而在于她特别擅长捕捉人物内心活动。"①《妩君》中妩君,"明天我们就自由了,明天我们就永远地结合了! 明天对于我们像一个圣节!""他是不来了! 他是不来了!""或许是他过了意外的纠叛好容易这时才奔来呢? 可是没有,怎样听也没有! 他也许在自己走下忠魂碑地方的时候,他随后就到那里了吧?"②写出了妩君在等待恋人时的甜蜜、等不到时的恐惧各种纷繁的情绪,最终,她看清了这个男子和社会的真实面目,心里竟感到一种难得的平静,从容地走进大海。《欲》中,拥有幸福的生活的琦君,沉浸在对小叔子季平的迷恋中,并计划与之私奔的心理,背叛丈夫内心又极度不安的心理,贯穿了始终。《两只面孔》的男主人公玄之和张女士殷勤攀谈时隐秘的性心理,经过沉樱冷静细致的笔法,得到了很好的展现。即使在《歧指》这样的社会题材中,沉樱也注意紧抓人物心理,避免了人物塑造落入类型化模式。

揭示人物心理,沉樱主要是采用了以下的几种手法:

(1)以人物行为暗示人物心理

在我国的古典小说和古典戏曲里,以外部行为刻画人物心理是最为常见的一种人物心理描写方法。作家有着极敏锐的艺术感受力,总是以全身心体察笔下人物在一定情景下可能有的心态,哪怕是飘忽的、刹那间的、转瞬即逝的心理也能不失时机地捕捉到,并往往通过人物动作、结合人物身份、性格予以准确表

---

① 盛英:《二十世纪中国女性文学史》,天津人民出版社 1995 年,第 29 页。
② 中国现代文学馆编:《沉樱代表作:某少女》,第 83 页。

现,从而使一个很简单、很自然的动作容纳下丰富的潜台词。沉樱很好地继承了这一点。

中秋节本是团圆欢庆的佳节,但《中秋节》中的张女士依然是形单影只,自由恋爱使女性有更多的机会接触男性,也拥有更多的选择空间,但却有一部分女性因为种种原因而错过了爱情。她们表面上对男性排斥拒绝,但内心却充满一种对爱的渴望。女主人公听男士说"久仰",便琢磨着是否同事已经介绍过她;见李先生每句话说完之后,总是目不转睛地望着她,又觉得讨厌;当她拖着沉重的步子下楼时候,又觉得李先生的关心是虚伪的,讨厌却又有点窝心。当大家晚上去公园以后,她抛出一句"我不会唱",脸涨红到不行。愤然离开后,她回忆李先生的一举一动,"心有点跳了",后来竟不胜回味,"仿佛在吃着很珍贵的食物,不忍匆匆地吃完,在细细地品味着那些她憧憬着的情境"。在确认李先生是爱她的时候,又有些怨恨自己,"何处是归宿呢?"①她仰望天高月清的苍穹,她莫不出声,她怅怅地坐在车里,都表现出她内心的寂寞和挣扎,一种想爱又害羞,想表现又好强,乖张孤僻的性格表露无遗。张女士的过于敏感令人觉得不可理解甚至可笑,但作为一个单身大龄女青年内心的孤独寂寞也使人同情与感叹。

(2)潜意识的剖析

弗洛伊德首次将人的意识结构分为三个层面:意识、前意识、潜意识。人们在日常生活中明显表现出来的意识只是心理结构的冰山一角,更庞大的潜意识和无意识躲藏在其中,从不经意的动作失误、口误、笔误以及梦等非常状态下流露出来,并且常因伦理道德的抵触以其他方式出现。"艺术家的任务不仅要表现人的意识活动,而且要深入到人的无意识中去,探索心灵的奥秘,以揭示人的丰富多变的内心世界,达到心理上的真实而非表面的真实。"②沉樱就通常通过无意识的失误、睡梦及自由联想,把内心的冲突塑造成外部的形象,达到揭示人物私密性、片段性、情感性心理的目的。

《爱情的开始》中,沉樱给女主人公注入了知识女性清晰的判断力和自信力,感情表达透彻的同时也保持了一定的距离。"女人有时也想:自己为什么这样自苦,以后也要学着无赖一点,对于一切都不动真情,但一到实际上,感到苦

① 中国现代文学馆编:《沉樱代表作:某少女》,第94页。
② 王宁:《文学与精神分析学》,人民文学出版社2002年,第43页。

痛的仍是自己,无底的悲哀侵来,任何的心思也消灭了。不过近来对于男人的爱早已压抑着,而竭力在施展着报复的心情,从前的温柔,现在似乎减少了。"①《旧雨》中:"无论如何我不能——她在心里自己对自己摇了一下头。她有竭力去思索,想寻出一条新的路,可是结果什么也没有想出。正如她对黄昭芳所说的从前的消灭了,新的梦也造不起来了,她又感觉到自己的可怜,景仰似的想起了在上海的旧日同学萧英。"②这种封闭式的自我诉求体现了人物的个性,以个人私语式的反抗为导向,展示了个人的倾诉和告白,显示出书信体小说向心理小说发展的趋势。

(三) 对照

孟悦、戴锦华认为:"对于中国女性而言,确立我与自己的关系,意味着重新确立女性的身体与女性的意志的关系,重新确立女性物质精神存在与女性符号称谓的关系,重新确立女性的存在与男性的关系,女性的称谓与男性的关系等一系列重大问题。"③在他们看来,我是我自己的,是女性向整个语言符号系统的挑战,也是子君们成为主体的话语瞬间,这一瞬间结束了女性绵延两年被物化、成为客体的历史,开始了女性们主体生成的阶段。

沉樱笔下的这些说话者不再以物的身份,而是以说话者的身份否决了以往被规定的话语者。《下雪》中男子不愿意女子过年回家,安慰她钱不够就不要回家了,当女子去意已决的时候他只好冒雪出去借钱,并且感伤他们的第一次分别,"我现在别的什么希望也没有了,只希望你早点回来就好"。这时男子想进一步挽留,但怕激起女子的反感并不直说。而一心回家的女子,先是要男子想法子出去凑钱,男子冒雪出去后,又一心想着:"借不到也就算了,快点回来吧。"当男子借到钱以后她不知是欢喜还是感谢,想着要如何分配这笔钱,同时面对着男子的挽留,她挣扎着没有说出的话,终于一边哭一边说了出来,茫然地开始给家里写信告知回不去了。男女双方的不同的心理,在使用语言、理解语言、交际内容及交际风格上表现出来的种种差异,都通过对照式的心理描写集中呈现出来。

《生涯》中的"我"搬到了钱的家中,她已经从一个意气风发的女学生变成

① 中国现代文学馆编:《沉樱代表作:某少女》,第60页。
② 中国现代文学馆编:《沉樱代表作:某少女》,第151页。
③ 孟悦、戴锦华:《浮出历史地表——现代妇女文学研究》,第110页。

了一个家庭主妇，羡慕"我"仍能读书，她信中说她现在好像做了苗的蚕，仅仅是在活着罢了。而"我"想看书，想写东西，想对现实有所改变，看着恋人逮楠变得没有理想，感到良心上的忏悔，"可是我真的是在这样地恋爱吗？我又不能不怀疑起来"。"我会相信能避开那平凡无聊的夫妻关系，而另造成一种新的生活方式吗？欺骗着他是一种残酷的罪恶，可是我又怎能将我的心向他告白呢？"钰还是过无聊的生活，一谈到写东西，就快活起来，可是，"我"却没了写下去的兴致，对着逮楠的信流起泪来，"我觉得好像是跌落在无边的海里，一块落下去的人们，有的是奋勇地向着岸边游泳去了，有的是抓着木片之类的在苟安着，只有我是既不会游泳而又连一根草也抓不到地只在浮尘。我还想生活，但我将怎样生活下去呢？"①

三、翻译与散文

在台湾文学界，有一种观点，认为沉樱的小说创作不如散文、散文的成就不如翻译。这一评价曾得到了沉樱本人的认同。且看沉樱在文学上的成就，在她一生中共创作了三十多篇小说，出版了一部散文集《春的声音》，而在翻译方面，却译介了六十多篇小说，并且深受广大读者的喜爱，翻译的许多作品都成为经久不衰的经典。

（一）翻译

沉樱的文学翻译受到了梁宗岱很大的影响，她这方面的成就是其他现代女性作家所难以企及的。在给朋友的信中，她曾说："老来一切更为看淡，好在无意中养成的写作兴趣竟伴我至今，成了唯一的生趣，虽然近来已不能从事，也还是盼着晚年定型的旧作的流传。我这种心情分析起来也带点赎罪意味。因为早年喜读翻译，爱慕新奇，自己提笔竟以摹仿劣译生硬笔调为能事，在文坛上混得虚名。直到中年之后，改习翻译，才知文学的艺术价值，痛改前非。"②可见，她对自己翻译作品的重视和肯定。

1967年，沉樱六十岁。这年6月，她用女儿寄自美国让她宴请亲友的汇款余款，自费印刷出版了她翻译的奥地利著名作家茨威格的小说集《一位陌生女子的来信》，想以之作为一种有意义的六十岁生日纪念。不料该书出版后却引

---

① 中国现代文学馆编：《沉樱代表作：某少女》，第163页。
② ［奥］茨威格：《同情的罪》，沉樱译，山东人民出版社1983年，第498页。

起了强烈反响,在当时台湾出版业萧条的境况中,一年内竟连印十版,后来又印行了二十多次,打破了台湾翻译作品的出版销售记录,而且该书历经五十年而不衰,至今仍畅销于台湾和海外,几乎成为这部名作的中文"定本"。

由于译作《一位陌生女子的来信》的畅销,沉樱在精神上受到极大的鼓舞,此后,她又先后翻译了英国、美国、奥地利、俄国、意大利、法国、德国、西班牙、匈牙利、希腊等国著名作家及犹太著名作家的优秀作品《青春梦》《毛姆小说集》《迷惑》《同情的罪》《女性三部曲》《悠游之歌》《拉丁学生》《怕》、《车轮下》《世界短篇小说选》等近二十种长篇小说和短篇小说集,此外还有世界名诗集《一切的峰顶》等。她将自己的译作统编为"沉樱译书""蒲公英译丛",再加上她的《沉樱散文集》、《散文欣赏》(一、二、三集)等,又编为"蒲公英丛书",并全由自己经销。在中国现代文学史上,作家自办出版社,能成功者不多,但沉樱却是成功的一例。她的那些译作一版再版,经久不衰,使沉樱成为台湾以翻译作品而赢得众多读者的著名翻译家。

"蒲公英译丛"书后,沉樱这样写道:

> 我喜欢花,尤其是那些有点异国情调的,象曼陀罗、郁金香、风信子、天竺葵、蒲公英等,单是看看名字也觉有趣。这些花中蒲公英是卑微的一种,冰雪刚化,它便钻出地面,展开绿叶,挺起黄花,点缀在枯寂了一冬的地面上,洋溢着一片春来的喜悦。尽管无人理会,仍然到处盛开,直到万紫千红争奇斗艳的时候,它才结子变成白头翁,悄然消逝。现在用作我杂乱译书的总名,一方面是为了这名字的可爱,另一方面也是为了那卑微的可取。①

这些话,说的是"译丛",表现的却是沉樱谦虚的美德、她的为人和性格。她与世无争,没有"野心",她以蒲公英自况,甘作"白头翁"。

有人主张文学作品不能翻译,认为一经翻译,原作的完美、文字的光彩,就会受到损坏。但沉樱赞成翻译。她对世界文学"是个多年兴趣不变的读者,爱读散文也爱读短篇小说,读到特别喜爱的便顺手译出",这是由于"唯有遇到心爱的名作加以翻译时,才能细读深思地得到真正读书之乐"。

因为一直认为"翻译都是阅读的副产品",因此,沉樱的翻译作品不是政治的附庸产物,也不是为了生活而毫无选择的翻译,她的翻译作品都是根据自己

---

① 转引自阎纯德:《沉樱,及其创作和翻译》,《新文学史料》1984 年第 2 期。

的兴趣而选定的题材,有人以题为《默默的耕耘者》来称赞她:"以她的高雅的趣味来选材,以她的优美文笔来转述,是最理想的翻译人才,而她静居家中,真不愧为默默的耕耘者。"①

她的好友罗兰女士也给予她的译文很高的评价:"沉樱女士以前也译过不少各国名家作品,我佩服她那恰如其分的译笔,能够完全摆脱开一般译作生涩拗口的毛病,而使原作者仍能以其优美潇洒的姿态出现在读者的面前。沉樱译作的成功,除了她中英文的高度修养之外,我想,她懂得选择与自己气质接近的作品,而使自己在半创作中,能够事半功倍而乐在其中,更是她成功的最大原因吧。"②

沉樱在翻译时对作者选择的面较广,但以茨威格的作品为主。所以如此,是因为在茨威格的作品——尤其是小说——中充满着对人物真实细腻的心理描写,正如沉樱所言:"他的作品就是他的灵魂猎获物。在他游猎的森林里,襞积里面,牢穴里面,深水之滨,高原之上,他遍历人类的灵魂,洞察人类灵魂游牧的热情。他喜爱人类心灵之形形色色的表现,什么也没有被抛弃于他的贪婪的同情心之外。他从事心灵的探讨,人性的发掘,是出自宗教家一般的悲天悯人的动机。"③在茨威格所擅长的心理描写中,又以对女性的心理情感描写见长。如他最著名的小说《一位陌生女子的来信》,就是以对陌生女子细腻而真实的心理描写著称,多年来经久不衰。

毛姆是英国现代的著名作家,他一生中所创造的短篇小说达一百多篇,以《叶的震颤》《卡苏里纳树》《阿金》等著称,深受读者的喜爱,在他的这些短篇小说中,渗透着对人性冷静、客观和深刻的分析,如同沉樱所言:"实在我对毛姆毫无研究,喜读他的作品,也只觉他对人性观察入里,对生活描写入微,同时那娓娓而谈的亲切笔调,不是把我们带入他的故事,而是他带着故事来到我们的身边。"④

选材的自由性及合适的题材也许是沉樱翻译作品取得成功的重要原因。但根本因素还在于她对翻译的理解与她在翻译作品中所展现出来的卓绝的

---

① [英]哈代等:《秘密的婚姻》,沉樱译,山东出版社1983年,第3页。
② 罗兰:《天之涯,地之角》,《新文学史料》1992年第1期。
③ [奥]褚威格(茨威格):《一位陌生女子的来信》,沉樱译,大地出版社有限公司2009年,第235页。
④ [英]哈代等:《秘密的婚姻》,第7页。

才华。

　　她是把翻译当成创作来对待的一位严肃的翻译家,追求的不只是达意,而且还要传神。她认为,翻译不只是文字的变换,同时还要表达内在的气势。古人说过"文以气为",翻译的文章自亦不能例外,必须注意语气的明确,文气的流畅,使有一气呵成之美。她的译笔潇洒、优美如行云流水,卷舒自如,完全摆脱了一般译作生涩拗口的毛病,做到了"篇篇珠圆玉润,浑然无疵"。她对译文字字斟酌,句句求精,既能体会入微,又能曲尽其妙。在翻译中,经过细读深解,她从中得到了无穷的乐趣,她说:"如果体会出一点言外之意,或是表达出一点微妙情调,简直像是自己创作一般得意。"①

　　沉樱之所以会将自己翻译的小说取名为"蒲公英丛书",是因为其对蒲公英"谦虚、温和的物性的喜爱",②它们虽没有艳丽的外表,却能随风飞扬散落在世界各个地方,孕育出新的生命。正如她所翻译的小说一样,虽然篇幅短小,但其中传达出的人性关怀却深深地影响着一代又一代的读者,经久不衰。

　　(二)散文

　　沉樱的散文不多,但那纯朴、简洁、流畅的文笔,真挚、动人的感情,从不眩惑于奇巧和华丽的辞藻等艺术特色和风格,是令人难忘的。1972 年,她在台湾自费自售出版了《沉樱散文集》。③ 这本集子分三辑:小品(十四篇)、信札(八篇)和序文(十六篇)。她在《自序》中说,从大陆到台湾,又越洋到美国,她对散文一直怀着敝帚自珍的感情。她散文中的《春的声音》《我们的海》《果园食客》等都是读者的难忘之作,先后已选入几种选集。写《往事并不如烟》的章诒和女士,透露自己的写作深受沉樱影响,并盛赞沉樱:"我正在阅读沉樱,她的散文简约纯朴,感情真挚,不眩惑于奇巧华丽,不刻意追求艺术特色。我能学到她的一半,就满足了。可能一半也学不到。"④

　　对于散文,她有其追求。她编了三本《散文欣赏》,所收多为世界名家之作(也有中国作家的作品),从三篇序文中,我们可了解她对散文的看法:……

---

① 　[英]哈代等:《秘密的婚姻》,第 3 – 4 页。
② 　盛英:《二十世纪中国女性文学史》,第 319 页。
③ 　《沉樱散文集》是沉樱 1972 年在台湾自费出版的,增补本改名为《春的声音》,林海音编,纯文学出版社 1986 年出版。
④ 　章诒和、王培元:《但洗铅华不洗愁——写者、编者谈〈往事并不如烟〉》,《理论参考》2004 年第 3 期。

题材方面,大部分仍是风花雪月,鸟兽虫鱼,偶尔有写生活的,也都是身边琐事。记得这类题材一向为人诉病,且自己喜爱的就是这种闲情逸趣,人有偏好,实在是没办法的事。……一篇文学作品的好坏,在于有无意思。这意思可分为意义、意味、意境三种。但情感确实怎么也挡不住的,其中最感人的是她的故国情思:

> "等是有家归不得,杜鹃休向耳边啼!"虽然是在繁花如锦的蜀国之春,又有谁曾忘记了家乡呢?但愿没有太多人知道它就是杜鹃,就是子规,而它叫的就是"不如归去"吧——我当时曾这样在默念着。

> 家乡是归去了,但曾几何时又离开了。现在宝岛上,我又住在乡下,在这四季如春的地方,花木是够繁茂的,但常使我觉得奇怪的是鸟声并不太多。看了到处开的杜鹃花,我的耳边似乎又响起杜鹃的"不如归去!"的叫唤。是的,什么时候我再归去听听那些"春的声音"呢?

这是沉樱的散文名作《春的声音》中的最后两节文字。在这篇美文中,沉樱描写了她八九岁时在山东潍县乡下避乱时所认识的春天,着力描写了春的声音——布谷鸟的鸣唱,状写了杜鹃"不如归去"的啼呼,倾吐了作者对家乡的怀念。该文1940年写于重庆北碚,1949年又重写于台湾。之所以重写,不单是为了文字的修饰,更多的还是出于沉樱对故乡的怀念。沉樱在台湾虽不乏朋友和亲人,但那"不如归去"的声音,几十年来一直响在沉樱的心头,使她屡屡忆起家乡的亲友和过去的故事。

1979年冬,沉樱通过梁宗岱在国内某大学任教的弟弟梁宗矩和与其失掉联系三十余年的表兄田仲济(时为山东师范大学中文系教授)恢复了通信联系,在此后的五年中,沉樱给田仲济先生先后写来了近三十封信。在这些信中,沉樱多次表达了其故国故园之思,如在1980年6月给田先生的信中,沉樱曾这样写道:"回国最大的愿望不过是看看故乡,见见亲友而已……你们在济南算我的老家……只是想到寿终之地,又总觉得故乡好。"在同年7月给田先生的信中,沉樱还曾这样问道:"济南较我在时,有何改变?回回烧饼、油条、炉箅还有吧?省立第一女中仍在原址否?何年创立?能代打听一下否?现在济南还有无认识我的人?"此外,在给田先生的信中,沉樱还多次在信中向这位表兄流露想回国定居的念头。

1982年4月,在第七十六个生日的前夕,沉樱终于归来了。这年的4月9

日,沉樱独自一人,只提了一只小箱子,从美国纽约乘飞机飞抵上海。在上海,沉樱受到了中国作家协会主席巴金及其老友、作家赵清阁等人的热情接待。在济南,沉樱见到了她的表兄——山东师范大学中文系教授田仲济;后来,田先生对沉樱的此次济南之行曾有如下记述:"济南是她中小学读书的地方,她很想到街上看看几十年来的变化,但苦于力不从心。我的老伴就劝她进行身体的锻炼,她也完全同意。两个老人常于晚饭后到院子里散步,可数十米或百来米的距离,中间休息几次。因而逛大街的想法终于未能实现,只有乘车到什么地方去时,从车窗中一瞥市容。"①在北京,中国文联副主席阳翰笙,以及她在文艺界的老朋友——朱光潜、卞之琳、罗念生等人接待了她。

此次回国,沉樱原本是打算就此在国内定居、不再回美国的,因而在回国前把在美国的住房及所有家具、衣物等都做了处理。她想定居的地方是北京或上海,因为这两个地方有她早年结识的许多好友。可是,有关单位后来却将她安排到了开封文联(由于她和马彦祥所生的女儿马伦在开封工作)。她在那儿闲居了两三个月,始终不能习惯,只好又飞回美国。

---

① 田仲济:《沉樱去台湾以后》,《新文学史料》1992 年第 2 期。

赵清阁:恋父情结浓郁的燕赵奇女

赵清阁是继白薇、袁昌英之后,致力于戏剧创作的又一位现代女剧作家。重庆时期,她被誉为"战时剧坛最活跃的一位女剧作家"。但她的大半生都活在"流言"、委屈中,不能不让人想到《红楼梦》中那个"心比天高"的晴雯姑娘,想到了那个美丽、倔强女子的不幸命运。她的创作显示着浓郁的恋父情结。

　　赵清阁年少才高,心气亦高,这从她"以文会友"的取舍态度中就能表现出来。因此,从踏入文学界开始,她就不断地得到前辈们的欣赏、关心、爱护,乃至提携。而她的作品,显现着浓郁的恋父情结。这与她的童年经历有关,与她的交往有关,更与老舍有关。因此,要走进她的作品,就要先走进她的心灵。

一、才华

　　赵清阁,1914 年 5 月 9 日出生在河南信阳城内一个小官僚地主家庭里。她的祖父是一个清朝举人,曾当过学官,熟通古文韵律,能吟诗作赋。她的舅舅是进士,母亲是一个聪明而有才气的女子。可惜红颜薄命,在她五岁的时候,年仅二十六岁的母亲就离开了人间。但她对母亲念念不忘:

>　　我记不清母亲的音容笑貌了,但是从外祖母、祖母她们的嘴里,我知道母亲是一个聪明、贤淑、风雅、富才情的女子;这在照片上也能看得出,她的形象十分优美,因此我更爱她,怀念她!①

　　在汴梁读书时,小清阁在梦中欣逢亲娘,母女相拥而泣。小清阁发愿永远不离开母亲。母亲实在给她缠得没有办法,只好让她闭上眼睛,表示要带她到一个没有太阳,不见光明的地方——

>　　我觉得母亲的话是骗人的遁词,世界上怎么会没有太阳,不见光明呢?我暗自好笑,笑她把我当成三岁小儿了。但是此刻蒙上了眼睛,确是眼前一片漆黑。我只好闭上双目,由她牵着我走出去。走呀走的,不知道走了多少路,走得我有些腿软,头晕,而内心却是十分愉快。我想象着今后我就不再是没有娘的孩子了,我为这莫大的幸福而陶醉!
>
>　　记不清过了多长时间,我有点不耐烦了,我喊了一声"娘",没有回应,我便睁开了眼睛,多么离奇的事情呀,手帕不在了,母亲也不见了,面前是一片荒芜的旷野。我不禁怔住了,宛如冷水浇头,利箭刺进心扉!我痛绝地倒在地上,我又起身四处寻觅,大声地呼叫!寂静笼罩太空,黄沙弥满天地,我的泪眼模糊了……②

---

①　赵清阁:《母亲》,《沧海泛忆》,香港三联书店 1982 年,第 1 页。
②　赵清阁:《母亲》,《沧海泛忆》,第 2 - 3 页。

　　文末，赵清阁写道："梦醒了，一切依旧；我依旧没有母亲，依旧孤独……"

　　此后，赵清阁在创作与感情方面，都是孤身上路的，但母亲的影响无处不在。她曾经这样写道：

> 　　听说母亲除了长于女红刺绣以外，能诗会画，不愧是书香门第的女儿。但是她年轻，身体就不好，经常生病，为这她很忧郁；因为她热爱生活，爱她的母亲和我。可恨苍天无情，她才只有二十六岁的年龄，就被夺去了生命，从此离开了人间，离开了我。①

　　她大抵遗传了年轻早夭的母亲的基因，幼年对文学便表现了极大的兴趣。她的文学启蒙老师，是小学时代的宋若瑜，②还有一位姓孙的国文老师。大约九岁，她进了信阳女师附小，插班三年级，到高小五年级时，这位姓孙的国文老师对她的成绩很感满意，就让她主编了级刊墙报。她的作文经常被选用，这就刺激了同学们的竞赛，级刊变成了竞赛的园地，十分活泼有趣。

　　此时，她父亲续娶了一房太太。她不喜欢继母，她的继母也不喜欢她。父亲老是站在继母那一边，开始逐渐对她疏远，只有祖母是她相依为命的亲人。由于家庭环境的恶劣，她将书本当作知己，虽然它们无法代替母爱，却帮助她找到了逃避之所，于是她习惯了在"孤孤独独，凄凄凉凉"中求学，在"孤孤独独，凄凄凉凉"中求生。

　　音乐、体育老师宋若瑜发觉赵清阁喜爱文学，常常叫她到屋里去为她讲解新文学知识，介绍她阅读"五四"以来的新书和杂志，如冰心的《寄小读者》和《小朋友》月刊等，在她和孙老师的培育下，赵清阁这棵幼苗便逐渐奠定了文艺的兴趣和志愿。

　　初中时期，她受过一位姓陆的英文老师的影响。他是黄埔一期的学生，他不但教她读书，还教她反抗封建家庭。这一教导，对赵清阁的一生起了重要的作用。

　　1929 年，赵清阁初中快要毕业了。一天，她在父亲屋外的石榴树上无意中

---

① 赵清阁：《母亲》，《沧海泛忆》，第 8 页。
② 著名的无产阶级革命作家蒋光慈的妻子。详细情况可参看周仕生的《中州女杰宋若瑜》，见《新文学史料》2005 年第 4 期。

听到父亲与继母的谈话，当听到他们打算让她退学、嫁给"旗杆"①时，她好似遭到了晴天霹雳。她意识到出走是唯一的出路，下定了离家出走的决心。

这一年严冬的一个漆黑、寒冷的深夜，十五岁的赵清阁怀揣着慈爱的祖母仅有的四块银元悄悄逃出了信阳老家，搭上了驶往开封的夜车，结束了一生中仅有的家庭生活，背井离乡，开始了颠沛漂泊的生活。

由于赵清阁从小受到喜欢绘画的母亲影响，虽没有经过专门训练，竟然考进了刚刚建立的河南艺术学校。她的主课是绘画和艺术概论，也同时学习音乐。经过两年扎扎实实的科班训练，她的西洋画、素描和国画都长进不少。时任校长的焦端初是上海美专毕业的，也喜欢文学，引导赵清阁阅读了不少中外文学名著。读得多了，自然就有了创作的欲望。在写给友人潘耀明②的一封信中，她曾这样谈及自己创作的起步：

> 我第一次正式在报刊发表的作品是一首诗，题目已忘了，内容大约是反家庭封建压迫的。发表在1929年或1930年的《河南民报》的副刊上。

我的诗发表后，我发现投稿还是一条通向经济自立的路。于是我以后便向各报投稿，我什么都写，小说、戏剧、散文、杂文，我把一肚子怨气都倾泻到笔墨间，我不仅抨击自己的封建家庭，也批评揭露亲友的家庭，我激怒了父亲，也得罪了亲友，但是一个血气方刚的少年，是不知天高地厚，不受礼教束缚的。③

因受到五四影响，赵清阁笔下的题材，大都是揭露黑暗，讴歌光明。这是那一个年代进步知识分子必由的历程。

此后，她一边在河南《民国日报》当编辑，一边到河南大学旁听，充实自己，同时还在救济院贫民小学校教书。在那里，她接触了许多下层人民，对他们产生深深的同情，也对贫富悬殊造成的社会罪恶感到不平和愤慨。于是，她写了

---

① 旗杆，也就是功名旗杆，明清时期约定而成的风俗，指科举中功名后，在宗祠前竖立旗杆，是封建社会科举功名的象征。材质有石头基座杉木杆的，也有全石质的。上面刻出中举人的姓名、世次、功名、科次、官衔品位爵位及年代，有的则一字不刻，有的在图案上还会有文举、武举的区别。作用有二：一是考取功名后，竖立旗杆可以光耀门楣；二是旗杆竖立后，作为后人学习榜样，激励后人积极进取。竖立功名旗杆的资格因地而异，一般只要贡生以上资格即可。当然因人而异，也有部分家庭因贫困潦倒，无力出资，再者宗族实力不强，就不能竖立旗杆了。晚清时期，例贡生的增多，竖立功名旗杆的排场也加大，首先请石匠做旗杆夹、木匠做旗杆等，然后请唢呐班吹奏，最后宴请官员、嘉宾、族老、亲戚等等。

② 香港知名作家、编辑家、出版家，常用笔名彦火。

③ 彦火：《翠阁花香勤著书》，2015年9月1日《美文》2015年第17期

不少"不拐弯抹角"的文章。这使她被视为危险分子而遭解雇。

1933年,她插班上海美术专科学校,师从既是画家又是作家的倪贻德①教授学习西洋画。这时,她忧郁的气质、倔强的性格表现得更加明显。没有钱交学费,她宁愿勤工俭学也不向后母索取。生活的现实启发她思考,画笔则显露出她的思想。她自言"喜欢孤僻",又"喜欢寂静",并在"寂静"中思索如何杀出一条路来。② 于是,她的性格中有了倨傲顽强的一面。

身为美专学生的她,却更勤于写作,逐渐成了黄心勉③主编的《女子月刊》的基本撰稿人,还兼任上海天一电影公司出版的《明星日报》的编辑,认识了剧作家左明、④洪深⑤等天一公司导演,对她日后的电影戏剧创作的影响极大。

1935年春,赵清阁在左明陪同下,获鲁迅接见,并受到鲁迅的鼓励。许广平后来在回忆早年对赵清阁的印象时,认为赵清阁与萧红性格迥异,前者缄默文静,学生气很浓;后者则是活泼的女青年。

虽然赵清阁只见过鲁迅一面,但对她以后创作的影响是巨大和深远的。在《从鲁迅想到许广平》中,赵清阁写道:

> 那是1934年的春天,我才二十岁,当时我还在上海美专学习,并在天一电影公司工作。因久仰鲁迅先生诲人不倦,便不揣冒昧写信给他,还寄去我发表了的小说、散文和旧体诗,一些幼稚的作品向他请教。我以为大文豪也许不会理睬一个无名小卒,不想没几天就接到他一纸短笺,约我去施高塔路(今山阴路)内山书店见面。这真令人喜出望外!⑥

在与赵清阁的会晤中,鲁迅谆谆教导,让她不要尽写旧体诗,希望她改写新

---

① 倪贻德(1901-1970),现代画家,1922年毕业于上海美术专科学校,留校任教,对引进欧洲绘画理论和绘画技法,发展我国的油画事业起了一定的推进作用。擅画风景,著有《近代艺术》《西洋美术史纲要》《西洋画研究》等。也喜欢文学,著有小说集《玄武湖之秋》《东海之滨》《百合集》等。

② 赵清阁:《自序》,《风》,自力书店1944年。

③ 1930年代的出版家,高举"发表女子作品,供给女子读物"旗帜,与丈夫姚名达先生一起主持创办了《女子月刊》、女子书店。详细情况可参看徐柏容的《黄心勉:三十年代女编辑出版家》,见《出版史料》2005年第3期。

④ 左明(1902-1941),原名廖宗岱,陕西南郑人,现代戏剧家,中国左翼戏剧家联盟成员。

⑤ 洪深(1894-1955),江苏武进(今属常州市)人,是中国现代话剧和电影的奠基人之一,著名导演、剧作家、戏剧批评家、教育家、社会活动家。一生创作、编译了三十八部话剧剧本,作品大都取材于现实生活,时代特色鲜明。

⑥ 赵清阁:《从鲁迅想到许广平》,《沧海泛忆》,香港三联书店1982年,第165页。

诗,并表示:"写散文要富诗意,作新诗对写散文有帮助。散文无论抒情或叙事,都必须辞藻优美、精炼。然而更重要的是,诗与散文都应言志,不要空洞无物。"

鲁迅还鼓励赵清阁好好学画。此后,赵清阁便认定文学艺术这条路。她能诗能文会画,而且还是电影编剧家和戏剧家。她对小说、戏剧、电影等多有贡献,写了二十多部戏剧和电影剧本,六七部中长篇小说,出版过三个短篇小说集。此外,尚有散文和文艺理论作品等,凡二百余万字。

她的一生,与长期以来所说的"某作家"——也就是老舍——息息相关。而她与老舍故事的展开,和她的编剧才华息息相关。在给潘耀明的信中,赵清阁这样回忆自己的早年创作:

> 1936年我曾试写过一个电影剧本《模特儿》,取材自美术学校模特儿的悲惨生活。发表以后,我的老师倪贻德看到了(他是美专教授、创造社的作家),记得他笑着摇摇头说:"这题材在中国没有人敢拍成电影,刘海粟(美专校长)当初首倡画真人模特儿时,被封建权势斥为叛逆。如果今天把模特儿搬上银幕,虽然时代变了,恐怕也还难免物议。"给他这么一说,我就不再考虑拍摄的问题了。但我总算尝试了电影剧本的创作。到了抗日战争的时候,我的兴趣转到话剧创作,当时我写了不少宣传爱国思想、反帝斗争的话剧本。①

这段话的意思是,抱有叛逆心态的赵清阁本来想把《模特儿》搬上银幕,打破中国旧道德的界限,却被倪贻德劝住了。这该是中国电影界的遗憾。可以设想,如果赵清阁编的《模特儿》真正放映,该有怎样的轰动效应!应该不下于刘海粟当年首倡真人模特的影响吧?

可见,赵清阁在编剧方面的才气,的确过人。

在抗战时期的重庆,她和老舍合写了三个话剧剧本:《虎啸》《桃李春风》和《万世师表》。在小说创作成就方面,当然是以老舍为牛首,谈到剧本创作技巧及创作经验,赵清阁肯定比老舍优胜一筹。两人合作创作剧本,取长补短,可谓天衣无缝。赵清阁曾表示:

> 当初老舍叫我同他合作剧本的时候,我不大赞成,因为他的意思,是希望发挥两个人的长处!他善于写对话,我比较懂得戏的表现。而我却担心

---

① 彦火:《翠阁花香勤著书》。

这样会失败。

　　合作的经过是如此:故事由我们两个人共同商定后,他把故事写出来,我从事分幕。好像盖房子,我把架子搭好以后,他执笔第一二幕。那时候我正住医院,他带着一二幕的原稿来看我的病,于是我躺在床上接着草写第三四幕。但文字上还是他偏劳整理起来的。老舍的对话很幽默,如第一二幕情节虽嫌平静,对话却调和了空气,演出博得不少喝彩声。①

两人的这一合作可谓乳水交融,情愫也由此默默地滋生了。

二、水晶般的一段情

(一)相识

赵清阁与老舍的相识,缘于胡绍轩。胡绍轩与赵清阁因文字结缘,1936 年就已有书信、稿件往来。1937 年 11 月,日本军队逼近泉城之际,老舍抛下弱妻幼子,只身离开——去了武汉。

"投身抗战"自然是个冠冕堂皇的理由,但,老舍的做法似乎超出了常理。到现在,我都不能理解,正值兵荒马乱,他怎么能狠心离开当时年仅四岁的长女、两岁的儿子,以及还不满三个月幼女。毕竟,并不是所有留在敌占区的人都是汉奸。

据韩秀回忆,她与老舍、沈从文"都长时间近距离接触过","我想,他们有一个共同点,他们都是随时准备逃家的男人","抗战是一个多么堂皇的理由,他抛妻别子,跑了,去为抗敌协会奔走……"②

赵清阁于同年年底拒绝了河南郑州一家报社的聘请,谢绝了徐州第五战区的邀约,只身从河南来到汉口,第二天就去武昌看望胡绍轩。关于这次相见,胡绍轩这样回忆:

　　　　那时她才二十二岁,穿着京沪一带流行的时髦短装,短头发,态度潇洒,落落大方,健谈。她给我的第一个印象是,有男性的健美,又有女性的温柔。自那以后,1938 年春,我们就经常见面了。她告诉我,想在武汉创办一个文艺期刊,我答应全力支持。③

---

① 彦火:《翠阁花香勤著书》。
② 吴营洲:《老舍的死与他的婚外恋》,《各界》2011 年第 9 期。
③ 胡绍轩:《现代文坛风云录》,重庆出版社 1991 年,第 243 - 244 页。

1938年2月，胡绍轩为了组稿，在武昌粮道街一家酒楼订了两桌酒席，宴请十余位作家和诗人。其中有老舍、叶平林、郁达夫和赵清阁等。这是老舍和赵清阁出现在同一场合的最早记载。没过多久，胡绍轩再次专门请赵清阁和老舍两人上小馆子喝酒，只邀了叶平林作陪。2月下旬，赵清阁积极筹备《弹花》杂志的出版，她向胡绍轩等老朋友约稿，也邀请著名作家老舍撰文。在1938年3月15日出版的《弹花》创刊号上，老舍的《我们携起手来》发表在头条位置。此后，老舍与比他小十五岁的赵清阁日益熟悉起来。

3月27日，"文协"①在汉口总商会礼堂召开成立大会，有文艺家及各界来宾三百余人与会，赵清阁参加了会议。老舍在文艺家中的威望，加深了他在赵清阁脑海中的印象。不久，她又被聘为"文协"组织部干事，与"文协"总负责人老舍的接触就更频繁了。

两人的接触，是赵清阁有意为之的结果。她很早就认识洪深、王莹、②欧阳予倩、郭沫若、茅盾等左翼文化人，并与他们密切交往，"她很有条件在那之前就成为培养对象"。③于是，她也就成了善于搞"统战"的周恩来安插在老舍身边的一粒棋子，目的就是将老舍这个自由主义者拉到中共方面来。既然担负着周恩来所托的重要使命，加上其他左翼文人的鼎力相助，赵清阁自然成为老舍在抗战期间最亲密的人，也就不辱使命地帮助老舍向左的方面逐渐转化。

1938年盛夏，武汉战事吃紧，日寇加强了对这个抗战中枢的空袭，国民政府下令各机关社团往后方撤退，赵清阁决定到陪都重庆去继续出版她的《弹花》文艺月刊。老舍得知后，7月10日下午特意在同春酒馆为她饯行。赵清阁回忆说：席间，老舍"劝勉了我许多恳挚的话，他说：到后方只要不是苟且偷生去，无论直接间接，只要是帮助抗战的工作，都有价值。一个拿笔杆的人，事实上不可能执枪荷弹……于是，更增加我入川的决心了，同时又为将要离开这样一个良师益友而惜别着"。④

饭后，他俩沿着街道边走边谈，老舍一直把赵清阁送到住所才返回。老舍的关怀和爱护，在赵清阁心里烙下深深的烙印。她带上老舍的长篇小说《牛天

---

① "中华全国文艺界抗敌协会"的简称。
② 王莹(1913－1974)，中国话剧及电影演员、作家。十七岁加入中国共产党，在上海演话剧、拍电影，是镁光灯下的热血少女。
③ 蒋泥：《老舍的沉浮人生》，东方出版社2008年，第176页。
④ 赵清阁：《汉川行》，《沧海泛忆》，第29页。

赐传》,陪伴自己西去的旅程。

次月,老舍也带着"文协"的印鉴,与王向辰①等一起来到重庆。最初,老舍住在大梁公园路(今新华路——作者注)附近的青年会里,而赵清阁则住在苍坪街一间小餐馆的阁楼上,和老舍近在咫尺,因此,他们的往来较多。不过,数月后,由于赵清阁客居的小餐馆被敌机炸毁,她便迁往两路口居住了。

在重庆主编《弹花》的两年多时间里,赵清阁得到了老舍的大力支持。据胡绍轩统计,对《弹花》支持最大作家,就是老舍。他前前后后为《弹花》写了十篇诗文,其中不乏抗战时期的重要作品,如前面提到的《我们携起手来》,如1939年元旦做的《我为什么离开武汉》等。

1939年5月4日,赵清阁抱着《弹花》的文稿去印刷厂准备排印出刊的途中,在大梁子附近碰上了日机的大轰炸,头部受了伤,血流满面,她赶紧跑到离此不远的青年会向老舍求援。老舍为她消毒清创,包扎伤口,然后又陪着她和安娥②沿长江北岸走了两个多小时,把她们送回寓所。此后不久,赵清阁因染上肺病,又因被单位设在北碚的教科书编辑委员会聘为编辑,便迁居离重庆主城近百公里的北温泉,住在一幢名叫"琴庐"的房舍里,一方面养病,一方面编刊写作。

后来,赵清阁主编"弹花文艺丛书",拟订了出版计划,第一辑十册,最先出版的就是老舍的《张自忠》。由此可见,当时赵清阁和老舍在事业上是相互支持、相互帮助的。这也从一个侧面证明,他们的友谊和情感在日益发展和深化。

赵清阁景仰老舍的才华,老舍也欣赏赵清阁的勇敢。老舍在为赵清阁的小说、游记及随感集《凤》所作的"序"中写道:

> 流亡到武汉,我认识了许多位文艺界的朋友,清阁女士是其中的一位,那时候,她正为创刊《弹花》终日奔忙。她很瘦弱,可是非常勇敢,独自办一个刊物已非易事,她还自己写稿子。对文艺,她仿佛中了魔似的爱好着,学习着,尝试着!《弹花》并不能给她饭吃,还须去做事挣来三餐。她是勇敢的!这小册子里所收纳的文章都足以证明,她是怎样的为了文艺去吃苦冒

---

① 王向辰(1898-1968),笔名老向,现代著名通俗文学作家。当时是"文协"下属的"通俗文艺工作委员会"委员之一,并担任"通俗文艺讲习会"的讲师。

② 安娥(1905-1976),原名张式沅,曾用名何平、张菊生。中国现代著名剧作家、作词家、诗人、记者、翻译家、社会活动家。其丈夫为《义勇军进行曲》词作者田汉。1925年加入了中国共产党,曾在上海中共中央特科工作。当时为"文协"理事。

险,而永不后悔……神圣的抗战使每个人知道,并看重自己的责任,自自然然的也就把严肃、诚恳、勤苦带到生活上来。清阁女士的勇敢与努力正好说明了这一点。①

赵清阁与老舍情感最炽热的时候,是在北碚中山路汽车站旁一幢新建的三层楼房中毗邻而居的时候。大约在 1940 年初春,赵清阁肺病痊愈,她便从北温泉迁往北碚中山路居住,与梁宗岱、沉樱夫妇合租了那幢新建楼房的两层,沉樱一家住三楼,赵清阁和表姐、同学杨郁文住二楼。

这年深秋,在北碚生活了数月的林语堂,无意留在国内,他把在蔡锷路购置的一幢砖木结构的小别墅交给了"文协"使用。王向辰一家及老舍便迁居到这里,离赵清阁寓所很近。同样离得很近的雅舍主人梁实秋,不时来看望老舍,他在一篇回忆当年的文章中写道:

> 老舍先是住在林语堂先生所有的一栋小洋房的楼上靠近楼梯的一小间房屋,房间很小,一床一桌,才可容身。他独自一人,以写作自遣……老舍为人和蔼可亲,平易近人,但是内心却很孤独……②

(二)合作

或许是受友情的鼓舞,赵清阁这期间文思泉涌,佳作迭出。成了她文学生涯中的巅峰时期。而她与老舍在剧本写作上的合作,更是陪都文坛的一段佳话。

老舍在完成了《张自忠》《大地龙蛇》《归去来兮》《谁先到重庆》等几个剧本之后,深切地感到自己缺少舞台经验,而赵清阁是研究戏剧的,她的剧本中对人物在舞台上的位置甚至左转右转都会清楚地注明。如果能与她合作,取长补短,也许能写出高质量的剧本来。为此,老舍邀请赵清阁和抗日伤残军人萧亦五一起参加《虎啸》剧本的编写。具体做法是:先由有战场经验的萧亦五想出故事,然后由赵清阁考虑结构,最后由老舍写台词,做一次集体写作的试验。赵清阁认为,合作剧本,很容易造成故事情节的不统一,所以最初老舍约她时她不大赞成。但《虎啸》的完成,打消了她的顾虑。于是,在老舍的说服下,他们要合作第二个剧本了。

---

① 老舍:《序》,赵清阁:《凤》,自力书店 1944 年。
② 梁实秋:《梁实秋怀人丛录·关于老舍》,当代世界出版社 2007 年,第 247 - 248 页。

　　就在这时候,1943 年 5 月下旬,赵清阁突然患盲肠炎,入北碚江苏医学院附属医院住院治疗。她是这个医院的老病号了,两年前患肺病时,曾得到这所医院医生护士的精心治疗,内科的范医生几乎每天上门为她注射钙针,使她的肺病得以在短期内康复。现在她得了盲肠炎,便又到这里来求医。为她做手术的是外科的刘主任。在手术台上,赵清阁十分畏惧,当她哭叫的时候,一个笃信基督教的老护士来到她身边,拉着她的手,不停地安慰她。老护士一面嘴里喃喃地祷告,一面不住地在胸前画"十"字,慈祥地说:"不要怕,孩子,闭上眼睛睡觉吧!"①赵清阁觉得这位老护士好像是她最亲爱的人——奶奶,便慢慢地进入了梦乡。

　　两个小时后当她醒来时,这位护士依然站在病床边,告诉她盲肠手术已顺利做完,说罢在赵清阁胸前画了个"十"字。

　　赵清阁的病情一天天好转,老舍又来探视她,与她商讨新剧本《桃李春风》的创作。此次合作的过程是这样的:故事情节由两人共同构思,拟定后,老舍把故事梗概写出来,赵清阁负责分幕。这就像盖房子,老舍把架子搭好以后,便执笔写出第一、第二幕。6 月间,老舍带着第一、第二幕的初稿来看望赵清阁。赵清阁在病床上读罢老舍写的第一、第二幕,便接着草写第三、第四幕。她只不过是草写而已,文字上还得偏劳老舍修改和润色。最后,赵清阁在全剧对话上加写动作,这样才终于大功告成。

　　10 月间,《桃李春风》剧本初稿刚刚杀青,老舍开始感到腹部疼痛。因赵清阁前不久患过盲肠炎,他便来征询赵清阁的意见,赵清阁劝老舍"顶好去看看医生",催促他赶紧上医院。因赵清阁与江苏医院的医生护士都熟悉,她立即陪同老舍去就医。诊断结果是盲肠炎,须住院治疗。

　　老舍手术时,赵清阁和另外几个朋友一直在手术室外等候着。手术后,朋友们有的白天陪伴,有的晚上守夜,二十四小时轮流照看老舍。赵清阁更是忙前忙后,精心照顾。

　　正当老舍住院之际,《桃李春风》由中电剧团排练演出,博得了不少喝彩声。这出剧是为纪念教师节而作,旨在颂扬教育者的气节、操守、牺牲精神,并提倡尊师重教。后来,国民政府教育部借戏剧节之际奖励优秀剧本时,《桃李春风》名列前茅,获得最高额度奖金一万元。

---

　　①　赵清阁:《汉川行》,《沧海泛忆》,第 29 页。

《桃李春风》合作的成功,不仅在陪都文坛传为佳话。两位作者的深情厚谊也为陪都文艺界广为知晓。有人回忆道:"在抗战时期的重庆,赵清阁的名字常与老舍联系在一起。"①

然而,此时对他们交往的绯闻也甚嚣尘上,不胫而走。一个是年轻的单身女性,一个是远离妻儿孑然一身的男人,二人又合作得亲密无间。这自然让人想入非非。更让当事者难以容忍的恐怕是将两人的"邻居关系"误传为"同居关系"——直到今天还有这种论调在文艺圈传播。如《林斤澜说》中写道:"他们一段时间是同居关系。"②《我仍在苦苦跋涉:牛汉自述》中也说:"她在重庆时期和老舍在北碚公开同居,一起从事创作,共同署名。"③撰文的这两位为什么知道得如此真切? 是亲眼所见吗? 当时林斤澜刚考入国立电化专科学校电影戏剧专业。牛汉也是在这一年考入陕西城固县的西北大学俄文专业,他们当时只是刚进校门的大学生,都远离陪都文坛,怎么知道两人"公开同居"? 无非是道听途说,人云亦云罢了。

听听亲历者留下的文字记录吧。梁实秋这样记述二人的住处:"后来老舍搬离了那个地方,搬到马路边的一排平房中的一间,我记得那一排平房中赵清阁住过其中的另一间,李辰冬夫妇也住过另一间。这个地方离我的雅舍很近,所以我和老舍见面的机会较多。"④

这里讲得很明白,老舍和赵清阁是左邻右舍,还有李辰冬⑤夫妇同住在一排房子的另一不同居室。说他们亲密无间或互有爱意都不为过,但说他们"公开同居",显然没有任何依据。

赵清阁当时对社会上的流言蜚语非常生气,她给被她视为兄长和引路人的阳翰笙去信,诉说了她的苦恼与愤懑。阳翰笙在 1943 年 9 月 11 日的日记中写道:"清阁来信说:人与人之间,既无'了解',而又有'批评'。这批评是什么? 即恶意的毁谤,因为他不了解你。所以他误会你,甚至猜疑你,至于冤诬你。尤

---

① 刘以鬯:《记赵清阁》,《华文文学》1987 年第 3 期。

② 程绍国:《林斤澜说》,人民文学出版社 2006 年,第 154 页。

③ 牛汉口述,何启治、李晋西编撰:《我仍在苦苦跋涉:牛汉自述》,三联书店 2008 年,第 201 页。

④ 梁实秋:《梁实秋怀人丛录·关于老舍》,第 247 – 248 页。

⑤ 李辰冬(1907 – 1983),初名振东,河南省济源县人。1924 就读燕京大学国文系,后留学法国,获文学博士,归国后执教于母校燕京大学及天津女子师范学院。抗战时期辗转重庆,任教中央政治学校。1949 年任教台湾师范大学。

其是对于女性。做人更难。他会给你造出许多难以容忍的想入非非的谣言。天知道我们(像我同老舍)这种人,刻苦好学,只凭劳力生活,为的是保持淡泊宁静。孰料仍不免是非之论……"①

阳翰笙与赵清阁抗战时期来往频密,友谊深厚,阳是理解赵的为人和品行的。赵清阁在这封信中,坦承她与老舍有相同的旨趣,希望保持淡泊宁静的生活。她并不忌讳别人知晓自己与老舍的友谊和感情。她的内心是亮堂的,所以他们的感情才得到朋友们的理解和尊重。阳翰笙在日记中记载了很多与赵清阁交往的事实,从中可以看出老舍和赵清阁的关系的确很密切。如1943年8月14日,他在日记中写道:"9时往访清阁。在那里得晤老舍,谈至快。"8月15日的日记里写道:"12时与老宋(注:即宋之的)到清阁家午餐……饭后,老宋先行。我与舍予、清阁直谈至夜10时始归。"阳翰笙又说"清阁在我们朋辈中,一年四季常常三病两痛,也真有点像抗战时期的潇湘妃子了"。远亲不如近邻,又是邻居又是文友的老舍,偶尔过来照顾和关怀一下"潇湘妃子",自是情理中事。阳翰笙七十年前的日记写得很随意,很自然,因为他觉得老舍与赵清阁的关系是再正常不过的了。这是见证者的真实记录,比那些道听途说更值得人们去鉴别和思考,也更有说服力。

1943年10月,老舍夫人胡絜青带着三个孩子千里迢迢从北平来到重庆。史承钧教授说:"老舍的朋友很多,他的事情瞒不过朋友们。有些朋友从爱护老舍的观念出发,写信告诉了胡絜青。因此才有胡絜青甘冒风险,勇敢地维护自己的家庭的行动。"②

赵清阁得知胡絜青要来重庆,但路费困难的时候,曾独自去找当时负责"救济总署"工作的端木恺③律师——在"图书编译委员会"工作时,他们是同事——希望他能以援助著名作家名义给予适当帮助。后来,老舍确实得到了

---

① 赵清阁:《沧海往事——中国著名作家书信集锦》,上海文艺出版社2006年。本章中涉及赵清阁与现代作家来往书简的文字均出自该书,不再一一注明。

② 史承钧:《读傅光明著〈书信世界里的赵清阁与老舍〉所想到的》,《现代中国文化与文学》2011年第2期。

③ 端木恺(1903 – 1987),亦名端木铁恺,字铸秋。安徽当涂人。毕业于上海复旦大学政治系、东吴大学法科,留学美国密西根大学,授法学博士。曾任南京中央军校军官教育团政治教官、安徽教育厅秘书、科长、省立安徽大学法学院院长、农矿部秘书、复旦大学法学院院长,国立中央大学、东吴大学行政法教授。当时任国家总动员会议副秘书长、代理秘书长。

"救济总署"对他家属赴川路费的资助。

这就是赵清阁的独特。她外表清秀,但个性中不无燕赵男儿的刚勇与侠义。因此,她会让人留下"是一个具有男子气概的女人"①的印象。事实上,不少朋友和她交往,对她的第一印象是作家,而不是女性。因此,一些朋友们的太太,也和她关系不错。交往中,她们习惯把赵清阁看作是和自己不一样的:她们是丈夫身旁的妻子,是相夫育子的贤妻良母;而赵清阁,那是干事业的女作家。她们不会因为自己丈夫和赵清阁交往密切而不放心。

但胡絜青的到来,还是给老舍和赵清阁的亲密交往带来了冲击,原本很坦然的关系,如今却遭遇了尴尬。而此时,老舍的心情也是五味杂陈。梁实秋说:"那时候他的夫人已自北平赶来四川,但是他的生活更陷于苦闷。"②家人团聚应该足欢喜的事,老舍却苦闷。为什么? 无非是对那一段纯真感情的念念不忘。

与老舍同样陷于苦闷的,当然还有赵清阁。她上歌乐山向好友冰心诉说了心曲。自 1940 年冬赵清阁与冰心相识后,二人就成了无话不谈的知心朋友,每每在生活上事业上遇到挫折,赵清阁都能从冰心那里得到劝勉和抚慰。冰心与老舍也有深厚的友谊,那些年老舍时常上歌乐山看望冰心和她的孩子们。冰心是个传统观念浓厚的人,对爱情和婚姻一直秉持严谨的态度。比如她对徐志摩的恋爱观和种种作为就持不屑和批判的态度,徐志摩遇难不久,在给梁实秋的信中,她说:"志摩是蝴蝶,而不是蜜蜂,女人的好处就得不着,女人的坏处就使他牺牲了。"③而她对老舍与赵清阁之间的情谊却持理解和包容的态度,在她看来,老舍与赵清阁的情谊是人世间至真至纯的,是值得同情和礼赞的。正因为如此,她对苦闷中的赵清阁关爱有加,建议赵清阁把心思和注意力转移到把《红楼梦》改编成话剧上来。在写"于一九八二年上元节后四日"的《红楼梦话剧集》"自序"中,赵清阁说:"1943 年的秋天,我从北碚迁居重庆。当时身体、心情都很坏,是逃避现实又像是在迷雾里找精神出路;总之,我是在百无聊赖中开始了《红楼梦》的研究和改编。"④

而从赵清阁改编《红楼梦》的思路也可以看出她对待男女私情的严肃态度。

---

① 刘以鬯:《记赵清阁》。
② 梁实秋:《梁实秋怀人丛录·忆老舍》,第 171 页。
③ 冰心:《致梁实秋》,卓如编:《冰心全集》(第二卷),海峡文艺出版社 1995 年,第 465 页。
④ 赵清阁:《红楼梦话剧集》,四川文艺出版社出版 1985 年。

鉴于当时的心境,她对原著中人物的解读不可避免地带有强烈的个人色彩。比如,她将贾宝玉和林黛玉的感情历程,理解为"从友谊发展为爱情"。她对晴雯与宝玉的相处之道的诠释,也体现了她对高尚人品的赞美。她为晴雯辩护,特别强调晴雯和贾宝玉亲密相处不分尊卑,晴雯心地坦荡无私,行为光明磊落,她可以抱病彻夜为贾宝玉补缀孔雀裘,但绝不肯做那些替宝玉"洗澡""换衣"的下作之事,更不会干袭人那种鬼鬼祟祟的"勾当"。

赵清阁的文品和人品,一直深得朋友们的赞赏。所以,抗战时期在陪都重庆她结识了文艺界众多的名人雅士,受到大家的敬重。胡绍轩对赵清阁在抗战时期的所作所为做了公允的评价,他写道:"抗战时期,她与表姐杨郁文住在一起,我去她家无数次,对她是有一定程度的了解的。无可否认,她是中国现代文坛上较有影响的第二代女作家之一,也无可否认。她主编的《弹花》是一个进步的民办杂志,她在抗日民族统一战线的伟大旗帜下,团结了各方面的作家,对抗战文艺事业做出了贡献。"①

不仅如此,赵清阁还得到了中共领导人周恩来夫妇的理解和爱护。周恩来对私生活是很严肃的,他也严格要求身边的同志。周恩来对老舍和赵清阁的那段感情是知道的,也是理解的,当年,周恩来在不同的场合曾见过几次赵清阁,留有深刻印象;"文协"成立以来,周恩来对老舍是器重的,一直支持他在"文协"的领导工作。老舍与赵清阁都是党外人士,但周恩来尊重他们、信任他们。

仔细想来,一个逃家男人与一个从来没有家的才女,有没有性,重要吗?赵清阁母亲早逝,继母冷漠,父亲忙碌,唯一给过她家庭温暖的老祖母也只能是在她面对婚姻压迫时偷偷把她送出家门……从此,从十五岁到八十五岁,赵清阁再也没有家。也许,她给老舍的,是无家才女的清爽。"清阁赵家璧,白薇黄药眠。"干净得不容许有一点点尘埃。著名诗人、作家邵燕祥,用十分恰当而又令人震撼的语言表述说:"在老舍夫人胡絜青携子女从沦陷区间关千里来到重庆以前,孤身一人的老舍与单身女作家赵清阁之间,有一段不容后人亵渎以对的感情经历。"②掷地有声、义正词严!

(三)余波

抗战胜利了,为攒足回上海的路费,赵清阁摆了地摊处理家产。一次,不期

---

① 胡绍轩:《现代文坛风云录》,重庆出版社1991年,第249页。

② 邵燕祥:《周恩来与郭、老、曹的"知己"之谊》,《南方周末》2010年3月25日。

与老舍和郭沫若等人相遇。赵清阁后来回忆说:"有一天中午我正坐着出神地看书……忽然有人从顾客手里拿过口琴说了一句:'让我看看。'接着又说:'两元,我买了!'我被这熟稔的四川口音怔了怔,举目一看,原来地摊前面站的是作家郭沫若和老舍。他们从天官府郭老家出来,经过这里发现了我。""老舍同志幽默地慢条斯理地说:'依我,干脆把地摊摆到那些外国使馆门前去,我给你写块招牌,就叫'作家地摊',也让洋大人们见识见识咱们中国作家的体面!'"①

1945 年 10 月 23 日,老舍与傅抱石赴莲花池,为即将返沪的赵清阁饯别。傅抱石给赵清阁赠送了一幅《红梅扁舟图》画册,老舍在册页即兴题诗一首:

> 风雨八年晦,霜江万叶明,
>
> 扁舟载酒去,河山无限情。

很难想象,在地摊儿前面对赵清阁依然"幽默地慢条斯理"的老舍,内心是什么滋味;在莲花池与赵清阁不得不分手,写下"扁舟载酒去,河山无限情"的诗句相送时,感情又是怎样的波澜。

1946 年元旦,回到上海的赵清阁开始主编《原野》,以《新年吟》为题在显著位置刊载了老舍的一首旧体诗:雾里梅花江上烟,小三峡外又新年;病中有酒仍须醉,家在卢沟桥北边!担任编委的赵清阁,在《文潮》月刊创刊号上重刊了她与老舍合写的四幕话剧《金声玉振》(又名《桃李春风》)。之后,老舍与曹禺一起访美,赵清阁到码头相送。冰心说:"我的侄子那天送他表妹上船,说看见你送老舍。老舍想来一定高兴得很,去换一换空气。"②

在美期间,老舍给赵清阁写了许多信,可惜后来全被销毁了。现在能看到的,只有一张照片背面的文字。照片是老舍和一位美国女孩的合影,背面写道:"华盛顿大本营(美国独立战争之时)的外边。小女孩只有十岁,却能大大方方的领导外方的朋友参观一切,讲说一切。天晚了,她还给我雇了车来。可惜我忘了她的姓名。克,一九四七年初。"署名"克",是独属于他们二人的秘密。原来在北碚时,赵清阁根据梁实秋翻译的小说《咆哮山庄》③改编了话剧《此恨绵

①　赵清阁:《汉川行》,《沧海泛忆》,第 29 页。

②　赵清阁:《浮生若梦》,华岳出版社 1989 年,第 64 页。

③　《咆哮山庄》,署名"爱美莱·白朗特著梁实秋译",1946 年由商务印书馆出版。今通译为《呼啸山庄》,是英国女作家勃朗特姐妹之一艾米莉·勃朗特的杰作。

绵》，男女主角的译名分别是安克夫和安苡珊。①　之后两人通信时，在很长的一段时间里，遂互以"克"和"珊"相称。

当时，老舍还有一个打算。陈子善《团圆》一文中说："据赵清阁和老舍共同的好友赵家璧先生生前见告，老舍和曹禺1946年初应美国国务院美中文化合作计划之请联袂访美，因《骆驼祥子》英译本的成功，老舍留在了美国，设想今后专事英文著述，并把赵清阁也接到美国。"②以后，老舍还在信中表示，已经在马尼拉③买好了房子，要赵清阁到那里去定居。

赵清阁为什么没有去找老舍呢？从她的小说《落叶无限愁》可以略窥心迹。这个短篇小说写于1947年，原载她本人主编的现代中国女作家小说专集《无题集》，主要情节是：抗战胜利，滞留大后方的中年教授邵环，满以为能够与相恋的年轻女画家灿终成眷属。不料，灿不愿毁坏邵教授已有的家室，悄然离开。邵教授赶往上海寻到灿，两人又双双漫步街头。可是，得知邵妻明日将追到上海，灿再次毅然消失。"邵环倒在泥泞中，落叶寂寞地埋葬了他的灵魂！"小说自然是虚构的，但故事中的感情冲突，与作者的亲身经历不能说没有联系。

1948年初，赵清阁选择了将老舍不太著名的小说《离婚》改编为电影剧本，而此时在大洋彼岸，继《骆驼祥子》英译本出版之后，老舍又推出了《离婚》的英文版，书名改译为"The Quest for Love of Lao Lee"（老李的爱的追求）。是巧合，还是两人有过交流？不得而知。但有一点可以肯定，老舍希望赵清阁能到国外来，如《落叶无限愁》里邵环所言："让我们想法子逃到遥远的地方去，找一个清静的住处，我著书，你作画，与清风为友，与明月为伴，任天塌地陷，我们的爱情永生。"④但老舍没有勇气与留在国内的胡絜青正式离婚。对于心高气傲的赵清阁，这是无法逾越的鸿沟。

1948年9月24日，在朋友们的策划、动员下，赵清阁来到了北平，这是她人生中第一次北平之游。在冰心从1945年到1948年的多次通信中，一直劝赵清阁出去走走，特别是要到北平，她也希望赵清阁到北平定居。普遍认为，赵清阁

---

① 安克夫和安苡珊，今通译为希斯克利夫和凯瑟琳。
② 傅光明：《书信世界里的赵清阁与老舍》，复旦大学出版社2012年，第11页。本章中凡涉及老舍与赵清阁信件的内容，均出自该书，以后不一一注明。
③ 赵清阁后来解释说，并不是马尼拉，而是新加坡。
④ 傅光明：《书信世界里的赵清阁与老舍》，第106页。

不愿北上,是因为上海有很多新知旧友,而且,赵清阁也更熟悉上海的环境。但是,如果从 1948 年赵清阁的北平之行来看,她最终的选择可能有着更多不为人道的原因。

　　来到北平后,赵清阁受到了各方好友的热情款待,在她当时的日记中,记录了每日的行程:9 月 24 日,乘飞机到北平,和同机抵达的戏剧家顾仲彝①逛北海公园,访问了老友谢冰莹夫妇,也去拜访了梁实秋夫妇、社会学家吴景超夫妇等老朋友;9 月 26 日,逛王府井、东安市场,梁实秋陪她逛中山公园、天安门、太庙,还吃到了北平特有的奶油栗子;9 月 27 日,去清华园,再次看望吴景超和龚叶雅夫妇。夜,看望朱自清的夫人陈竹隐;9 月 28 日,拜访清华校长梅贻琦先生及夫人,再次到吴景超家吃饭,下午,去逛颐和园;9 月 29 日,看望潘光旦,看望林徽因,到太太客厅小坐,参观燕京大学,听荀慧生戏《晴雯》……9 月 30 日,再次到谢冰莹家吃饺子,逛故宫,看小翠花的《大劈棺》,10 月份以后,还帮助顾仲彝招考演员;又去陶然亭拜谒了石评梅、高君宇的墓地,也带着点小姑娘的好奇,去寻访了赛金花的墓地……直到临走前的 10 月 13 日,赵清阁还去拜谒了白石老人,并被齐白石收为女弟子,当然,只是挂名……即便只是流水账似的记录,读者也能感觉到这次北平之行的规模和档次。②

　　显然,这次北平之行,赵清阁非常惬意,在北平最好的秋天,赵清阁受到了北平文化界高规格的接待。而这些文化人,很多与她是共同经历抗战的患难知己。这次北平之行给赵清阁留下了良好的印象,她在日记中写道:"醒来已经到了陪都京华! 这个久已向往的古城,尽管我是首次莅临,但我并不觉得陌生;因为儿时就从祖母那里常听她谈些北平的景况,她随祖父在北平住过;所以她会讲北平话,我也跟着她学会了一口北平话。飞机降落于西郊,还是午前十点半钟。太阳展现出晴朗的笑脸迎接我,没有风沙,北平的秋是可爱的!"可以看出,1948 年,在北平的赵清阁,心情显然不错,她和谢冰莹聊天,还谈到了彼此的生活,她觉得,谢冰莹比她幸福,但她比冰莹快乐、自由,甚至,她有些自得地写道:"我这辈子铁了心只写作,别的什么都不干。……

---

①　顾仲彝(1903－1965):祖籍浙江余姚廊下,生于嘉兴。南京大学文学系著名校友。民盟成员。曾加入上海戏剧协社和文学研究会。以后,任上海暨南大学和复旦大学教授。新中国成立后,在上海戏剧学院执教,先后开设西欧戏剧史、编剧概论、名剧分析、作家作品研究、戏剧概论等课程,翻译、改编、创作了近五十部剧本。

②　吉光:《历史的边角:小人物与北京》,金城出版社 2014 年,第 115 页。

她(冰莹)不可能专业写作,她需要固定收入。我理解她的苦衷,她有家累,没有我轻松。"①

北京之行结束后,赵清阁返回了上海,也许,这次北平之行,是她在选择未来生活之前的一次试探。如果没有以后的一系列变故,北平也许会是赵清阁的终老之乡。从此,她与朋友的信件中常流露出对北平这座城市的渴望。新中国成立后的 1950 年,阳翰笙给赵清阁的一封信中写道:"关于你学习的事,凤子已有函告你,你请放心,只要你的身体好了,随时来都可以。这儿的朋友是不会忘记你的,你千万不要觉得你很孤单。"②显然,赵清阁向阳翰笙提到了要到北京学习工作的情况,才有此回复的。

正当两人感情纠缠不清,赵清阁徘徊不定之际,中国发生了天翻地覆的变化。在 1949 年第一次文代会上,周恩来没有见到老舍,觉得很遗憾,"他需要老舍这样的大作家歌唱新中国"。③ 于是,安排人写信,动员他回国。赵清阁也根据组织上的要求,给老舍去了信。老舍研究专家傅光明说:"曹禺先生曾说,他也是奉命写信盛邀老舍回国的人之一。不知能否可以这样推测,在促成老舍回国的诸多因素中,清阁先生的信是十分'给力'的。"④

史承钧教授说:"我了解老舍其实也有过不回来的打算。我不能不据实写,而写了又怕影响老舍爱国者的形象。近年来有人披露曾见到过老舍 1948 年的一封信,老舍在信中说已在马尼拉买好房子,让赵清阁去马尼拉团聚,已经触及这个问题了。我没有见到这封信。但赵清阁先生和我谈到过,不过她说的是新加坡。她说遵照阳翰笙的指示写信动员老舍回国,老舍曾写信要她去新加坡共同生活。他说,到了国外,就没有什么名分不名分的问题了。她回信不同意,说你回来再说吧。老舍不久便回来了。"⑤

1949 年 10 月 31 日,老舍乘"威尔逊总统号"轮船离开美国,先到香港,绕道朝鲜,12 月 9 日抵达天津,12 日回到北京。1950 年 4 月,胡絜青带着孩子由北碚返京,老舍购置了一所四合院,全家入住。

---

①　吉光:《历史的边角:小人物与北京》,第 119 页。
②　吉光:《历史的边角:小人物与北京》,第 127 页。
③　蒋泥:《老舍的沉浮人生》,第 186 页。
④　傅光明:《书信世界里的赵清阁与老舍》,第 37 页。
⑤　史承钧:《读傅光明著〈书信世界里的赵清阁与老舍〉所想到的》,《现代中国文化与文学》2011 年第 2 期。

　　老舍当年出国，把胡絜青留在四川，在国外时，也没有想到接她出去，而是惦记着赵清阁。这次回国，接来的却是胡絜青，而不是赵清阁。这一变卦，无疑是有许多内外条件制约。有一点不容忽视，即他回国的一切是组织上安排的，路线事先定好，一到北京，便去拜会周恩来。据史承钧说，老舍曾写信给周恩来，专门讲到他和赵清阁的友情。老舍归国，是新政权的一项形象工程，如果一回来就发生婚变事件，会有负面的社会影响。接胡絜青回京，一家团聚，应该是权衡各方利害后的决定。或许正是因此，周恩来一直对赵清阁抱有歉疚，尤其在老舍死于非命之后。邓颖超晚年，对赵清阁予以特别关照，可能也有这方面因素。

　　回到祖国，老舍落居北京，在北京市文联任职。新中国刚刚成立，百废待兴，身为著名作家的老舍也日夜工作。但在繁忙的工作中老舍还时刻关心着赵清阁。从老舍给赵清阁的信中可以看出一斑。现录几封信片断：

　　　　快到你的寿日了，我祝你健康、快活！许久无信，或系故意不写。我猜：也许是为我那篇小文的缘故。我也猜得出，你愿我忘了此事，全心去服务。我感谢你的深厚友谊！不管你吧，我到时候即写信给你，但不再乱说，你若以为这样做可以，就请闲暇中写几行来，好吧？

　　这是 1955 年 4 月 25 日，老舍给他"清弟"（注：即赵清阁）的信。

　　1956 年 10 月 20 日，老舍在信中写道："家璧来，带来茶叶，谢谢你。昨见广平同志，她说你精神略好，只是仍很消瘦，她十分关切你，并言设法改进一切。我也告诉她，你非常感谢她的温情与友谊。"年底，许广平以人大代表的身份到上海视察知识分子政策落实情况，对赵清阁在电影厂工作不对口提出质疑，赵清阁很快重返创作岗位。

　　1957 年 2 月 7 日，老舍致赵清阁的信，谈到话剧《西望长安》的创作问题，信中同时也道出了老舍对赵清阁这位独居女人的关爱："近日想念甚切，因王莹由南返京，说在沪没见到你，我甚不放心，也不写写信，怕你或在积极学习中，昨得函，始悉你又病了。我前日给家璧函，提到你的关心，叫他去看你。切盼你病况急速好转，好多服务。"

　　1960 年 4 月，赵清阁为创作反映京剧新老艺人不同遭遇的剧本，到北京戏曲学校体验生活，拜访田汉、老舍等，老舍回忆起在重庆的日日夜夜，遂赋诗《忆蜀中小景二绝》书成条幅赠赵清阁，诗曰：

　　蕉叶清新卷月明，田边苔井晚波生。

　　村姑汲水自来去，坐听青蛙断续鸣。

　　杜鹃峰下杜鹃啼，碧水东流月向西。

　　莫道花残春寂寞，隔宴新笋与檐齐。

　　1961 年 6 月，赵清阁生日时，老舍寄信题句，曰："清流笛韵微添醉，翠阁花香勤著书"表示祝贺。这两句也是赵清阁一生的写照。1963 年 4 月，阳翰笙、老舍出席广州文艺会议后到上海逗留了三天。这是他们的最后一别。1966 年 8 月 23 日，老舍到文联上班被打成现行反革命，后投太平湖溺水而死。

　　老舍自沉的原因是多方面的。但与夫人胡絜青对老舍与赵清阁有"不正常暧昧关系"的揭发关系一切，却是压倒他的最后一根稻草。中国社会科学院文学所樊骏老师在讲《关于老舍》专题时，说道："假如当时赵清阁在他身边，他不会去跳太平湖。"①

　　消息传到上海，赵清阁无论怎样也不相信这位曾劝病中的她"不要着急，不要苦闷"，"练练气功，这样能养气养心"的著名作家会突然跳湖自杀。老舍解脱了，赵清阁在受批斗之余，心灵和精神上的创伤是巨大而深广的。

　　令人纳闷的是，赵清阁晚年写了很多怀念别人的文章，而没有一篇专门写老舍的，但在她写给友人的文字中，老舍像个无法抹去的暗影，不紧不慢，步履相依，她多次提起过老舍送她的礼物，小摆件、相片、书，也提到过老舍和其他朋友一起去看望她，提到过他们的依依话别……总有老舍的影子，很多的细节，只是，都是剪影。也许，能够形影相随的夫妻是幸福的，而像老舍和赵清阁这样，心有灵犀的伴侣，也是难得的。隐隐想起李清照的一首词中的一句，"叶叶心心，舒卷有余情"，也许，在赵清阁心中，老舍是不用专门来撰文回忆的，一提笔，就生分了；最美的记忆，如同满地散落的珍珠，如果一定要用针线把它串联起来，就勉强了。

　　不可忽略的一点是，她爱惜羽毛，不愿卷入是非，招来流言。在老舍生前，两人的交往中，她一直恪守自己的底线；老舍去世后，甚至在垂垂暮年，她仍然是如履薄冰。

　　在今天看来，这段感情无可厚非，不会有损两位当事人的形象。但对于他

----

　　①　张彦林:《赵清阁与老舍》,《河南日报》2003. 年 3 月 7 日第 7 版。

们那一代人而言,境况却完全不同。赵清阁去世后,孔海珠①在悼念文章中讲到,1979 年,与赵清阁在上海社会科学院同事时,因研究于伶戏剧发生的一件事:"在于伶的记忆中,不仅有他这剧本(注:《杏花春雨江南》)得奖,还有老舍和赵清阁合作的一部剧本同时也得了奖,建议我不妨在赵上班时请教她一下。于是,有一天,正巧在单位的走廊里,看到她在吴嫂的陪同下要离去,我心急慌忙上前,开口说了请教,她不但不回答,翻了我一眼,和别人说了几句,理也不理地走路了。搞得我目瞪口呆,心想涉及老舍大约不能问,我太冒失。"②孔海珠只说对了一半,不仅老舍的事不能问,当年《桃李春风》得奖的事也不能问。要知道,赵清阁正是因此被扣上"反动文人""国防戏剧的追随者"等帽子,批斗抄家,以致瘫痪数年。直到 1978 年,这一"历史问题"才得到平反,恢复名誉。与老舍的关系,当然不属于"历史问题"。那时有个专用词汇"作风问题",这也同样可以断送一个人的政治生命。对于赵清阁这样洁身自好的人,更是避之不及。

1985 年 7 月 26 日,邓颖超致赵清阁信中说:"最近,你来信提到秦德君,此人,我深知她的底细。你提到她最近在香港发表过去的情况,我认为不仅无聊,而且也很无耻,能够相信她的人可能不会多的。"③秦德君的文章《我与茅盾的一段情》,写的是 1928 年她与茅盾同船赴日本,然后同居,并一起创作《虹》的历史,1975 年 4 月香港《广角镜》上刊出。邓颖超对此十分反感,而且话说得很重,赵清阁应该感受得到。她本来对谈论自己与老舍的关系就心存顾虑,此时更加感到一种无形的压力。

当然,还有另外一个方面,就像她自己所说:"对于这样一位只活了六十多岁,但作品无论是数量还是质量,在中国作家中都算是相当有分量的人。作为从中国文学史来说,应该维护他作家的一个完整性。""我要写,则必有贬词,但我不忍。对这样一位多年朋友,如今他去后,我不忍这样写,故只能不写。"④

因此,她留下的、涉及老舍的文字,均是泛泛而谈。1998 年 3 月 18 日,赵清

---

① 孔海珠,孔另境长女。中国茅盾研究会常务理事,中国现代文学研究会会员,中华文学史料会会员,上海作家协会会员,上海社会科学院文学研究所研究员,乌镇孔另境纪念馆名誉馆长。

② 孔海珠:《我和赵清阁先生的交往》,《世纪》2000 年第 3 期。

③ 李爱华:《邓颖超晚年与赵清阁的情谊》,《四川党的建设(城市版)》1997 年第 3 期。

④ 洪钤:《梧桐细雨清风去——怀念女作家赵清阁》,《香港文学》2009 年 10 月刊(下)。

阁写道："老舍的旧体诗有极高的造诣,二战时在重庆,朋友们每联句赌酒,他联的既快又精。他还善于集人名为诗,很有风趣,朋友们称赞他的这种诗作。他给我写过一首五言绝句,是八个人名联集成的,一个虚字没有,不易！诗如下:清阁赵家璧,白薇黄药眠。江村陈瘦竹,高天藏云远。……我佩服老舍的才华。"

她晚年编辑并加注释的《中国现代著名作家书信选》(未出版)里,在老舍书简下加注,其一是:"老舍(1898－1966年)满族人,现代著名作家,剧作家。其代表作《骆驼祥子》《四世同堂》是现代文学史上的力作。《龙须沟》《茶馆》等话剧,也深受人民群众的喜爱,在国内外享有崇高的声誉。历任北京市文联主席、全国政协委员。'文化大革命'时被造反派迫害致死。"又一注释的结尾说:"'文化大革命'中'四人帮'竟诬蔑他反动而置于死地,岂不冤枉哉?!"这些充分表明她对老舍自杀的惋惜、怀念与钦佩。

赵清阁生前发表的最后一篇文章,是代好友陆小曼鸣不平的。文章说,陆小曼与徐志摩的结合为世俗所不容,她最后一个心愿——与徐志摩合葬,也不能实现。"因为几千年来的男性中心社会的封建余毒,仍很凝固,开明公正的思想意识还不易苏醒。也许文学研究工作者有一天终于探索到真实的答案,读者尽可拭目以待。"最后一段,她写道:"这篇小文主要是纪念和回忆陆小曼,但信笔写来,不知不觉地拉拉杂杂写了些有关妇女命运的方方面面问题,特别是封建问题,流毒深远广泛。我也颇多感受,值今本世纪最后一个三八妇女节来临之前,抱病写此小文送旧迎新,希望二十一世纪的妇女命运从此焕然一新!"①其中"我也颇多感受"一句,读来令人唏嘘！

三、恋父情结

赵清阁是继白薇、袁昌英之后,致力于戏剧创作的又一位现代女剧作家。重庆时期,她的主要创作体现为话剧作品,被誉为"战时剧坛最活跃的一位女剧作家"。② 她坦言自己"热心于话剧创作"、③是"因为戏剧当时是为抗战服务的,我把它比成轻骑兵,方便、效果好,所以我抗战时期集中于戏剧,合作的也

① 赵清阁:《陆小曼幽怨难泯》,《新文学史料》1999年第2期。
② 田禽:《中国戏剧运动》,商务印书馆1946年,第78页。
③ 赵清阁:《沧海泛忆》,第107页。

有"。① 而这个时期的创作，也代表了她戏剧创作的最高水平。

《上了老子的当》是赵清阁到重庆后发表的第一个剧本。此后，有独幕剧集《血债》和《过年》；有多幕剧《女杰》《桃李春风》《此恨绵绵》《潇湘淑女》（即《忠义春秋》）和《清风明月》等。这些剧作贯穿着一条十分明晰的线索———抗战爱国，诚如她在《妇女文化与救亡》一文中所传达的理念，即"国家兴亡，匹妇有责"。1983 年时，她仍旧强调战时编辑和作家的共同奋斗目标是"为了抗战，为了爱国"。②

在题材选择上，她主张选取抗战生活各方面不同的现实；对于明显属于抗战宣传剧一类的作品，则注重剧的主旨和效果（演出后能激起大家参战的情绪），却不太顾及技巧和结构，但一定不缺乏戏剧性。

抗战后期，"身体、心情都很坏的"③赵清阁开始将《红楼梦》改编成话剧。《红楼梦》系列话剧为赵清阁带来很大的声誉，体现出她创作的多样性。

赵清阁说过，"我的戏剧跟小说基本都写的（是）妇女问题"。④ 她视写作为替妇女文化做贡献。她始终关注妇女解放运动，十九岁时便被誉为"妇女运动家"。重庆时期的戏剧创作，尽管取自抗战生活的各个方面，但妇女显然是其选材的重心，而且是预期中的观众。

独幕剧《过年》的主人公——京剧女伶凤瑛宁死不愿给日本人唱戏。《闹龙灯》中的女疯子对汉奸又打又骂。《报仇雪耻》取材于报纸上登载的一段新闻，附记中说写此剧的"目的是在于向全国妇女同胞宣传"，希望妇女们能够武装起来。多幕剧《女杰》写一批由"落草"之人改组成的游击队跟日本鬼子作战的事迹，塑造了一个由强盗头子而成为游击队队长的女杰蔡金花的形象。

这些独幕剧作宣传色彩浓郁，时效性强，在当时受到了热烈的欢迎。但更能反映剧作者当时的心理状态与生活实际的，是那些纠缠着爱恨情仇、杂糅了个人体验的多幕剧。

毕竟，哪怕一心为抗敌救亡作宣传的作者，有时也不免要考虑一下"生意经"。在重庆，赵清阁生活得十分清贫，日本投降后，为筹措出川的路费，她不得不摆地摊卖旧衣物。后幸得郭沫若、老舍、方令孺等人的资助，才得以离开重

---

① 沈建中：《最后的访谈》，《新文学史料》2001 年第 1 期。
② 赵清阁：《行云散记》，百花文艺出版社 1983 年，第 83 页。
③ 赵清阁：《红楼梦话剧集·自序》，四川文艺出版社 1985 年。
④ 沈建中：《最后的访谈》，《新文学史料》2001 年第 1 期。

庆,返回上海。显而易见,即使在抗战最为火热的年代,战争也不可能充斥个人生活的全部,国恨亦不可能占有个人情感的全部。单身女性的生活,原本包含着人所共知、人所不知的艰难与痛苦,那些没有说出口的或者隐藏在作品深处的,便是无法或者不能透露的实际。

在一系列带有戏剧性的姿态中,赵清阁将个人独特的人生经历、情感体验及饱含哀怨在内的各种情绪写进了剧本,用一系列戏剧性的手法,重点书写了自身与"父"的关系。

一般说来,剧本中涉及父女之间爱慕关系的,被称为"乱伦型"情节,弗洛伊德将它定义为"俄狄浦斯情结"。此处的"情结",指儿童从与父母的关系之中体验到的爱情和敌视所构成的一个情感关系整体,在"情结"的积极形式下,它表现为希望同性竞争者死亡和对异性的性欲念。①

男性的俄狄浦斯情结,冲突的中心是杀父娶母;女性的"俄狄浦斯情结",则被称为"恋父情结"。这种恋父情结,在20世纪的女剧作家中,以赵清阁表现得最为典型。她写得较好的剧本,大多藏有"俄狄浦斯故事"的积极形式于其中,表现出鲜明的恋父情结和对母亲的忽视、冷漠。

赵清阁曾经是"出走"的女作家中的一位,但她的"离家"和五四时期女作家的"出走"有些差别。为争取婚姻自主,五四时期的女作家出走时,往往带着"打出幽灵塔"式的壮烈与决绝,而赵清阁出走时却带有被父亲遗弃之感。当她听到父亲要把她嫁入一个有功名的人家时,觉得自己要被"一脚踢出去"②了。她出走时,带着对父亲的气恼,但无法彻底割断对父亲的爱。这种留恋旧家、留恋父亲的心理,妨碍了她的恋爱与婚姻。性格较偏于男性化,"带有北方的豪爽,但并不显露,兼又糅合了南方的温馨",③这是踏入社会后,朋友眼中的赵清阁。赵清阁终生独身。在其个人奋斗的过程中,她交往的异性都比她大许多,老舍如此,张道藩、阳翰笙、茅盾、郭沫若、田汉、傅抱石等"良师益友"型男性,都如此。

与之相应,《桃李春风》《生死恋》《此恨绵绵》《清风明月》《潇湘淑女》以及赵清阁自己较喜欢的《雨打梨花》,均有一条俄狄浦斯或"类俄狄浦斯"情节线

---

① 杜声锋:《拉康结构主义精神分析学》,三联书店1988年,第134页。
② 李杨:《辛勤笔耕的赵清阁》,《新文学史料》1982年第1期。
③ 赵景深:《四位女作家》,《文坛忆旧》,北新书局1948年,第128页。

于其中,剧中主要人物的设置,可以清晰地分为两种类型：

第一种,老夫少妻型。《生死恋》中的没落的老军阀、北平伪市长廖沛庸五十五岁了,他的妻子江芸只有二十四岁;《此恨绵绵》中的考古学家林海箭大约四十岁,其妻安苡珊还不到二十岁;《雨打梨花》中那位著名的神经外科医生高维克五十一岁,妻子贾曼玲才二十七岁。

第二种,义父义女型。《桃李春风》中的男主人公辛永年四十五岁,女主人公辛翠珊,是辛永年的侄女,随伯父长大,只有二十岁;《清风明月》的男主人公是双目失明,曾于北伐时代建功立业的五十多岁的周雄,女主人公,他的儿媳是二十七八岁的萧文玉;《潇湘淑女》中的淑青是彭相如之义女,后嫁给彭之义子刘强,而曾追求过她的刘子云却是刘强之父亲。

除《潇湘淑女》之外,其他五部剧作都空缺"母亲"之位,她们均已死亡。而出现"母亲"角色的《潇湘淑女》中,角色设置也显得有些勉强。彭相如显不出笃守信义、重气节、讲志气的个性,但他的妻子则被定性为"愚昧无知,性情暴躁,举止粗野,乃村妇之型";淑青的母亲李氏是刘子云的情妇,淑青的父亲死前把她交给好友彭相如,由此可知,李氏多么缺乏其丈夫认定的"母亲之品质"。在剧中,"母亲"们乏善可陈,剧作者在创作时明显带着对其继母的反感之情。与此同时,这些女主人公的血缘之父则是缺席的,只有一个辛永寿——酒鬼、骗子——作为他们的代表,他是翠珊(《桃李春风》)的父亲。跟女主人公们朝夕相处的,要么是类似父亲的丈夫,要么是履行父亲之职的伯父、义父。父在母亡,这是一条值得重视的潜伏的心理情节线。不管是年长的丈夫,还是义父型的父亲,都将剧作者潜意识中的恋父情结暴露无遗。

前面提到,赵清阁五岁丧母,父亲娶继母之后便疏远了女儿,她与祖母相依为命。初中快毕业时,父亲和继母替她包办了终身大事。在赵清阁眼里,他们这种做法是"想通过这种封建婚姻,把她从家里一脚踢出去,牺牲女儿,得到好处"。① 自幼丧母令她对生母缺乏感性认知,"和母亲的感情没有太深厚的基础",②很难创作出可亲可敬、生动活泼的母亲形象;而继母显然不讨人喜欢,更何况她还离间了女儿与父亲之间的感情。此种情形下,她的剧本很少给母亲留位置;若设有,也是像继母那样的讨厌鬼。

---

① 李杨:《辛勤笔耕的赵清阁》。
② 赵清阁:《沧海泛忆》,第1页。

弗洛伊德的后期著作曾谈到"自居作用",以此揭示人类的一种"原始"倾向,即"父亲被看作是一种女性态度的对象,一种直接的性本能寻求满足的对象"。① 从这个意义上说,赵清阁剧中老夫少妻型的情节模式,便可看成是对父亲爱恋的戏剧性实现。她常在剧作中把少女嫁给父亲似的年长男性,这也可归在恋父情结之下,一种典型的对父亲的对象性注情。因为父亲"缺席",她将原本对父亲展开的对象性注情,转移到如父亲般的男性身上。那些年长男性作为父亲的一种替代,或者说作为父亲"缺席"的一种补偿,成为女儿/女性爱恋的对象,补偿了剧作者无意识里对父亲的占有。通过这种方式,赵清阁弥补了离家之后没有父亲爱护的人生缺失。也许这就是安苡珊不愿离开那"流氓型的教授"的原因吧。安苡珊并非离不开丈夫,她实际上离不开的是犹如父亲一样的丈夫。爱恋的对象必须像父亲,这一点很重要。

义父义女型情节模式中的义父,是剧作者特意创造出来的,用以代替不令人满意的血缘之父的新型父亲形象——精神之父。她与精神之父息息相通,互相支持,相依为命,其情感许多时候溢出了平常父女应有的范围。辛永年对一位学生告白:"我就很怕我的侄女……没有她我就不能够像这样安心的(地)教书了!所以我又爱她,又怕她。"②

《清风明月》中的周雄与萧文玉,更是如此。文玉的丈夫周大成抽大烟,为了自己的前途,文玉逼他离婚。大成的父亲周雄不愿离开文玉,他宁肯舍弃不孝的儿子而随文玉离开这个家:"文玉!要走,我同你一道走!我不能没有你,你就是我的眼睛!""有你在我的身边,我便能够看见一切。假如你真的离开了我,那么我也就真的变成了瞎子!"文玉则表示她会像尊敬自己的父亲那样待他,"虽然他的儿子并不值得我为他牺牲;然而为了老人家的缘故;我也就不(无)暇再去考虑自己的幸福问题"。

赵清阁认为,"戏剧这东西需要把握人生的真理,以诚恳的态度运用艺术手腕,把它技巧地表现给社会人类,使社会人类受影响,而发生一种力量——增进幸福的力量"。③ 她没有说明什么是"幸福的力量"。但是,对一个五岁丧母、十

---

① [奥]西格蒙德·弗洛伊德:《弗洛伊德后期著作选》,林尘、张唤民、陈伟奇译,上海译文出版社 1986 年,第 112 页。

② 这段文字出自《桃李春风》第一幕,见《老舍恩作全集》第 3 卷,中国戏剧出版社 1982 年。本章中的剧作引文,均出自该书,不再一一注明。

③ 赵清阁:《序》,《抗战戏剧概论》,中山文化教育馆 1939 年。

五岁离家孤独奋斗于艰难时世的女人而言，她自觉或不自觉地寻找一个能够信赖、可以依靠的力量之源，这是无可厚非的。母爱的滋味，久已忘怀；父爱的温暖，尚可重温。"幸福"于她也许就是来自父性的爱意，它混合了双重爱恋：父爱与异性爱。

于是，就出现了《桃李春风》中人物性格与全剧情调不协调的问题。辛永年是一位为教育事业可以牺牲一切，意志坚强的人，竟然因为侄女的去世产生了放弃教育事业的念头。他像一个用情甚深的情人那样宣告："谁都可以做你们的校长，我可是只有这么一个侄女。""翠珊是'我'的侄女，为'我'失掉了青春，失掉了健康！没了翠珊，我的心就全空了！我不能去！""我没精神再办学了！"不说辛永年对事业的执着，要一位男性为一个女人——何况还是自己的侄女——放弃事业的概率也极低。这种"爱德华八世为了爱情放弃王位"的结局，纯粹出于赵清阁美好的期望——幻想有一个全心全意为她付出的异性。

最初，"五四"知识女性以叛逆者（反叛家庭、反叛父亲的权威）的姿态"浮出历史地表"时，她们以一个独立的性别群体出现。她们"以'叛逆之女'的身份打破了几千年神圣不可侵犯的父子同盟，从而成为女性性别意识的成长起点"。① 最初的"叛逆之女"是弑父的一代，父亲的形象有一段时期要么在女作家的笔下缺失，要么便以代表封建专制的家长形象出现。1930 年代，随着新的政治集团的形成、崛起，父亲以新的形象重新出现。1940 年代文学中精神父亲形象的出现，一定程度上是血缘之父丧失权威，而新的精神权威开始确立的必然结果。在战争的硝烟里，赵清阁的剧本复活了父亲，重塑了父亲/异性的权威。

在这些剧本中，他们可以主宰她们的一切，包括生与死。他们与女儿之间不存在血缘关系，却往往拥有更大的威慑力，获得女儿的崇敬与爱戴，成为她们的精神之父。辛永年与翠珊的关系，即为"我就是你的灵魂，你就是我的膀臂"。女主人公成为新型精神之父的忠实追随者。在情节行进的过程中，父性的声音明显盖过年轻的女主人公，他有绝对的权威。

浓浓的恋父情结，令女主人公异常依赖父亲。她们抬高父亲的威信，同时，希望他以同辈异性的态度爱惜自己，既要当她的精神向导，又要成为她的亲密

---

① 孟悦、戴锦华：《浮出历史地表：现代妇女文学研究》，中国人民大学出版社 2004 年，第 8 - 9 页。

爱人,不止像爱女儿,还要像爱情人那样爱她。可是现实中,父女之爱很难成为男女之爱,"父要保留自己的身份,必须时时防止'女儿'的'女'变成'女性'的'女',一旦'女儿'进入男女两性的性别对立,'父'便丧失了其权威和意义"。①《雨打梨花》中高维克想让妻子陪葬的私心擦亮了贾曼玲的双眼,她最终放弃了自己曾经赞同的"双双自杀的计划"。可以说,让高维克注射吗啡自杀,而让贾曼玲活下来,应该是赵清阁切身感受到"恋父"无望和虚无之后的必然选择。

---

① 孟悦、戴锦华:《浮出历史地表:现代妇女文学研究》,第346页。

苏青:与张爱玲齐名的存在

　　苏青是 1940 年代上海日据时期与张爱玲齐名的女作家。放在中国现代女性文学的"上下文"中,她的小说的意义在于:"女人———家"的形象塑造与欲望叙事;她的散文则一反"五四"以降感伤主义的文学传统,开创了现代汉语散文的一种女性话语方式。而她与陈公博、张爱玲的关系也是世人关注的焦点。

苏青,在 1940 年代沦陷区的文坛上大红大紫,一向自傲的张爱玲誉曾说:"低估了苏青文章的价值,就是低估了现地的文化水准。如果必须把女人作者特别分作一档来评论的话,那么,把我同冰心、白薇她们来比较,我实在不能引以为荣,只有和苏青相提并论我是心甘情愿的。"①半个多世纪过去了,苏青的名字又重新在"海派女作家""通俗文学"……的视角下被发现,数度沉浮之后,对她的评价依旧毁誉参半,1990 年代出版的中国女性文学史还批评她:"倾向于奇谈怪论,给人粗鄙俚欲之感。"②其实,苏青的意义只有在现代女性文学的"上下文"间才看得清楚,审视她的创作带来了哪些不同于过往的新因素,才是评价其作品价值的一个适当的标尺。

一、小说

苏青的两部自传体长篇小说《结婚十年》和《续结婚十年》,让"第一人称叙事人"以一种自陈、自诉的方式讲述了一个女人的故事。这个故事所传达的内容及其讲述方式都是独特的。

(一)内容

苏青发现了男性作家对女性的阐释中有所忽略、有所删减的地方。在她的笔下出现了如此完整的女性角色变迁史:少女——妻子——母亲——离婚女人(还有《续结婚十年》里的独身女人、职业女性)。与之相伴随的,是小说中出现"家"的变迁过程:从大家庭到小家庭再到失去家庭。女性主人公的形象与"家"的形象在相互关系、相互作用中各自丰富了自己,从而为早已形成范畴的诸如"少女""妻子""母亲"和"家"的既定形象中增添了新的内容。

《结婚十年》有这样的倾向:"家"具体化为某些人伦关系、某些情境出现在女主人公"我"(怀青)的心理变化中,于是"我"就成了一个不断地观察、考量外在于己的环境,并不断对此做出反应、做出评判的女性。这一形象心理内涵的变化经历了如下几个阶段:

一是进入"丈夫的家"门之前的少女。少女总是和爱情联系在一起的,在苏青的描摹中,值得关注的不是作者对爱情心理的细腻描写,而是苏青在回顾少女之恋时,笔下流露出的那种心态——那坦然陈述对爱的渴望,同时又非常清

---

① 张爱玲:《我看苏青》,静思编:《张爱玲与苏青》,安徽文艺出版社 1994 年,第 201 页。

② 盛英主编:《二十世纪中国女性文学史》,天津人民出版社 1995 年,第 520 页。

醒地知道这爱情幻想的幼稚,因而不时以戏谑的笔法自嘲两句的那种心态。如果我们回想一下"五四"时代在庐隐、石评梅笔下反复出现的大量感伤主义式的少女形象、那些追求着爱情但在爱情到来之际却又忧惧重重、多愁善感的女孩子,我们会惊讶苏青笔下的"我"在少女时代心理上的成长与成熟。这不仅仅是作家的禀性不同带来笔下人物形象的差异,这里面有时代的设定:在那个刚刚提倡"自由恋爱"的时代,那些刚从封建文化所造成的两性隔绝中挣脱出来的少女,她们无法不停留在一种青春自怜、自伤的情绪状态中,而到了 40 年代苏青笔下出现的这种不再忧惧爱情、心怀坦荡的少女形象,则正表明了"五四"文化思潮的积淀为女性的文化心理带来了某些成熟。小说写到一些封建迷信风俗:什么只有处女才允许坐花轿啦、坐在轿子里不许动否则就会改嫁啦……这些原本可以视为对女性压制、束缚的礼俗,在女主人公"我"的心理上却没有引起丝毫的不安,相反,"我"轻松地调侃着它们,使之显得荒唐滑稽,字里行间充满了反讽的意味,表现出女性的一种主体心态。那通常被许多作家表现为会给女性造成悲剧命运的婚俗,到苏青这里已经被消解了意义。爱情、婚礼已不再令少女畏惧。从这个成长了的少女形象上,我们可以隐隐触摸到现代社会文化在那些方面削弱了封建文明给女性造成的威压。不过,我们马上又会看到,主人公将在另一些地方遭遇困难。

一旦写到"我"进入那个由丈夫、公公、婆婆、嫂子、小姑……组成的大家庭,苏青那轻松、戏谑的笔法立即荡然无存。从此,小说以显得沉重的笔调开始书写漫长的婚后生活。至关重要的是,小说展现了以前的女性文学作品中从未有过的两个场景:为妻的过程与为母的过程。前者是由少女而为女人的转变,后者乃女人的生育经验。它们共同牵涉到一个概念——"隐秘"。"隐秘"是对何者为不可说之物的一种规定。由于女性"一直被摈拒于自己的身体之外,一直羞辱地被告诫要抹煞它",①因而那些关于女人之所以为女人的特殊经验,被长久地放置在"隐秘"的领域之内,它们或者是神秘暧昧之物,或者是羞耻的印记。在《结婚十年》中,苏青却揭示了这隐秘一角,并且,不是渲染,也不是偷窥,而是源于对自身的一份平安的体认。在《洞房花烛夜》的标题下,有独自面对一个男人时的羞涩感、恐惧感、陌生感,但有意无意地,作者止步于写作的禁区。即便如此,那个毫不避讳对性爱有着需求的"我",已迥异于大家族生活中传

---

① ［法］埃莱娜·西苏美:《当代女性主义文学批评》,北京大学出版社 1992 年,第 201 页。

统的"妻"。

而在《养了一个女儿》一章中，从怀胎到临盆的生育全过程则被更细致地凸现出来。女人的生育，曾在1930年代萧红的《王阿嫂的死》和《生死场》中得到最早的描写，但她描绘的生育场景更像一个隐喻，动物般的生死轮回将民族历史中可怕的惰性表现得触目惊心。而苏青则展示了生育的世俗层面：那无以忍受的剧痛，那被人围观的难堪。生育是女人沉重的负累。女人对于生育的惧怕和诅咒，在这里得到了首次的表达："说到男女间快乐，一刹那便完了，不过十分钟，却换来十月怀胎，十年养育的辛苦。"[1]"我再也不要养孩子了，永远，永远的。"这不仅是女性体验的真实流露，而且是对过往"理想母亲"形象的撕裂——那能够忍受一切磨难、牺牲一切利益的神话般的母亲形象，在苏青这里坍塌下来。小说的这两个为妻为母的场景不再提供幻象——"圣洁的妻性"和"无私的母性"，却把那更难让人认识到并且承认的妻性中的欲望、母性中的软弱推到我们面前。

这个处在"家"中而对自身的需求和特性有着清醒意识的"我"，当然迥异于通常所描写的大家族中的"老旧妇女"，然而同时这一形象也与"新女性"有诸多不同。考察一下《结婚十年》中"我"与"家"的关系，便会发现它经历了数次的起落。"我"遭遇的第一次困境是新婚之初即发现丈夫与嫂子关系暧昧，"我"采取的行动是离开家而回大学念书，并与同学发生恋爱，这个在"五四"时代一定会成为争取个性解放的爱情故事，在苏青笔下却转化为"我"因怀上丈夫的孩子而重新回到家中。"我"受到的第二次不公是生了一个女儿而遭到歧视，"我"采取的行动是为了争一口气而找了一份教书的工作，这一很可能意味着女性独立的事件，在苏青那里却被表现为因工作同样充满烦恼而中途放弃。"我"遇到的第三次困难则是离开大家族而与丈夫过小家庭生活以后，烦琐的家务使自己变得心胸狭窄，日益萎靡，"我"采取的行动是开始写作以求得志趣的满足和经济的宽裕，结果却受到丈夫的阻拦。每一次困境都能激起女主人公采取反抗的行动，而每一次行动又都以妥协的方式告终。因此，整部小说从叙事结构上看，是"反抗——消解"模式的反复重演，结婚十年的经历也就是离婚行动的

---

[1]　苏青：《结婚十年》，苏青著，方铭主编：《苏青文集·小说卷（上）》，安徽文艺出版社2016年。本章一下所引苏青小说文本中的文字，除非特别标明之外，均出自该书，不再一一标注。

一再延宕；从人物形象上看，女主人公“我”一边违反为妻为母的传统规范，一边又替自己营造贤妻良母的梦幻；一边逃离秩序，一边又回归秩序。这使小说变得繁复、冗长，甚至絮絮叨叨，但它却展示了“女人——家”的日常形态：这个“家”是充满压抑的场所，但还称不上罪恶的渊薮；它虽远不是温情的港湾，但却是可以忍受并且不得不承担的人生重负。女主人公“我”则是一个藐视规范而又深谙自己弱点的人，她懂得男人的虚伪，也明白自己的局限。因此那最后的出走（离婚）绝非“新女性”的一次辉煌的突围，而是为了保存最起码的自尊时所做的选择。从《结婚十年》的女主人公一再延宕离婚的举措中，我们看见现实原则对理想原则的胜利，而且，我们还可以隐隐触摸到现代文明的变迁在哪些方面增加了对女性的威压。

到了《续结婚十年》，女主人公“我”离婚后从狭隘的“家”的空间被抛入到一个阔大的社会空间中，但这个广阔的空间在苏青的笔下却没有丝毫“自由”的含义。在《寄人篱下》《找事难》《所谓职业》的标题下，凸现了物质的匮乏如何粉碎了一个欲通过写作而自立的女人的希望。此时苏青的文本中浮现出一种关于“空间”的话语，文中一唱三叹地反复出现“我只想有一间自己的房间”①的声音。这间“自己的房间”，负载着女主人公的多重愿望：有时候它是可供自己哭泣的个人空间，有时候它意味着“衣食无忧”，有时候它则保证自己“可以安心写作，可以自由进出”，这种对拥有“自己的房间”的渴望，是女性经济独立意识与独立的精神追求的最初萌发。在这一点上，苏青无意中契合了英国女作家弗吉尼亚·伍尔芙的那句著名论断：“一个女人如果要想写小说一定要有钱，还要有一间自己的屋子。”②在《续结婚十年》中，女主人公“我”终于通过别人的帮助而获得了“自己的房间”，并从此以写作为业，完成了“我”从家庭妇女而为职业女性的根本性的变动。

值得注意的是，苏青并不把拥有了“自己的房间”而且赢得盛名的故事塑造为一个关于职业女性获得成功的神话。与之相反，小说的女主人公在摆脱了物质的匮乏之后，紧接着陷入了情感的匮乏，她第一次呈现了职业女性所遭逢的“事业与爱情（婚姻）”两难的处境。在《续结婚十年》中，“我”走出“家”门并逐

---

① 苏青：《续结婚十年》，苏青著，方铭主编：《苏青文集·小说卷（中）》，安徽文艺出版社2016年，第24页。

② ［英］弗吉尼亚·伍尔芙：《一间自己的屋子》，王还译，北京三联书店1989年，第2页。

渐在社会上立足的过程,也是一个同越来越多的男人打交道的过程。然而这些男人要么与"我"保持业务关系、友谊关系,要么将"我"看成是可以有性爱关系但"不安分守己的女人"。无论事业如何成功,"我"都始终无法摆脱情感缺失带来的焦虑。小说通过他人之口来表达"我"心中的渴望:"你在事业上愈得意,便愈会感到内心的寂寞和空虚。你常感到不满足,是吗?这不满足不是因为需要一个属于你的男人,而是需要有一个可敬爱的对象,使你得以甘心情愿的属于他。"[①]

可以很清楚地看出:一种亘古长存的传统情感模式——"男与女""强与弱""刚与柔",仍然是苏青笔下的职业女性(包括苏青自己)用以表达自己情感归属的方式。苏青流露出的这种倾向,未尝不可以视之为一种退守的姿态,但是它却提示了另外一个方面:那通常被认为是充满了压抑和屈辱、受到我们否定和批判的传统情感模式,也许其中并不乏诗意、愉悦的一面,而那被认为是女性自我价值实现的事业成功,也许并不能解决所有的问题。

苏青文本中的这种关于"归属"的话语,使处于极度孤寂中的女性主人公被视为"男性化的女性""不像女人"。其中包含了一种对于异化的抗拒:"我是一个女人,而且情愿做女人的,为什么会不像呢?"[②]

当然,并不能说《续结婚十年》已经塑造出职业女性的丰满形象,然而小说所涉及的方面——女性涉世的物质艰难与情感困境,却让我们窥见了那个时代都市中职业女性的面影。而且,它已经成为现当代女性文学的写作传统之一。

在女性成长过程中,苏青肯定女性自身的欲望,并将之看作正常生活必需的条件。

欲望——人的情欲和性欲——不仅仅意味着生理本能,同时也是一个文化概念。"到性生活被象征地进行描述的时候,它就从生理状况发展成抽象的力量";[③]由于"所有的社会对于其成员的性行为都具有相当的兴趣,并且也加以控制",[④]所以欲望总是与禁忌并置。某种欲望话语以何种方式产生和出现,实际上反映了社会文化的变迁在何种程度上松动着或加强着原有的禁忌。

---

① 苏青:《续结婚十年》,《苏青文集·小说卷(中)》,第 285–286 页。
② 苏青:《续结婚十年》,《苏青文集·小说卷(中)》,第 339 页。
③ [美]雷蒙德·保罗·库佐尔特:《二十世纪社会思潮》,张向东等译,中国人民大学出版社 1991 年,第 431 页。
④ 刘思谦:《"娜拉"言说——中国现代女作家心路纪程》,上海文艺出版社 1993 年,第 3 页。

对于女性而言,对于自身欲望的体认和表述是一个艰难而曲折的过程。可以看到,"五四"时代的女作家共同表现出对欲望话语的规避。这种倾向,并非由于女性天性更为怯弱,而是因为女性在文化中处于弱势。"五四"新道德松动了封建礼教对正常欲望的控制,然而对女性来说,男性的欲望很可能就意味着一种威压或者损害。她们在心理上还不足以承受这种外在于己的陌生的力量。

到了1930年代丁玲笔下的"莎菲",女性已经无须掩饰自己对于异性的欲望。一个"好丰仪"的男人出现在莎菲的欲望视野中。然而在丁玲这里,这无须疑惧、逃避的欲望却带来女主人公精神分裂式的痛楚:那"好丰仪"的男人完全没有灵魂,这爱欲的不可获得最终导致了莎菲悲剧性的结局,"悄悄地活下来,悄悄地死去"。

而在1940年代苏青的作品中,欲望话语又发生了变化。"饮食男女,人之大欲存焉"出自《礼记》,是孔子之语,可苏青直白地陈述:"饮食男,女人之大欲存焉"——女人所需,无非三样:吃、喝和男人。通过对圣人古训的重新标点,苏青完成了传统的欲望主体与欲望对象位置的翻转。这种对常识的冒犯,表露出苏青对于欲望的态度:欲望应该得到坦然的直视和承认。在肯定女性自身的欲望这一点上,苏青和丁玲是相似的。

然而,苏青并没有让欲望负载更多的意义。在她眼里,欲望既不关乎淫邪,也无所谓精神的提升,它不过是正常生活必需的一项条件,无须掩饰,更不能抹煞。如果说丁玲那爱欲结合式的追求已经有点惊世骇俗,那么,苏青这性之欲求式的宣告同样需要莫大的勇气,因为她们都是为在现实社会文化中得不到承认的女性自身的欲望,找到一个可以被合理安放的位置与合法存在的理由。在她们这样做的时候,面临的难度是一样的。

其实,无论苏青还是丁玲,都对男女之间的欲望法则了然于心:女性处于男性的欲望之中。这一情境意味着两种可能性:它也许会导向"爱",同时也极易变成男性对女性的亵玩。丁玲对后一种情形极为敏感而且激烈抗拒,所以在她小说中的女主人公一旦发觉欲望无法转化为爱,就会采取反抗举动:莎菲一脚踢开凌吉士,但同时这种反抗却无法给女主人公提供任何出路……在苏青的表述中则可以看见,女主人公同样是渴望一种"爱"的,然而即使是男性"不怀好意"的欲望,却也不再会导致女主人公的反抗,相反,她可以应付它,甚至利用它;或者将其转化为自己的需要,或者视之为衡量自己作为女人价值的一种标尺。于是苏青笔下的女人终于能够做到置身于男性欲望中而泰然自若,她以这种方式避免了莎菲、梦珂式的走投无路,从而获得了一份生存的能力。

（二）艺术

苏青的作品一版再版,受到不同年代、不同阶层的读者追捧,其艺术魅力何在?

1. 独特而大胆的女性写作

女性进行文学创作,在中国古已有之,但她们的创作都没有摆脱男性话语的垄断,未能形成自己的独特话语,更不可能张扬自己的女性意识。苏青的小说则是从女性视角,关注妇女生活,运用女性言语,书写女性的点滴。《结婚十年》中的女主人公苏怀青是与苏青的经历和性格大抵相近的青年女性,因此,苏青十分了解这些女性在传统、封建、守旧、男权意识极其浓厚的处境中的种种孤闷,她创作的出发点是自己的生活经历,是那些感同身受、刻骨铭心的东西。这种独特的女性体验和女性悲苦在《结婚十年》中表现得十分突出。

《结婚十年》从个人纯粹的女性体验出发,写出了不为男人所知的领域,展示了女性的真实。如,她这样描写生育时的感受:

> 肚子痛得利害起来,一阵过后,痛即停止,不一会,却又痛起来了。后来痛的时候多,停的时候少,而且痛得更利害了,几乎不能忍受,咬紧牙,扳住床杆,才得苦挨过去。西医说:屁股不要动;但是我实在觉得非动不可,而且想撒尿,又想大便了。①

生育带来的肉体痛苦和精神屈辱,使苏青刻骨铭心。作为母亲,没有生下儿子,有奶也不能喂养女儿时更令她感到无比悲愤。例如:半夜里,乳房更加胀痛得厉害了,没奈何只得高声唤奶妈:"快把孩子抱过来呀,叫她吸些奶,我的乳房真痛得要死了。"可是——:"少奶奶你且忍耐些吧,奶头痛些时就会好的,没有了奶时你的身上就会来了,老爷太太巴不得你再快些替他们养个小孙孙呢。"②

她把这些体验融入怀青的感受里,使读者得以窥见作者心灵深处的人生悲凉。这种直言语式的叙事风格,这种独特的女性话语正是苏青文学创作的独特魅力。

从"五四"的"女儿世界"进入到苏青的"女人世界",女性的生理欲望得到

---

① 《苏青文集·小说卷（上）》,第72页。
② 《苏青文集·小说卷（上）》,第76页。

强调,苏青在用词用语上表现出一份超现代的大胆、泼辣和率直,想别人之未敢想,言别人之未敢言。《结婚十年》中多次谈论男女之间的"女"性,而不是繁衍后代的"母"性。当怀青得不到丈夫的爱抚时有这样一段心理独白:

> 女子是决不希望求男子的尊敬,而是很想获得他的爱的! 只要他肯喜欢她,哪怕是调戏,是恶谑,是玩弄,是强迫,都能偶使她增加自信,自信自己是青春,是美丽的,但要是男子对她很尊敬呢? 那可又不同了,尊敬有什么用呀?①

对"怀春",是这样描写的:

> 于是我怀春了,不管窗外的落叶怎样索索掉下来,我的心只会向上飘——飘到软绵绵的桃色云霄……我需要一个青年的,漂亮的,多情的男人,夜夜偎着我并头睡在床上,不必多谈,彼此都心心相印,灵魂与灵魂,肉体与肉体,永远融合,拥抱在一起。②

苏青的大胆言论引起很多的误读,也使她的作品有了很大的销量。"许多人,对于文艺本来不感到兴趣的,也要买一本《结婚十年》看看里面可有大段的性生活描写。"③但是,苏青这样说:

> 我常常恭维我所看不起的人,也常故意使期望我的人灰心;我要人家误解我,让他们在我"不由衷"的谈话中想象我的思想,我自己却冷冷地在鼻子里笑!④

在《结婚十年》里有:少女变新妇的茫然与寂寞;生育的惊悸与痛苦;小家庭的烦忧;独身女人的落寞与迷茫;情与爱归何处的焦灼与困顿……凡此种种,不脱一个"女"字,妇女生活,妇女话语成为《结婚十年》引人注目而独特的风景。正像何莲芳所指出的:"不论从哪个意义上说,苏青的小说创作都可谓典型的妇女写作。即,写作立场的女性化是苏青创作的一个突出特征。她自始至终从女性视点出发,描写女性生存的悲欢际遇。"⑤

---

① 《苏青文集·小说卷(上)》,第33页。
② 《苏青文集·小说卷(上)》,第56页。
③ 张爱玲:《我看苏青》,静思编:《张爱玲与苏青》,第201页。
④ 苏青:《说话》,《苏青文集》(下册),第257页。
⑤ 何莲芳:《倾吐新女性悲哀的"妇女写作"——试论苏青小说集〈结婚十年〉》,《新疆教育学院学报》1998年第2期。

《结婚十年》带给我们的另一个审美感受是它的生活化,以及由此产生的真实性和亲切感。透过苏青的笔,我们看到了 N 城的风土人情,一个日常生活的世俗世界。这个世界与大时代、大历史联系不多,基本是由男人与女人的婚姻、家庭等故事所构成,这种看似琐碎的日常生活记录,却很自然地使广大市民受到感染,为之动情。

2. 琐碎而平凡的主妇生活

苏青出生在宁波的一个富有之家,宁波至今是浙东到上海的门户。浙东的鱼、盐、丝、茶、皮革和上海的洋货对流,给了宁波的商家无数的机会。因此,宁波人很早就有一种新兴的市民气象。苏青的祖父虽是举人,也是属于这新兴的市民群的。从这环境里长大的苏青,是热情的,直率的。听她说话,往往不会得到什么启示,但从她的话里你能够感受现实生活的活力,觉得人生是可以安排的,没有威吓,不阴暗,也不特别明亮,就是平平实实的。

苏青到老都操着一口"石骨铁硬"的宁波话,她对故乡的深情往往是通过一些细微小事的回忆流露出来的。作品中时时表现出宁波方言、生活习俗。如"N 城姑娘出嫁要坐花轿""结婚第三天举办入厨房大礼""催生礼""满月礼"等等,种种规矩,一点一滴,人们不但不倦不厌,反而被宁波的饮食方言、风土人情深深吸引。① 比如,她这样描写当时宁波一带的"催生礼"习俗:

> 母亲拣个大吉大利的日子来替我'催生'了。先是差人来通知,随后抬了两杠花团锦簇的东西来,都是婴儿用的,有褓褓,有小袜,有僧领黄布小袄,有葱白缎绣花嵌银线的小书生衣。书生帽也是缎制,有二条长的绣花飘带。②

再来看一下婆婆给怀青回娘家准备的 N 城大礼:

> 母亲打开篮子一看,原来里面有二封包头,一封是莲子与冰糖,一封茯苓糕与百果糕。其他还有咸光饼一大串,约有百只光景,这是 N 城人的大礼。③

以上这些文字,展现了一幅生动逼真的风情画卷,把我们带入到 20 世纪的

---

① 郑健儿:《浅析宁波文化对苏青创作的影响》,《万里学院学报》2004 年第 6 期。
② 《苏青文集·小说卷(上)》,第 70 页。
③ 《苏青文集·小说卷(上)》,第 105 页。

N城，与主人公一起度过那不平常的岁月。

苏青，是个女作家，更像个邻家主妇，她把姑嫂间的矛盾、母女间的隔阂刻画得入木三分，让我们感同身受：

> 婆婆去后，我觉得不好意思尽夹在里面听他们谈话。杏英的眼睑显得更红了，目光更凶，她似乎不大理会哥哥，只恶狠狠地盯着我。这时候我的心里倒没有什么不快，相反地，我只觉得得意与骄傲。①

> 时间越匆匆，便越应该好好儿谈谈，然而天晓得，我同母亲竟已是没有什么话可说的了。假如我说在夫家如何如何快乐，说得不像她不相信，说得太像了，她又不免有些难受；假如我说他们全家都如何对我漠然不关心吧，那是她听了更要放心不下，却又不得不放我归去，从此永远要牵肠挂肚哩。②

不难看出，《结婚十年》里没有对政治的热衷，只把平凡人的平凡生活当作正统生活。苏青没有革命家的豪迈和壮烈，但她的情深意切也同样打动了许多人。"读过《结婚十年》的人，真是明白什么叫化腐朽为神奇，怎么样把一段白开水式的故事说得有滋有味。"③

《结婚十年》集中体现了苏青以平实之笔写凡俗人生的审美品格。其文笔流畅、明爽、坦白，就连女主人公离婚也是写实的，而非浪漫的。她文中务实而不避利，俗气但不失真诚，丝毫没有忸怩造作之感。正像胡兰成所写：去年的冬天沈启无南来，对我赞扬苏青的《结婚十年》，就说她的好处是热情，写作时能够忘掉自己，仿佛写第三者的事似的没有禁忌。我完全同意他的这赞扬。苏青的文章，不但在内容上，而且在形式上都不受传统的束缚，没有一点做作。她的心地是干净的。④

《结婚十年》的另一典型意义，在于揭示了1940年代知识女性的矛盾存在，她们精神上是个性主义的拥戴者，而行动上又总受旧思想的潜在支配，她们的价值追求正是在新旧合璧的观念泥淖里挣扎出来的社会真实。苏怀青与徐崇

---

① 《苏青文集·小说卷（上）》，第91页。
② 《苏青文集·小说卷（上）》，第112页。
③ 毛海莹：《寻访苏青》，上海文化出版社2005年，第127页。
④ 胡兰成：《谈谈苏青》，静思编：《张爱玲与苏青》，第218页。

贤都在高等学府中受过"五四"新文化思想的洗礼,向往个性解放,但他们在没有爱情基础的情况下,遵从父母之命,完成了组建家庭的任务,可以说,旧意识还根深蒂固地存在在他们的内心深处。婚姻的开始就是个错误,女主人公如果不是一忍再忍到了几乎没有任何经济来源的程度,恐怕还不会从婚姻的围城中逃离。①

3. 真实而矛盾的婚姻生活

稳定而幸福的婚姻是每个女人都向往的,苏青也是如此。她想恋爱自由,在小说《结婚十年》中,应其民便是怀青温情的对象,然而当面临具体选择时,深层的传统心态和思维定势便又起了作用,虽然苏青——也就是《结婚十年》中苏怀青——念了许多年新潮的书,深知妇女解放的重要性。因此,为了丈夫同事的到来,她又是做饭、拖地,又是费心打扮地讨好男人。可是:

> 没有一个男人能静心细赏自己太太的明媚娇艳,他总以为往后的时间长得很,尽可以慢慢儿来,殊不知歇过三五年生男育女了,等他用有欲无爱的眼光再瞥视她时,她已变成平凡而噜嗦的,抱在怀中像一团死肉般的妇人。这时候他会厌恶她,恨她,觉得她累赘,仿佛不虐待她一下不足以泄自己被屈抑的愤怒似的;她假如含泪忍受生了,也许就能够挨到白头偕老,像一对老伙伴似的直到最后的撒手为止。但是她不能够,她的回忆太鲜明了,她只记得开始恋爱时的刹那,那是一个梦,她把梦来当作现实,结果觉得被欺骗了——其实欺骗她的还是自己,而不是他,男人家事情忙,谁还有这么好记性的牢记着八年或十年前的梦呢,永远迷恋在梦中,一世也不睁开眼来瞧下这个纸醉金迷的世界?……

于是:

> ……女人的梦也应该醒了,反正迟早些总得醒的。花的娇艳是片刻的,蝶的贪恋也不过片刻,春天来了匆匆间还要归去,转瞬便是烈日当空,焦灼得你够受,于是你便要度过落寞的秋,心灰意冷地,直等到严冬来给你结束生命。世间上没有永远的春天,也没有久长的梦……②

---

① 骆蔓:《女性:从被塑到自塑——论苏青的〈结婚十年〉》,《浙江学刊》1997 年第 3 期。
② 苏青:《〈浣锦集〉与〈结婚十年〉》,苏青著,方铭主编:《苏青文集·散文卷(下)》,安徽文艺出版社 2016 年,第 167 页。

苏青的梦破碎了，《结婚十年》中怀青的梦也醒了。男人，是叫人失望的，苏青不得不悲哀地承认"男人都是靠不住的，还是金钱和孩子着实些"。美满幸福家庭既遥遥如彼岸之花，苏青就转身拥抱物质社会。与其说苏青"谋生之外也谋爱"，不如说她是"谋爱不成才谋生"，因为没有爱，所以她微笑的眼睛里才有一种藐视一切的风情，所以她才对琐碎的物质津津乐道。但在这看似旷达的背后其实是辛酸。苏青的悲哀是真切的，做一个女人，看着房里的每一样东西，包括小钉子，都是自己一手买的，又有什么乐趣可言呢？

《结婚十年》里的苏怀青最后离婚了。怀青的不幸，从一定意义上说，是她生逢"新旧合璧"的时代造成的，自由恋爱是当时妇女解放的重要议题，但在当时社会，却是形式大于内容。她说过："我是个满肚子新理论，而行动却始终受着旧思想支配的人。就以恋爱观念来说吧，想想是应该绝对自由，做起来总觉得有些那个。"①

苏青认为，当时流行的自由恋爱观念其实是更解放了男人，使他们更加不负责任，使女性更加得不到保护。甚至她认为，旧式婚姻也不无好处，如在《谈性》中，她就曾写道："旧式婚姻十九总是白头偕老的，即使是非婚姻交合，女的也愿意从一而终。"这既是苏青女性意识的自觉，也是其局限性所在，是受到新旧交替社会的打击而产生的消极心理，即"新潮流"只唤醒了她心中的希望却无力为她提供实现希望的现实条件。这使苏青对婚姻产生了不信任和畏惧，也使她最终难逃现实的嘲弄。我们不能拿当下的眼光来评判苏青的是非得失，她的游弋、困惑抑或矛盾，既是她的悲哀，也是时代的悲哀。更何况，即使已经发展到今天，哪一个女性身上不还或多或少地保存有这种倾向！

《结婚十年》在1940年代几乎家喻户晓，再版达36次之多。时至今日，仍有许多读者爱不释手。原因当然是多方面的，但内容的真实与语言的素朴应该是很重要的两个方面。平实而爽利的真话，使人感到人生健康的热力，熨帖了人们的心灵，满足了读者的心理诉求，做到了"天涯若比邻"的广大亲切。

二、散文

苏青的散文产生于沦陷区文坛，充分表达了长久被压抑的女性话语，对文学史的贡献是不可忽略的。胡兰成对《浣锦集》评价很高："是五四以来写妇女

---

① 《苏青文集·小说卷（中）》，第57页。

生活最好也最完整的散文,那么理性的,而又那么真实的。她的文章少有警句,但全篇都是充实的。她的文章也不是哪一篇特别好,而是所有她的文章合起来作成了她的整个风格。"①

　　(一)内容

　　苏青散文在内容上的最大特点是对庸常的日常生活的记叙和谈论,对"娜拉"的反拨。她在散文中更多谈论的是恋爱结婚、饮食男女、生儿育女、女子教育、女子职业、女子社交等方面的话题,代表性篇目有《谈女人》《我国的女子教育》《论女子交友》《恋爱结婚养孩子的职业化》《第十一等人》《道德论》《科学育儿经验谈》《王妈走了以后》《小天使》等。其中,前六篇重在谈自己的意见,后三篇记叙女性的生存现状。作者以一个现代女性,或者说出走以后的"娜拉"的实际经验,检验了启蒙主义的理想和妇女运动的成绩,从中我们可以看到小资产阶级女性在职业、婚姻、生育等问题上所面临的深刻困境。由于经历过现代独立女性的苦痛,因此她的言说背后有着自己的悲辛。

　　苏青记述日常生活,带有无可奈何之感。如果不是生活的逼迫,她也许根本就不会写作。在《自己的文章》里,她说,她对自己的文章"爱之不能,弃之不得":老写自己生活和职业小圈子的事情,觉得"腻烦";老写男男女女的事情,感到"憎厌";老是替别人写有趣的事情,感到难过。为了生活而写作,她"鄙视"自己,因此她没有张爱玲所说的自信。张爱玲曾这样记述苏青"雪地售书"的"雅事":

　　　　可是她的俗,常常有一种无意的隽逸,譬如今年过年之前,她一时钱不凑手,性急慌忙在大雪中坐了辆黄包车,载了一车书,各处兜售。书又掉下来,《结婚十年》龙凤帖式的封面滚在雪地里,真是一幅上品的图画。②

　　这件事在《续结婚十年》中也有叙述,可是一点也不"隽逸",倒是充满了一种无可奈何的酸辛。相同的题材,不同的态度,虽然有着当事人与旁观者角度的不同,但也显现了两个人不同的心态。把这两处的描写并置,简直就是两人文章不同创作特色的一个生动的象喻。张爱玲似乎也有意通过这一件具体的事情委婉地道出她们的分别。张爱玲是天生的作家,不写作不知还能干什么,苏青是为生活所逼而成为作家的。

---

　　①　胡览乘:《张爱玲与左派》,静思编:《张爱玲与苏青》,第156页。
　　②　张爱玲:《我看苏青》,静思编:《张爱玲与苏青》,第201页。

"每一个时代都有一个时代的中心词，时代的发展就是中心词的转换"，①对于女性文学来说，"五四"时期浮出海面的重要语词除了"男女平等""妇女解放"以外，还有一个"娜拉"。"娜拉"这一人物以及"她"在"五四"文学中的"变体"所具有的革新意义在于：它们是中国传统文学无法提供的形象——一个由附属男人的玩偶逐渐成长为具有自觉意识的女性。然而从"娜拉"被接受的情况来看，"她"的形象意义与"她"的语义内涵相较，后者在中国文化语境中所受的关注要大得多——娜拉在原作中复杂丰满的性格被有意无意地淡忘了，而她的"女人是和男人一样的人"的宣告，她背叛家庭的出走举动，则为"五四"时代留下了最鲜明的印象。"娜拉"由是成为可以与其形象相剥离而存在的一个语词、一个符码，"它"意味着对传统女性规范的反叛和背离，象征着现代女性所应具备的独立人格和精神追求。"娜拉"一词完成了对女性的再度命名和重新阐释。

"五四"女性文学的中心词——"男女平等""妇女解放""娜拉"——在苏青这里开始发生了意义的翻转。如果我们把"五四"涌现出的女性命题视为女性精神觉醒的开端，那么到了三四十年代，苏青对这些命题的质疑，便不能不是一个值得关注的现象。

苏青的质疑——或者说是反拨——可分作三个层面：

第一种以《我的女友们》为代表，文章写到"我"与女友们之间交流的隔膜：

> 她们正在痛骂男子压迫女子，女人得赶快起来，自谋解放。"最痛心的是"，她们把话头针对了我说："许多有希望的女子，嫁后就完全变了，简直不知道不独立人格！"

而受了指责的"我"则心存疑窦：

> 我的意思是，夫妇间得互相迁就，互相谅解，难道不"你一枪，我一刀"的，就没有独立人格了吗？②

这段话中透露出的变动信息是显而易见的："解放""独立人格"这些在"五四"时代对挑战封建男权专制发挥过重大作用、拥有正面价值的语词，在苏青笔

---

① 王富仁：《蝉之声》，北岳文艺出版社1996年，第86页。
② 苏青：《我的女友们》，苏青著，方铭主编《苏青文集·散文卷（上）》，安徽文艺出版社2016年，第3页。

下却变得具有了讽刺性;而"我"的那些高唱"解放"口号的女友们,则更像是"娜拉"的庸俗翻版,她们实际上代表了现实生活中的一种文化现象——把是否反抗男性、走出家庭作为界分新与旧、独立与奴性、解放与束缚的唯一标准。苏青在这里所做的就是拒绝这一绝对化的标准,她提出的是另一种可能性:做一个反抗家庭的"娜拉",也许并不意味着"解放",而身在家庭之内也不见得就是丧失"独立"。

第二种置疑则以《论离婚》为代表,在文中苏青尽述女人做"娜拉"之难,其间有这样的段落:

> 十八九岁的娜拉跑出来也许会觉得社会上满是同情与帮助,廿八九岁的娜拉便有寂寞孤零之感,三四十岁老娜拉可非受尽人们的笑骂与作弄不可了。①

"娜拉"在中国被接受时被大大简化了,"她"觉醒时的所有痛苦、矛盾、犹疑逐渐被缩减以至于忽略,而那个离家出走的动作却被无限放大,成为一切疑难、一切问题的"想象性解决"方式。而到了苏青这里,这一解决方式不再成立。"娜拉"受到的三种不同待遇不仅表明"娜拉"所代表的理想原则之难以实现,而且它还提示出一种社会通行的女性价值评判规则:年龄(青春)、容貌依旧是评估女子的重要砝码,"娜拉"式的精神追求反倒被取消了意义。

于是,在"娜拉"逐渐成为女性的新规范之时,苏青提出了自己的"异议"。这种对于"娜拉"的反拨,与其说是否定"娜拉"的价值和意义,不如说是在把一个日益被理想化的"娜拉"拉回到现实的地面上来。从那句"夫妇间不'你一枪,我一刀'的,就没有独立人格了吗?"的反问中可以看出苏青力图恢复一种生活的日常性,而对"娜拉"的不同分类则无疑表明她在强调一种现实的艰难与复杂……"娜拉"由此失去了"它"在"五四"时期所具有的反叛封建专制秩序的激进性质,然而同时"她"却从一个纯精神性的概念转变而为一个负载了现实复杂性和矛盾性的称谓。这,未尝不是一次认识的深化。

第三种以《母亲的希望》为代表,文中表达了这样一种观点:

> 娜拉是易卜生的理想,不是易卜生太太的理想。②

---

① 苏青:《论离婚》,苏青著,方铭主编:《苏青文集·散文卷(中)》,安徽文艺出版社 2016 年,第 87 页。
② 苏青:《母亲的希望》,苏青著,方铭主编:《苏青文集·散文卷(中)》,第 49 页。

这句话说明了"娜拉"这一文学形象"作者为谁"的事实，强调是易卜生而非易卜生太太创作了"娜拉"。这其实涉及一个话语权的问题：既然女性人物形象的作者是男性，那么这就意味着它很可能是男性创造者的意识和想象的产物，甚至是男性的自我对象化的结果。所以，"娜拉"虽然真实地表现了女性的愿望要求和意识觉醒，然而这种"真实"不可避免地会受到创造者的男性意识的限定，"娜拉"式的觉醒和反拨只是表明了易卜生作为一个男性所能想象、容许和承认的女性解放的高度和程度。也就是说，由于它不是女性的自我命名与自我阐释，因此也就没有，也不可能涵盖女性的全部意义。

苏青对于话语权的问题并没有系统的、理性的认识，然而她敏锐地意识到"娜拉"背后立论者的性别，并将"他"的话语同自我的体验区别开来，这足以说明她已具备了一份最初的话语自觉。在《我国的女子教育》一文中，这一点表现得更为清晰：

> 所谓新文学作品……虽然他们也谈到妇女问题。提倡男女平等，替我们要求什么独立啦，自由啦，但代想代说的话能否完全符合我们心底的要求，那可又是一件事了。①

这种对新文学的非议是令人惊讶的。按照我们惯常的思维，新文学中一大批反映女性命运的作品，如胡适的《终生大事》、叶绍钧的《这也是一个人？》、鲁迅的《祝福》和《伤逝》……它们是唤醒那沉睡千年的女性意识的先声。可惜的是，当时像苏青这样提出质疑的并不多见。当然，她置疑的角度很是特别：她强调这些独立、自由之声并非由女性自己发出，而是由人代言。

对关注女性命运的新文学作家那种代言人身份的觉察，可以说是苏青在不期然间触及了"五四"那场"女性的发现"运动的某种实质：那场将女性由"妇者，从人也"的附属地位提升到"女人是和男人一样的人"这一层次的运动，恰好不是以女性自身的性别觉醒为前提，而是那些对民族命运有着深重的忧患与反思的新文化先驱者们代女性立言。这种代言具有鲜明的目的性——女性问题是作为解构封建文化专制的手段和武器进入新文化先驱者的视野的，只有当女性问题与反封建有关时才会受到关注和承认，而那些与之无关、但对女性来说至关重要的部分则将继续成为盲点。

---

① 苏青：《我国的女子教育》，苏青著，方铭主编：《苏青文集·散文卷（中）》，第 142 页。

在这样的背景中看待苏青对于"娜拉"的反拨、对代言人"话语"的不满,我们发现:这种极为重视"说话人"性别与身份的自觉意识,是在苏青这里萌生的;而在现代女性文学发展的第一阶段——"五四"女作家那里,我们更多看到的是另一种自觉——与新文化运动的先驱者们并肩站在一起,共同对那个造成压抑和罪恶的封建文化体系作不懈的反叛,她们是以自己的女性体验应和并丰富着那个时代的观念表达。庐隐笔下的人物在"情智激战"中体味"礼教胜利"的苦痛,沅君以"不自由毋宁死"的爱情宣言表现新旧观念的两相对峙,而冰心则通过问题小说思考那纷繁变动的社会人生……这一代"五四"之女无疑是新文化运动先驱们的同盟者与追随者,她们在后者话语的涌流处寻找到了一份开始言说的源泉。对于这一代女作家而言,那由男性大师们建立起来的话语不仅不是一种异己的语言,而恰恰意味着一种庇护和滋养。但到了苏青这里,情况已经发生了变化,那些在"五四"时代确立的新语词、新规范,已不足以涵盖发展的现实状况,那些由男性代说的话语,已暴露出它无法避免的疏漏。

因此,苏青对"娜拉"的反拨、对新文学的置疑并不能看作是对"五四"的否定,相反,那应当是一种发展:是在发觉现有规范、现有话语无法容纳自我的感受以后,女性界说自身的一种要求,那是想于他人话语的盲点之上开始自己的言说的一种愿望。

(二)技巧

胡兰成描述过苏青的形象:"她长的模样也是同样地结实利落;顶真的鼻子,鼻子是鼻子,嘴是嘴;无可批评的鹅蛋脸,俊眼修眉,有一种男孩的俊俏。无可批评,因之面部的线索虽不硬而有种硬的感觉。"[1]她的文章给人的感觉亦复如是,结实硬朗而缺乏张爱玲文章那样绰约的风姿。你很难说出苏青文章有什么独创性,她的长处也就是普通好文章的长处,难以找出有着作者独特才情印记的文体特征。

她的文体脱胎于论语派的性灵小品,论语派的文体与带有女性主义倾向的思想内容的结合就是苏青的散文。她的散文给人印象最深的,是一种说话的姿态和方式。

一是放谈,就是放得开,敢于挑战人所共仰的金科玉律。《烫发》写她初到上海,因为不了解新式的烫发方法,心存恐惧,于是给自己找出了不烫发的冠冕

———————————

① 胡览乘:《张爱玲与左派》,静思编:《张爱玲与苏青》,第156页。

堂皇的理由。结果得到了不随波逐流、懂得自然美的不虞之誉。她说："这种做法，我在中学时是早经训练熟了的。作文课先生教我们须独有见解，因此秦桧严嵩之流便都非硬派他们充起能臣来不可。"这其实是做翻案文章的方法。苏青写带有女性主义色彩的文章在不少时候与此相似，这样才会标新立异，吸引眼球。因此，很难说她背后没有世俗理性的计算，很难说是她的由衷之言。

　　二是快人快语，条理清晰，不论写人叙事，都活泼风趣。以《论女子交友》为例，文章开头说明女子对男子没有什么友谊可言，接着第二段点明全文的主题：女子与女子之间也很难找到真正的友情。下文展开具体的论述。先按女子成长的顺序，说在女中读书的女生之间没有真正的友谊，后来她们出嫁了同样如此。论述的重点是要证明结婚后的女人没有友谊。她们放弃事业、娱乐、友谊等等，目的只是为了管束丈夫。管束丈夫是因为不放心，这种心理对男人的影响也很大。要是丈夫被管服了，他也就得跟着与世隔绝；如果相反，男人们自寻声色犬马去了，她只好把希望寄托于"伟大母爱"。那么，从横向来看，那些没有结婚或死了丈夫的女人如何呢？还是不会有友情，原因是这些女性嫉妒。这样一路挺进，决不善罢甘休，把她提出的观点贯彻到底。尽管用的是女子全称，但她具体谈论的只是都市小资产阶级女子，所说的情况也只是都市小资产阶级女子交友和婚姻的一种状态。她不管这许多，而是沿着自己的思路，把话一口气说完。这里肯定有以偏概全的嫌疑，但你不得不承认她有自己的道理，谁能否认她所分析的女性心理在一般女性身上也有不同程度的存在呢？

　　苏青的散文议论性较强，为了避免枯燥乏味，她常穿插事例，有时举出"真人真事"，有时采用"情景呈现"的手法，把一些抽象的叙述"情景化"。《论女子交友》中有这样一段文字：

　　　　女人们最爱当着朋友讲丈夫坏话，但丈夫真正的坏处却讳莫如深，生怕给人家知道了有伤自己体面。譬如张太太告诉你：我家先生多顽固哪，人家袖子短了也有得说的，我偏不听他。这几句话与其说是怨恨不如说是夸耀，她在得意自己有个不爱摩登的好丈夫。

　　这个"张太太"并不是生活中实有的人，而是苏青为了把道理说得具体生动临时编造的。这种"情景呈现"在《论夫妻吵架》一文中表现得更为突出。这是一篇较长的文章，主要篇幅是叙述夫妻吵架的三个具体事例。除了第二个点名为也许子虚乌有的"表兄家"的事外，其余两个都是有意虚构的。第一个例子这样引入："近来常为朋友夫妻吵架,忙着做和事佬。照例先是女方气愤愤的跑来告诉,一面揩着眼泪:你瞧,昨天早晨他又来同我吵嘴了……"用虚构的典型"事例"把劝解的过程具象化,针脚细密,富有生趣。这是一种小说化的笔法。

总之,苏青对现代汉语散文发展的意义大致可以从以下几个方面来看:

对沦陷区文学来说,苏青打破了周作人一路"冲淡"文字的单调局面,丰富了沦陷区散文乃至抗战时期的散文创作。她一反"五四"以来感伤主义的文学传统,用"原料"中蕴涵的实实在在的人生味来抵制感伤主义。而她对庸常生活的记述对主流文学具有一定纠偏补正的作用。现代主流文学由于过于强调政治教化的功用,在很大程度上忽视了人的感性生命和日常生活。然而,任何声称理想的文学如果缺乏感性存在的坚实的基础和有力的对照,也就显得苍白、单薄甚至虚假。苏青的创作可以促使文学更加真诚地直面人生,直面人生中不是那么美好和高尚的内容。

其最大意义是开创了一种女性话语方式。对女性感觉和女性生活细节的描写构成了她们散文的肌质。她们在丰富的日常经验和充盈的生命感觉的基础上,以自己独特的语言,建构了一种非男性中心、非主流的话语方式。冰心笔下的女性虽然已实现了个性解放,但仍然笼罩在男性中心观念的阴影之下,她们是真善美的化身,为了爱而自我牺牲,抹去了女性具有七情六欲的感性和其他不那么"高尚""高雅"的一面。苏青则打破了冰心笔下圣洁女性的神话。这种新的话语如此满溢着生命力,让你无法忽视它和它所表现的女性生命的存在。它填补了中国现代女性散文自身日常经验的匮乏,补正了女性话语的单调和苍白,并预示着文学史上两性之间更加精细和平衡的分工。

三、汉奸文人?

1935年秋,苏青、李钦后筑巢上海,从幽居深闺来到了灯红酒绿的十里洋场。李钦后还在读书,苏青一人在家,实在无聊。为了打发寂寞,她甚至模拟独幕剧剧中人物自己和自己对话。那时,钱是他们最大的难题。丈夫认为既已结婚,就无脸向家中伸手。总是寅吃卯粮,往往为钱斗嘴。一次苏青向丈夫要钱买米,李钦后竟然掴了苏青一耳光,还说:"也是知识分子,可以自己去赚钱啊!"她五内俱焚。就为这一耳光,为争取在家庭中的地位,她也要找工作,挣钱。每天《新闻报》一到,苏青专看招聘广告,然后写信自我推荐。一份份求职信,像一只只放飞的野鸽子,杳无音讯。日坐愁城。她想学外语会话,好谋职,钱哪来?

想想每天为小菜钱向丈夫要还要费口水,再向丈夫要学费她更觉自讨无趣了。

那时,上海滩杂志出版业繁荣:《论语》《人间世》《宇宙风》《文饭小品》等等,尤以《论语》影响最大。苏青忽然想到,何不向杂志投稿,赚点小钱贴补家用?加之,苏青刚生了个女儿,正受丈夫、公婆的白眼,怨郁在胸,需要宣泄。于是她以自己的切身感悟,写了篇短文《产女》寄给《论语》。编辑陶亢德慧眼识金,欣赏这篇自发来稿中的英锐气,将之易名为《生男与育女》刊发了出来。该文开首写道:

> 古国古礼,无子为七出之一,为人妻者,无论你德容言工好到怎样程度,可是若生不出儿子的话,按理据法,就得被丈夫逐出去;即使"夫恩浩荡",不忍逼令大归,你就得赶快识趣,劝夫纳妾图后,自己却躲在"不妒"的美名下噙着眼泪看丈夫和别的女人睡觉。反之……①

首发即中,苏青十分兴奋,还得了五元钱稿费。她自信大增,"女人也能用自己的智慧赚钱",而且体现了自身的价值。接着,她又在《论语》上发表了《我的女友们》,剖析自己婚前婚后的心态变化,感叹:"女子是不够朋友的。无论两个女人好到怎样程度,要是其中有一个结婚的话,'友谊'就进了坟墓。"她的观点,受到年轻读者的追捧。从《论语》起步,苏青迈上了文坛。

因此,可以说,陶亢德是苏青文学道路上的恩人。由此,她结识了红极一时的张爱玲等文坛中人,也认识了陈公博等汪伪政府名流。要想了解苏青,弄清楚她与陈公博、张爱玲的关系是很有必要的。

(一)陈公博

苏青在《古今》上发表的第一篇文章《论离婚》堪称绝妙,受到了时为上海"市长"的陈公博的欣赏。《古今》的创办者朱朴,是汪伪交通部次长,点拨苏青写文章奉承一下陈公博。苏青考虑到自己一孤身女子在外混事不容易,需要有人庇护,便在《〈古今〉的印象》一文中,把陈公博好好吹捧了一番。比如说她顶喜欢读陈氏的文章,说"他是个很有趣的人",说"他庄严面容之中似乎隐含着诚恳的笑意,高高的、大大的、直直的鼻子象征着他的公正与宽厚",等等。

陈公博看了,心中暗喜,便投桃报李,给苏青介绍工作。无论你是多么倔强

---

① 苏青:《生男与育女》,苏青著,方铭主编:《苏青文集·散文卷(中)》,第36页。

的女子,在无望的生活面前也只能低眉顺眼。追随陈公博,她最先的名义是"随从秘书","有善意的第三者警告她谨防莫国康的毒手,她才改变主意"。①

莫国康是广东番禺人,在广州执信中学读书时,在廖仲恺家认识了陈公博。后来,两人共同追随廖仲恺参加了国民革命,北伐时就是陈公博的部下,追随在陈公博的左右,形影不离。陈公博跟随汪精卫投日后,莫国康也不计个人的名利得失,仍随侍在陈公博的身边,甘当陈的秘书和情人。他们的关系,无人不知无人不晓,就连陈的妻子李励庄也知道这一公开的秘密。但她深知莫国康是丈夫政治上、工作上不可替代的红颜知己,也就默默认可,两人倒也相安无事。

莫国康作陈公博的"随从秘书"在前,为什么苏青来做要谨防毒手呢?当然不是工作上的竞争,而是夺宠与妒忌,这样就可以明白苏青与陈公博的关系,其实就是陈公博与莫国康的关系,也就是情人关系。

苏青后来就任市府专员之职,"陈公博送给她的是一本复兴银行的支票簿,每张都已签字盖章,只等她填上数字,便可以支现。""陈公博接见她,常在国际饭店某楼的一个房间。"②陈公博很欣赏苏青的文章,很同情她的经历,有次他请吃饭,酒后竟然倾心披露了内心的隐衷:说自己本质上是个文人,不适合政治。但他爱汪精卫,将永远追随,知其不可为而为之。这让苏青陡生了同情之心。

但她还是只干了三个月就辞职了。辞职是陈公博的意思。他对苏青说,她不适合搞政治。她对事物有洞若观火的聪明,却缺乏难得糊涂的聪明。她干专员之位本为果腹,混口饭吃而已。但她无法麻木,做不到视而不见,见而不说。于是上班不多日,她就以自己签呈公文的经历,写起了批判衙门作风的文章。

此时苏青已经与丈夫分居,从家里搬了出来,寄住在朋友家里。有人以匿名方式寄给她一张十万元支票,苏青曾犹豫,猜想是陈送的,但信封上无写信人的地址。恰那时苏青要养活全家老小五口,日子实在不好过,就不再顾及"饿死事小,失节事大",收了。

生活有所改善后的苏青,不甘寂寞,想出人头地地干一番事业。她审时度势,决定办刊物。刊名定为《天地》,取谈天说地、无所不包、无所不容的意思。这油然令人联想到是延续《古今》的余绪,一指时间,一指空间,故有人认为这是

---

①　谢九:《我与苏青》,1957 年 1 月 15 日香港《上海日报》。
②　谢九:《我与苏青》,1957 年 1 月 15 日香港《上海日报》。

"天造地设,妙古绝今,可谓巧合之至"。

1943 年 10 月 10 日,在陈公博的资助下,天地出版社兼《天地》月刊在上海挂牌开业。她不仅有温州人的能干,又有上海人的精明,创刊号上就把不少政界、文坛的名流拉来写稿,阵容显赫:周作人、陈公博、周佛海父子、胡兰成、谭正璧、张爱玲等。

苏青经营有道,马上实施杂志预订,八折优惠客户;新年出"特大号"加质不加价;向周作人讨张签赠的全身照,登在杂志上,既做广告又讨周作人欢心;还别出心裁举办"命题征文",总之花样不断翻新。

为争得发行折扣,她不怕丢人现眼,不怕吃苦,亲自扛着《结婚十年》到马路上贩卖,与小贩"讲斤头"。聋哑作家周楞伽撰文揶揄她:"作为一个宁波女人,比男人还厉害!"还写打油诗调侃她:"豆腐居然吃苏青,血型犹太赐嘉名",因而得了个"犹太作家"的诨号。

苏青寸土不让,写文反驳,斥责他多管闲事,并反唇相讥:"你耳聋,一张嘴又说不清楚。"以周耳聋为题讽刺挖苦,笔墨官司俗到与骂街无二了。苏青说:"情愿不当什么女作家,实在咽不下这口气!"

张爱玲说苏青的特点是"伟大的单纯"。受人惠,必还人情。在《天地》创刊号和第四期上发表的署名为"周杨淑慧"的《我与佛海》和《在日本的小家庭生活》两篇文章,实质上是由苏青代笔的。"周杨淑慧",是周佛海的妻子杨淑慧。

这时的苏青,已成了社会活动家,出席了一些有亲日行为的不光彩的会议,还任过"中日文化协会的秘书"。故此,1945 年 11 月出版的司马文森编的《文化汉奸罪恶史》,列出张爱玲、张资平、谭正璧等十六位文化汉奸,苏青亦在其中。

张爱玲沉默。苏青却是大声抗辩,不论巨细,一一驳去。在《关于我》一文中为自己辩护说:"我在上海沦陷期间卖过文,但那是我'适逢其时',亦'不得已'耳,不是故意选定的这个黄道吉日才动笔的。我没有高喊打倒什么帝国主义,那是我怕进宪兵队受苦刑,而且即使无甚危险,我也向来不大高兴喊口号的。我以为我的问题不在卖文不卖文,而在于所卖的文是否危害民国的。否则正如米商也卖过米,黄包车夫也拉过任何客人一般,假如国家不否认我们在沦陷区的人民也尚有苟延残喘的权利的话,我就如此苟延残喘下来了,心中并不觉得愧怍。"她这样袒露当时的真实心境:"我投稿的目的纯粹是为了需要钱!"

"而且我所能写的文章还是关于社会人生家庭妇女这么一套的,抗战意识也参加不进去,正如我在上海投稿也始终未曾歌颂过什么大东亚一般。"①

而且,她毫不掩饰自己对陈公博、周佛海等人的同情。陈公博是罪不可赦的汉奸,但对她却有知遇之恩,因世事变幻而"忘恩负义"在她看来是不道德的。所以她不无自豪地写到自己在抗战胜利后去探望穷途末路的周佛海,并在目睹了这位昔日"一切都有把握的人"的颓丧之态后几至潸然泪下;而从报纸上得知陈公博死讯后,苏青竟感叹道:"我回忆酒红灯绿之夜,他是如此豪放又诚挚的,满目繁华,瞬息间竟成一梦。人生就是如此变幻莫测的吗? 他的一生是不幸的,现在什么都过去了,过去了也就算数说不尽的历史的悲哀啊。"②

对苏青"文妓""性贩子"和"汉奸文学"的指控,当然也有不同的声音。他的女婿谢蔚明曾说:"苏青从来没有写下一个字替敌伪唱赞歌。"③季广茂说:"(沦陷区的人民)他们被自己的政府遗弃在固有的土地上,他们有权生存……但更多的百姓则生活在灰色地带之中,他们只能生活在夹缝之中,忍气吞声。"④江荣在《拂去尘埃读苏青》中说:"四十年代前期的上海,时代特殊,环境复杂,在那个环境下活动,若无清明的国家、民族意识,若无坚强的意志以及有保障的生活来源,很容易沾上腥气。"戴锦华认为:苏青"只是在一种男性行为的压抑之下,在一种死寂的女性生存之中,道出的一种几近绝望的自虐自毁性的行为"。柯灵也说:"抗日救亡,理所当然是主流。除此以外,就都看作是离谱,旁门左道,既为正流所不容,也引不起读者的注意。"⑤

无论事实如何,苏青当年与周佛海、陈公博之流的瓜葛,是其人生册页中抹不去的不光彩的一笔,也只能毁誉由人。千秋功过,留待历史评说。

(二)张爱玲

张爱玲与苏青同为成名于 1940 年代上海沦陷区的一对女作家,不论是在当时还是在今天,都常被人相提并论。而生活中,她俩也是常相往来的朋友。苏青的妹妹苏红在晚年对来采访的记者说:"我姐姐和张爱玲好得很,经常一同逛街一同看电影,还互相换裤子穿。"两个女人好到换衣裳穿的程度,这是女人

---

① 苏青:《关于我——代序》,静思编:《张爱玲与苏青》,第 189 页。
② 苏青:《续结婚十年》,苏青著,方铭主编:《苏青文集·小说卷(中)》,第 197 页。
③ 谢蔚明:《忆苏青》,《那些人那些事》,上海远东出版社 2013 年,第 90 页。
④ 季广茂:《义旗下的哭泣》,《书屋》1998 年第 5 期。
⑤ 张昌华:《民国风景——文化名人的背影之二》,东方出版社 2009 年,第 262 页。

间不太多的友谊。

两人的交往,是从苏青 1943 年秋创办《天地》杂志向张爱玲约稿开始的,那时张爱玲已在文坛上崭露头角,人又是有架子的,稿子不肯随便给人。苏青颇知人心理,在写给张爱玲的约稿信中,打性别牌,一句"叨在同性",把张爱玲逗得笑了起来,这一笑,心就软了,何况《天地》也并非末流刊物。

至 1945 年夏为止,张爱玲在《天地》上发表了许多散文。其中有与苏青做同题文章的《谈女人》,还曾与苏青在同一专题下作文。艺术上两人彼此非常敬重。苏青在杂志编后记里不时夸赞张爱玲的作品,比如称《封锁》为"近年来中国最佳之短篇小说"。张爱玲一有作品集要出版,苏青马上又很积极地加以宣传推荐。投桃报李,张爱玲的《我看苏青》堪称苏青的知人之作,她说:"低估了苏青的文章的价值,就是低估了现地的文化水准。"利用自己在文坛上的声誉和地位,肯定苏青的文学创作水平与价值。张爱玲此言,不仅在当时为广受争议的苏青正了名,甚而在 1990 年代后,因社会上兴起"张爱玲热"而连带起人们对苏青的关注。

苏青与张爱玲在社会、婚姻、妇女、家庭等问题上的见解不悖,许多问题彼此很能理解,但两人的创作风格与她俩的性格一样大相径庭。苏青的写作符合"五四"以来重内容不重技巧的风尚,而张爱玲则十分注重技巧,并且达到了内容与形式的完美结合。苏青作品畅销的程度不在张爱玲之下,但艺术成就则略逊于张爱玲。

张爱玲与苏青的私交不错,但是张爱玲与苏青终未好过与炎樱的关系。她俩是"亲切"的,而张爱玲和炎樱是"亲热"的。所以她与胡兰成结婚时,媒证人是炎樱而不是苏青。

炎樱的性格在某些方面与苏青颇为相似:热情,爽朗,单纯,有文化,懂幽默。她的一个名言是将表达"多一个人多一份智慧"的外国谚语"两个头比一个头好"改为"两个头比一个头好——在枕上"。后语一加,意思全变,妙趣横生。张爱玲将她的这些妙论与巧智记录下来,辑成一篇《炎樱语录》,登在苏青的另一个杂志《小天地》上,炎樱之名因而得以存之名著,传之久远了。

张爱玲对苏青与对炎樱的态度不同,还可以从张爱玲晚年"钦定"的相片集《对照记》中看得出来。其中炎樱的照片有多帧,不仅有与张爱玲合影的,甚至还有单独拍摄的。而苏青则与胡兰成待遇相同——付之阙如。

中年后的男人对于活泼可爱淘气的女孩没有不喜欢的,胡兰成也不例外,虽然他并不以此为限。那个后来接替张爱玲而代之、惹得张爱玲到温州去与之争短长的周训德,就颇有几分炎樱之风。

炎樱常与张爱玲结伴出门,她很会演戏,居然可以叫咖啡店的犹太人老板生出恻隐之心而优惠她们,果是胡兰成所说的"非常顽皮"。

张爱玲是知道登徒子的胡兰成喜欢炎樱的,虽然未必像胡兰成说的有那样的反应:"爱玲很高兴。"但至少张爱玲是能接受的。这是因为她对炎樱比较放心,故而且由胡兰成去空喜欢好了。但对苏青,张爱玲则难以完全消除戒心,因为她深知离了婚的女人是寂寞的,她深知的还有胡兰成是"难得满足"的。①

胡兰成与张爱玲经苏青介绍相识,时间不长,两个人的倾城之恋就在上海滩尽人皆知,这让苏青极不开心。苏青早于张爱玲认识汪精卫的"文胆"胡兰成,并且两人早就有了一段地下情。

苏青一向写不来虚构的小说,她的文字大都写实。在 1949 年秋天出版的《续结婚十年》中,她以"谈维明"来影射胡兰成。以苏青一向为人直爽、口无遮拦的个性来看,《结婚十年》乃至《续结婚十年》都是她的人生实录。谈维明,"虽然长得不好看,又不肯修饰,然而却有一种令人崇拜的风度。他是一个好的宣传家,当时我被说得死心塌地地佩服他了,我说他是一个宣传家,那是五分钟以后才发觉的,唉,我竟不由自主地投入了他的怀抱"。② 明白无误,就是胡兰成。

张爱玲不知道他们两人之间的隐秘之情,胡兰成有事没事总是撇开张爱玲来看苏青。后来他在《今生今世》中写道:"当初有一晚上,我去苏青家里,恰值爱玲也在。她喜欢也在众人面前看着我,但是她又妒忌,会觉得她自己很委屈。"③在女友家逢老情人,张爱玲立刻泛出醋意,一时不及掩饰,被胡兰成看了出来,苏青也看了出来。

当时由于报纸杂志繁荣,上海滩出现一大批所谓的"小姐作家",在一次女作家聚谈会上,主持人问苏青哪一位女作家作品最好,苏青当着众多女作家的面堂而皇之地说:"女作家的作品我从来不看,只看张爱玲的文章。"

主持人随后又问张爱玲。张爱玲说:"古代的女作家中我最喜欢的是李清

---

①　胡兰成:《今生今世》,远景出版事业有限公司 2009 年,第 272 页。
②　苏青:《续结婚十年》,《苏青文集·小说卷(中)》,第 21 页。
③　胡兰成:《今生今世》,第 272 页。

照,她的优点早有定评,用不着我来分析介绍了。近代的最喜欢的只有苏青,苏青之前,冰心的清婉往往流于做作,丁玲的初期作品是好的,后来略有力不从心。踏实地把握住生活的情趣的,苏青是第一个,她的特点是'伟大的单纯'。经过她那俊洁的表现方法,最普通的话成为最动人的,因为人类的共同性,她比谁都懂得。"①

两个人如此露骨地惺惺相惜,引起在场的一大批女作家的愤怒,散会后众人均不理她俩,可她们两个人照样谈笑风生。

陈公博被处决后,市面上什么说法都有,到处人心惶惶。苏青绝息交游,用她自己的话说"打扮得像个寡妇",尽可能地低调,不想再惹出任何麻烦。但是总有男人不请自来,姜贵便是其中的一位,他真正的身份是国民党接收大员,他还有另一个名字,叫王意坚。后来去了台湾,以"姜贵"之名创作了一系列反映故乡的小说,在台湾颇有影响。

当时王意坚化名姜贵从重庆来到上海,看到苏青的小说《结婚十年》超级畅销,便心生向往,刻意结交。一个是接收大员,大权在握,一个是孤寡女人,写字谋生,两个人来来往往的结果是苏青开始与姜贵同居。

陈公博被枪毙后,姜贵怕引火烧身,住到无锡不再回上海。偶尔,姜贵会赶晚上的车到上海,在斜桥弄苏青的公寓里住上半宿,只住半宿,天不亮就赶早班车回无锡。

这样来往了大半年,有一天姜贵说:"不如你到无锡去住上一段时间。"苏青也没有表示反对,姜贵在无锡物色了一个大户人家花园里的房子,有三个敞厅和整套红木家具,环境也十分清幽。姜贵盼着苏青来,苏青也表示愿意来,但是一直没有来。

后来姜贵到镇江,和苏青渐行渐远。他到上海还会去看苏青,只是隔好长时间才见一次,这时候他们真的成了普通朋友。

苏青后来把她与姜贵的交往全写进了小说《续结婚十年》中,这完全是一部纪实小说,所有与苏青有过过往的人物全部可以从其中找到对应的人物,除了张爱玲。

在这部小说中,苏青丝毫没有提到她曾经的闺密张爱玲,这是一件很让人费解的事。多年以后张爱玲的纪实小说《小团圆》出版,所有她结交过的人物也

---

① 《女作家聚谈会》,静思编:《张爱玲与苏青》,第1页。

全写了个遍，就是不提苏青，这也令人匪夷所思。

其实这时候苏青和张爱玲因为胡兰成早已断绝了来往。苏青写作《续结婚十年》时，胡兰成正在浙江深山里逃亡，但是张爱玲还在上海。苏青知道她的小说张爱玲会看到，她就是要借小说来报复一下张爱玲。女人，特别是小女人，总免不了小肚鸡肠，女作家也概莫能外。

张爱玲的出国与她的个性有关，她从来都以摩登旗袍示人，无法忍受满大街统一的蓝或黑的人民装。她后来借口去香港大学复读，从深圳罗湖出关奔向海外，最后又前往美国。

与张爱玲相比，苏青适应能力更强，她在一夜之间就顺应时代潮流穿上一套女式"人民装"，混迹在人流中你根本看不出她曾经是老上海当红的女作家。她最后选择留在大陆，是相信自己有能力活下去，也相信不管什么人当政，反正柴米油盐的日子总是要让人过，无非就是找一个挣钱养家的职业。苏青后来做了编剧，"反右"时受"胡风事件"牵连被判刑入狱。出狱后工资停发，生病连两块钱的出诊费都掏不出，于1982年冬天含恨而故。十三年后，张爱玲的遗体被人发现，在遗嘱中有这样一句话："不要察看我的遗体，不要举行任何仪式，将骨灰随便抛弃在荒漠无人处……"

苏青最后一部小说叫《歧途佳人》，其实她与张爱玲才是真正的歧途佳人。或出于某种目的，或因为少不更事，她们在兵荒马乱的年代都结识了不靠谱的男人，在歧途上走了很远很远。

关露:失去节拍的歌唱

关露是 1930 年代的著名作家,与潘柳黛、张爱玲、苏青并称为"民国四大才女"。她的小说记录了当时人们真实的生活状态和心理状态,是对现代中国文学史的一种丰富;她的诗歌有诗与政治联姻的印记,激励和鼓舞了无数的革命青年,发挥了特有的作用。但她本质上是一介平凡女子,当命运将她放置在一种"非凡"的境遇之中时,她的生命也就失去了原本的节奏和旋律,成为"没有节拍的歌唱"。

春天里来百花香,朗里格朗里格朗里格朗,和暖的太阳在天空照,照到了我的破衣裳。朗里格朗里格朗里格朗……

相信很多人听过这首歌,可有多少人知道这首歌的词作者是谁?

她就是 1930 年代上海滩,与丁玲、张爱玲齐名的著名作家,抗战期间少有的打入日伪内部为民族生存做出突出贡献,终身未嫁最终又含恨而死的女特工关露。作家麦家说,他之所以写小说《风声》,还将之改编为电影剧本,就是为了让更多的人了解关露,影片中周迅饰演的顾晓梦的原型就是关露。电视连续剧《旗袍》,则更为详尽地再现了她的传奇生涯。剧中马苏饰演的关萍露是张爱玲小说《色戒》中王佳芝原型郑苹如①和关露的合体。那承载着中国传统文化和女性美的一袭"旗袍"(关露潜伏时的化名),向人们娓娓讲述着一代才女、一个值得我们永远尊重和怀念的女战士光辉而多舛的美丽人生,彰示着她那罔顾一己、殒身不恤的高尚情怀……

一、红谍 or 汉奸

关露,原名胡寿楣,1907 年 6 月 16 日出生于山西省右玉县一个没落的封建官僚家庭。父亲是晚清举人,一直在山西当个七品芝麻官。关露六岁时曾随外祖母到南京姨母家中住过三年,但在八岁时父亲就病逝了。父亲去世后,沉重的生活负担就压在母亲一人身上。

关露的母亲自幼勤奋好学,读过中学,为了生计,做了一名教师。她不但很会写古文,而且写得一手好小楷,还工于刺绣。关露白天上学,晚上则由母亲教授古文古诗。就是在母亲的教育和熏陶之下,读了些四书五经和古诗,关露爱上了文学。

她从小喜读书,不贪玩,每天按照母亲的规定读书、写字,或学着作文、写旧体诗。她思路敏捷,不管作文或写诗,总是第一个交卷。好景不长,母亲病倒了,两年之后,当关露还未满十六岁时,母亲就去世了。关露寄居到了姨母家。

---

① 郑苹如(1917 – 1940),中日混血,是当时上海的社交人物。上海沦陷后,加入中统,利用其得天独厚的条件,混迹于日伪人员当中,获取情报。后参与暗杀日伪特务头子丁默邨,被捕,一口咬定为情所困,雇凶杀人,成为当年上海滩重大花边新闻之一。1940 年 2 月,被秘密处决于沪西中山路旁的一片荒地。台湾的法务部调查局认为是前辈同仁,列为该局烈士。

姨母早年丧夫,无子女,是个孤苦无依的人。她读过书,但只能看旧小说,在社会上自然无法立足,只能靠祖上传下来的几间旧屋,除自住外,拿两间出租,每月收几元房租,再加上给鞋店绣花,勉强维持生活。

处在这样极困苦的环境,关露的意志是坚强的,她牢牢记住母亲常常教导她的话:"一个女孩子一定要能够自谋生活,一定要学点本领,否则将一辈子受气,一辈子抬不起头来做人……"①孜孜不倦地求学。

姨母的思想很封建,认为女孩子唯一的出路就是结婚,找一个家道富裕的丈夫,就可以过一辈子幸福生活。因此,不停地为关露找"好婆家",也有不少管闲事的亲友不时地上门做媒。有一次,关露的表哥为她介绍了一个银行经理,总以为这下子关露该满意了,不料仍被一口回绝。这惹恼了姨母,认为关露不识抬举,不听老年人的教导,将来肯定要吃苦头,但关露不为所动,决定走自己的路。

一个偶然机会,关露姐妹遇见了刘道衡②——她们姊妹两个的贵人。在他的资助下,她们双双完成了上海法科大学法学院的学业。之后,姐姐关露到中央大学文学系深造,妹妹胡绣枫则转学到了法政大学。在那里,胡绣枫遇到了和自己共度一生的爱人刘剑华。

刘剑华当时是一名进步的教师,后成为著名社会学家、法学家。两人结婚的时候,没有办理任何的手续,也没有请证婚人。他们思想一致,合得来就一起过,合不来就分开。他们认为,这比起办一张形式上的结婚证,要好得多。在今天看来,这是不受法律保护的同居。但让关露的心里起了波澜,她祝福着妹妹,也希望自己能够遇到一位志同道合的爱人。

关露很漂亮,又有才情,她身边的男子,是不少的。她跟所有初恋的女孩一样,希望遇到一位懂得浪漫、懂得诗情画意的男人。到中央大学报到的那一天,相貌英俊的刘汉卿,殷勤地充当引路人,把南京的各处风景一一介绍,给关露留下了很美好的印象。他风流倜傥,会写动人的情诗。

---

① 柯兴:《魂归京都:关露传》,金城出版社 2010 年,第 4 页。
② 刘道衡(1892－1968),湖南衡山人,1933 年加入中国共产党,长期从事中共地下工作。中华人民共和国成立后,历任中共湖南省委统战部副部长,中华人民共和国政务院、国务院参事,中央文史研究馆办公室主任。其女刘丽珊(1921－1943)十六岁进入抗日民族大学学习,后任大众剧社社长,1940 年加入中国共产党,在晋察冀边区办过《群众报》《新中国》等报刊。1943 年 10 月,在下关区女儿沟村的西沟,被捕,宁死不屈,献出了宝贵的生命,年仅二十二岁。

当时，关露才刚刚二十一岁，正是少女情怀都是诗的年纪。以前的抗婚，是出于对读书的渴望，她不希望婚姻阻碍了自己的求学，更不愿意一生成为男人的附庸，她希望像那些外国小说中描写的，和一位有共同语言的男人结婚。刘汉卿，以他浪漫诗句和殷勤的恭维，渐渐获取了关露的爱情。此时的关露，希望做一名有学问的老师，希望和未来的丈夫过一种琴瑟相和的日子。

民国期间的南京中央大学，人才辈出，徐志摩曾经在这所学校任教。热情洋溢的刘汉卿为关露朗诵徐志摩的诗句，在绿草茵茵的草地上，他们沉浸在"再别康桥"的爱情篇章里，关露的心，被打开了。那时，关露心里尽是爱情的火焰。她和刘汉卿一次次徜徉在学校的花坛边，流连在情人们喜爱的舞厅影院。

可是，刘汉卿去比利时后，杳无音信。关露对他的思恋，日日增长，写了无数的诗句。她怀着甜蜜的盼望，希望自己能被恋人迎接出国，一起深造，一起回来报效祖国。

等到的，却是噩耗，以及一个丑陋的现实。刘汉卿到了国外，就开始追逐别的姑娘，他是一个多情也滥情的男人。关露在他心里的地位，不过是一个爱情备胎，一到国外，他就把关露忘到了九霄云外。他陷入了一场三角恋里，不能自拔，最后自杀了。

关露感到了彻骨的悲凉！是啊，假如这个男人，是由于其他原因——意外啊生病啊之类——去世的，他还有回忆的价值。可他，竟然是因为与其他女孩恋爱不成而死的，这让关露情何以堪！

就在这样的尴尬中，二十四岁的关露毕业了。这段感情，成了她心口一道不愿揭开的伤。人家都说，初恋是一个女人珍贵的记忆，也有人说，初恋是美好的，虽然没有结果，可是值得每个女孩子去珍藏。关露却不愿意珍藏这段感情，她很想忘记这场感情，很想忘记那个已经成为一具冰冷尸体的男人，也想忘记他曾给自己吟诵过的诗句，忘记他的温柔，忘记他的体贴……

这对于一个感情丰富，文学才能出众的女子，是多么大的考验啊，就像张爱玲说的，生命是一袭华丽的袍子，上面爬满了虱子。然而，这还不够，更加令人不可思议的消息传来了：刘汉卿出国之前，已经订了婚，留学的费用，还是女方出的。也就是说，刘汉卿根本就是在欺骗她。

很多次，关露都咬牙切齿地恨他，虽然她也知道，心里背负着恨，活着太累，太挣扎。她想忘了他，思想却像小虫，不停地啃噬她的心。她恨自己还记着他，还能回忆他，忘不了他……因为，他是她的初恋，是她真心付出过的爱情。

虽说初恋受伤了,但关露并不是一位随意交付身心的女人,此时的她,成熟睿智,沉静的表情下,有着淡淡的忧伤。这独特的气质,曾经深深吸引了常任侠。① 在他的记忆中,刚刚演完《赛金花》②的关露是这样的:"颀长玉立,秀眉隆准,华服高履,体态盈盈。"③寥寥几句,勾勒出常任侠眼里的关露,是一位无比美丽的女子,也可看出当时年轻的常任侠对关露的一腔爱慕之情。

当时他是追求过关露的,关露没有答应。原因很简单,她已经加入了中国共产党,她希望,她爱的男人,也要有救国救民的理想。于是,经妹妹胡绣枫的牵线搭桥,中共党员沈志远④撞进了关露的心里。

经过了初恋的失败后,关露对感情谨慎了很多,她斟酌了再斟酌,发觉沈志远长相斯文,气质儒雅,文化素养高,而且不善言谈,没有轻浮之气,应该是一位好人。在知道沈志远在苏联受过一次感情伤害后,她有了"同是天涯沦落人"的感觉。于是,他们很快恋爱并同居了。

他们度过了很多幸福的日子,她期望自己和沈志远,就像妹妹和妹夫一样,恩恩爱爱,白头偕老。可是,矛盾很快就来了。

由于经常参加革命活动,他们很少相聚,这引起了沈志远的不满。他觉得,一个女人,当好家庭主妇。做好家务就行了,像关露这样东奔西走,不是正经事儿。关露志不在此,当然就有了争吵。争吵多了,感情自然就淡了下来。这时,沈志远想,只要关露怀了孕,就会找到自己的准确位置,好好在家待着了。

后来,关露果真怀了孕,沈志远希望关露把孩子生下来。关露却去医院做了手术,他们的感情越来越疏远。关露第二次怀孕的时候,正处于国民党的文

---

① 常任侠(1904－1996),著名艺术考古学家、东方艺术史研究专家、诗人,从事中国以及中亚、东亚、东南亚诸国美术史以及音乐、舞蹈史的研究,对中国与印度、日本的文艺交流史研究做出了开拓性贡献。

② 在1930年代中期,有两个版本的话剧《赛金花》,编剧分别是夏衍、熊佛西,关露演的是夏衍版。该剧以1900年庚子事变为背景,通过出入官场的妓女赛金花这个特定人物在特定历史事件中的活动,用喜剧式的夸张手法,揭露和讽刺了八国联军的入侵和清朝统治者的昏庸无能和丧权辱国的种种丑态,给人们描绘了一幅汉奸百丑图,矛头直指国民党当局的屈辱外交。被认为是"国防戏剧之力作"。

③ 常任侠著,郭淑芬等编:《常任侠文集》(六),安徽教育出版社2002年,第145页。

④ 沈志远(1902－1965)经济学家。浙江萧山人。曾就读于浙江省立一中,后去上海读书,接受了党的教育,于1925年加入中国共产党。曾赴苏联莫斯科中山劳动大学学习,后先后在上海暨南大学、北京大学法商学院、西北大学任教。新中国成立初担任中央人民政府教育委员会委员、出版总署编译局局长、中国人民银行顾问,后担任上海社会科学院经济研究所研究员。

化围剿最猖獗的时候,很多进步文人被抓,关露写了大量的诗歌。她希望自己的文字,能带给人们更多的醒悟。于是,她又一次打掉了孩子,沈志远也就此离开了她。

她的一生没有子女,身后孤零一人。其实,她是爱孩子的。1982 年 12 月 5 日死前,她的怀里抱着一个布娃娃,那是她难了的夙愿。

九一八事变后,关露参加了上海妇女抗日反帝大同盟,主要是在女工中间做宣传工作。她在沪西纺织厂、丝厂、美亚织绸厂中办夜校,以夜校教员的身份深入工人群众,与女工们交朋友,组织姐妹团、读书班和诗歌小组,和女工们一起编写墙头诗,出壁报,写传单,举行诗歌朗诵会。

1932 年秋,她加入了"左联"创作委员会诗歌组,为"中国诗歌会"的机关刊物《新诗歌》写了不少诗篇。1933 年 5 月 14 日丁玲和潘梓年①被国民党反动派秘密绑架后,关露接替了丁玲的创作委员会的工作。这是关露创作最旺盛的时期。

1937 年,上海明星电影公司拍摄《十字街头》影片,关露应邀写了一个主题歌《春天里来百花香》,由贺绿汀谱曲。原来写的歌词比现在所流行的这首歌内容更为激烈,后因国民党政府检查部门通不过,做了些改动。即使这样,这首歌仍然成为影院、舞台、街头巷后最受群众欢迎的流行歌曲,经久不衰,足见其艺术的生命力。

关露的才华有目共睹。如果不参与政治,只埋头写作,也许她会留下很多感人的篇章,然而,这只能是也许。"八·一三"事变②后,她冒着炮火上前线劳军,并大声疾呼:"宁为祖国战斗死,不做民族未亡人!"其慷慨豪迈的气概直欲压倒须眉,为此她赢得了"民族之妻"的美誉。

1939 年 11 月的一个夜晚,关露正在为长篇小说《新旧时代》做最后的修改,忽然接到了任务,要她打入上海汪伪特工总部——臭名昭著的 76 号,接近特务头子李士群。

---

①　潘梓年(1893 – 1972),江苏宜兴人,中国著名的哲学家和杰出的新闻斗士。创办了《新华日报》,并被毛泽东钦点为第一任社长,因此被称为"中共第一报人"。

②　八·一三事变,是中日战争中淞沪会战的开端和导火线。1937 年七七事变后,日本侵略军为了占领中国的经济中心,迫使国民政府投降,于 8 月 13 日大举进攻上海。中国守军奋起抵抗,淞沪抗战爆发。国民政府下达全国总动员令,调集七十万大军投入淞沪战场。日军兵力也增至三十万。11 月 5 日,日军一部从杭州湾登陆,迂回守军侧后,中国守军被迫撤退。长达三个月的淞沪战役,粉碎了日本"三个月灭亡中国"的叫嚣。

这个任务本来是给关露的妹妹胡绣枫的。当年胡绣枫帮助过落难的李士群的夫人,有着这层关系,去接近李士群应该比较容易。无奈胡绣枫当时远在湖北宜昌,便把姐姐关露介绍给了组织。

这个任务对关露而言,至少有两大难度:第一,李士群与关露姐妹相识已久,虽不十分确定,但对姐妹两人的真实身份与思想倾向有个大致的了解,而且关露那时已是上海滩小有名气的诗人,诗集《太平洋上的歌声》中的倾向与立场一目了然,以李士群的精明与警觉,稍加分析便能对关露的身份有所知晓,在这样的前提下,关露能否进入李士群的生活、能否从李士群那里获得有用的信息,能否保证自己的安全都是一个未知数。

第二,关露的性情与"特工"需要具备的基本素质有着较大的偏差,这无疑更增加了整个工作的危险系数。关露的自我定义是性情率直、喜怒常形于色:"想到了就说,高兴了就笑","她从来不想见着了什么人便说什么话,或者看见哪一种人便要采取哪一种语言和态度,采取哪一种说话的方式这一类的事情。"①胆子不大,内心也并非定力十足:幼年时庭院里异样的争吵也会让她"非常恐惧",全身战抖(《一个牛郎的故事》),独自一人行走在深夜的静寂中,孤独与畏怯甚至压迫得她眼泪都要出来了(《秋夜》)。同在左联共事的许幸之②也认为将这种潜伏任务交给关露是"欠妥"的,因为"她为人太忠诚朴质,缺乏必要的灵活性和警惕性",而且"生活作风一向很严谨又很脆弱,经不起狂风暴雨的袭击"。③

虽然很为难,但经过激烈的思想斗争,她还是坚决地服从了。这样她也就不得不与恋人王炳南分开了。

在和沈志远分手后,在从事革命工作的过程中,她认识了王炳南。王炳南阅历丰富,他曾经组织农民进行抗粮抗税斗争,早在 1926 年就加入了中国共产党,是第一任陕西乾县县委书记,后又曾留学日本、德国。关露的妩媚靓丽,吸引了王炳南的眼睛,王炳南在革命事业上的果敢坚强,也吸引了关露的心。他们互相通信了很多年,各自在自己的岗位上,为党的事业,贡献着自己的血汗。他们都是离过婚的人,在三十多岁的年纪碰上,已不再奢求少年男女的激情浪

---

① 关露:《仲夏夜之梦》,上海古籍出版社 1999 年,第 117 页。

② 许幸之,现代著名油画家、美术史家、电影导演,1935 年导演轰动一时的《风云儿女》。

③ 许幸之:《忆关露》,丁言昭:《关露啊关露》,人民文学出版社 2001 年,第 90 页。

漫,他们想得到的,只是一种稳定成熟的情感,就像王炳南对关露说的:"你关心我一时,我关心你一世。"但在党的指示面前,他们怀着一颗圣洁的心灵,做出了选择:牺牲爱情,牺牲生命,牺牲比生命更宝贵的声誉。

　　当然,"选择"之中,也包含着"被选择"。如果说之前离家出走、婚姻破裂,出自她不甘心于贤妻良母的生活,要把更多的精力投入到写作和救亡当中,是主动选择的话;那么,这次接受任务,打入汪伪特工总部,包括以后顶着"汉奸文人"的帽子,参与日刊《女声》的编辑,蒙受曲解、谴责、蔑视等种种屈辱,牺牲自己清清白白的名声,则是被选择,被革命选择,被民族大义所选择。①

　　关露很快利用恩人姐姐的身份打入了76号魔窟。她是用什么办法来克服内心的恐惧与软弱呢?我们不得而知。我们所知道的就是关露曾在好友面前哭泣,申述自己的委屈,并不止一次请求组织允许她"回娘家"。好在李士群在摇摆与利益权衡中不想绝了自己后路,在基本知晓关露的身份后并未对她产生威胁,关露也在李士群那里了解到了他的心态与特工部动态,并成功地促成了潘汉年与李士群的会面。

　　与潘汉年那些惊心动魄的情报计划和除奸行动相比,关露只不过是其中一个小小的插曲,平静、悠闲,若有似无。但对关露这样一个平凡女人来说,这段人生的插曲却具备了她难以驾驭的惊心动魄。

　　更令关露难以忍受的是,在她做这些工作时,关于她投靠汪伪特务的消息已经在上海滩传开了。文艺界的人说到关露都充满鄙视,各种相关的活动也不再接受她加入。

　　对于这一切,关露很痛苦,却无法去分辩,她牢牢记着曾经与潘汉年说过的话,如果被别人说成汉奸,绝不辩护。但她总以为这样的日子不会持续太久,很快就会澄清自己。

　　在完成了策反李士群的任务后,关露就给组织写了一封信,请求去延安。得到的回复却是,不宜回来,希望她继续留下,为上海党组织提供有用的情报。

　　得到消息之后,关露哭了一晚上。想到现在连好友也不信任她,也唾弃她,热爱的文字写作也无法进行,恋人也不得相见,异常难过。只是哭过之后,她还是强打起精神,继续完成组织派给她的任务。

　　新的任务是让她去日本人办的《女声》杂志做编辑。《女声》是一本综合性

---

　　①　康式昭:《自有芳名昭史册》,柯兴:《魂归京都:关露传》。

月刊,社长佐藤俊子。① 关露去《女声》的目的是接近佐藤,再通过她接近日本左派人士,找到日共党员。

关露在《女声》负责小说、剧评和杂谈。为了不让汉奸言论出现,同时又保护自己的身份,关露只能尽量编些无聊的风花雪月文章,将大量版面占去。这种不动脑筋的工作,对关露来说,真是痛苦。好在佐藤俊子是"最近人情的人",是她的"真心朋友"。②

在《女声》工作工资微薄,甚至生活都成问题。关露日子过得节简,早餐几乎省去,肉蛋之类的根本吃不上,常年处于半饥饿状态。到了冬天,租的房子冷得像冰窖,关露买不起木炭,想去卖血。可是医生说她身体太弱了,会承受不了。血没有卖成,木炭也没有换来,关露守着寒冷的屋子过了一个冬天。

1943年8月,关露去参加"大东亚文学代表大会",这个会让关露很犹豫,因为等于要在世人面前再一次亮出自己汉奸文人的身份。但上级组织却发下话来,如果去日本一趟,会看到听到许多情况,这个机会不容错过。

于是关露就去了。这次大会,关露被日方分给的讲话题目是《大东亚共荣》。关露把题目换成《中日妇女文化交流》,谈了些无关紧要的内容,诸如中日双方语言不通,大家交流起来比较困难,今后应该多学语言之类的话题,蒙混过去。

果然,关露参加完这次会议回上海后,就看到一篇登在《时事新报》上的文章:"当日报企图为共荣圈虚张声势,关露又荣膺了代表之仪,绝无廉耻地到敌人首都去开代表大会,她完全是在畸形下生长起来的无耻女作家。"③这时,关露的"汉奸生涯"达到了顶峰。

关露忘记了那些日子是如何熬过的,必定是一种更强大的力量支撑着她的内心,但她后来的精神失常此时已经出现了征兆。总之,在长达六年的时光中,负有"特殊使命"的关露必须活在一种双面、分裂的角色中,这对一个内向、文

---

① 佐藤俊子,明治后期在日本文坛上颇有声名的女作家,在北美的十几年岁月中对妇女问题产生了强烈的关切,并一度受社会主义思想影响。1938年底因一个偶然的机遇来到中国,此后与上海发生了因缘,与太平出版印刷公司合作,在上海编辑中文杂志《女声》。《女声》虽因特殊的年代氛围和背景,难免有些迎合当局的战时烙印,但依然体现了她对妇女问题的开明态度,而上海,竟然也成了她人生的坟场,1945年4月16日,因脑溢血突发而溘然去世。
② 徐静波:《佐藤俊子,一个日本文化人》,《中外书摘·经典版》2014年第8期。
③ 柯兴:《魂归京都:关露传》,第231页。

静、怯弱的平凡女人来说不啻是一种巨大的折磨，以至于后来一直心有余悸。

1945 年日军投降，国民党军统特务头子毛森在上海下达"肃奸令"，大规模抓捕日本汉奸，关露也名列其中。上海地下党紧急组织营救行动，辗转将关露转移到了苏皖解放区。至此，关露的间谍生涯宣告结束。在终于回归自我、回到真实的生活之后，关露的文字中流露出很久没有的轻松与愉悦："秋光冉冉步迟迟，小镇安营遇旧知。纸共一张诗共韵，挑灯朗诵爱民诗。"①卸下重负的关露必然对未来充满期待，明朗的生活、自由的身心，还有终于可以团聚的恋人……这一切似乎就在眼前。但事实再一次将一个女人平凡的幸福期待化成了泡影。

回到苏北解放区，关露本想重新拾回满腔热情继续创作，却发现"关露"这个名字已经成为一种耻辱的象征，不再能发表任何文章。比这更让她痛苦的是恋人王炳南的沉默与拒绝。关露担负"特殊使命"期间，因工作需要，主持中共中央南方局外事工作的王炳南先到武汉，后转至重庆，两人便失去了见面的机会，仅依靠书信维持着彼此之间的感情。当听说关露终于回归解放区时，已是周恩来得力助手的王炳南高兴地提出了探望关露的想法。周恩来权衡利弊，否决了王炳南的请求。周虽然清楚关露的身份和曾经从事的特殊工作，但国民党舆论仍将关露认定为一个"文化汉奸"，解放区的许多不知情人士也对关露多有怀疑，从事外交工作的王炳南此时此刻显然不适合与这样一个女人继续发展关系，王炳南只有服从大局，给关露写了封绝交信。

关露没有想到，她期盼的王炳南也成为一场幻影，这让她的精神世界一下塌了半边。她不清楚自己到底错在哪里，为什么忍辱负重的几年特工生涯换来的是如此结局？这真像是一种讽刺。关露回到住处，伤心地大哭起来。

让她讶异的是，她还受到了自己人的怀疑、误解与审查。楼适夷曾回忆抗日战争结束他途经淮阴解放区遇到关露时的情景："她身体不大好，神情不安，一日上街去新华书店被沪来青年发现，大呼'捉女汉奸'，惊惶失措，经公安警保护回来，神经失常。"②整风运动中关露也是隔离审查的对象，不止一次被命令"交代问题"，刚刚放松下来的身心再次紧张焦虑起来，且超过了关露的负荷，从

---

① 祝新汉：《关露：化作尘露也风流——读新四军情报工作者关露诗作》，《铁军》2014 年第 5期。

② 《楼适夷致丁言昭信》，《新文学史料》2008 年第 4 期。

目前所能查找到的资料来看，在至少七八年的时间里，关露的精神状态都处在一种轻微的分裂状态，时好时坏。稍有风吹草动，她便多疑、谨慎，"脑子里的弦便绷得过紧"。①

她在整风运动中成为重点审查的对象。这一次次沉重的打击彻底将关露击垮了。之后，关露因潘汉年案的牵连，两度入狱。在一次次被迫交代个人"罪行"的过程中，关露面临着内心的分裂：这个活得认真、清白、真诚的女人只好工工整整、详详细细书写自己的生命经历，从童年到青春，再到沦陷区特殊工作，她不知道自己何罪之有。压力之下精神失常却被监狱大夫诬为"装疯卖傻"；肉体的折磨更是家常便饭：监管人员的打骂、牢房里阴湿的环境，周身的关节疼痛……②她患上轻度精神分裂症，有时神志很恍惚。她在思维恍惚的时候，常常一个人呆坐在地上，不吃不喝。稍微清醒些，就要写那些没完没了的交代材料。关露怎知有一天自己的一支秀笔要沦落到写交代材料的份上。

对于这一代拥有相似命运的知识分子来说，炼狱生活有时会摧毁一个人，有时也会锻造一个人的意志。而关露在这个过程中倒是逐渐显示出了坚定与勇气，先是挺过了 50 年代两年的牢狱生活，十年之后，又挺过了接续下来秦城监狱八年的囚禁生涯，这对一个弱女子来说实属不易。

关露抵抗内心崩塌的方式就是为自己找寻一个生活的支撑点。第一次监狱生活中，在委屈、抱怨之后关露开始利用空余时间构思小说《刘丽珊》，主人公即是当年的救命恩人刘道衡的女儿。刘丽珊在父亲的影响下走上革命道路，后来在对日战争中悲壮殒命，年仅二十二岁。或许是这个自小熟知的女孩的精神感召，关露走过了艰难的两年；第二次入狱的关露较之于第一次心态稍稍平静了些，但出狱的无望和由此而来的绝望仍是她个人要克服的最大心理问题。在日复一日的打骂与提审中，关露再次找到了一个缓解困境的方式：一次出去放风的时候，她在院子偷偷捡起了一根铁钉并将它带回牢房，下定决心将铁钉打磨成针。关露给自己规定，每天至少磨一千下，当铁针磨成的时候，也许正是自己出狱的时候。

靠着这样的信念去支撑，关露终于等到了自由的那一天。据说出狱后关露曾将这枚铁针给妹妹及少数的几个朋友看过，大家无不感慨万千。此时此刻，

---

① 李纳：《绵绵哀思几时尽》，丁言昭：《关露啊关露》，第 113 页。
② 丁言昭：《关露传》，第 142 页。

一个平凡、脆弱的女人因为这些细节而迸发出生命的光华。

1982年3月23日。关露望眼欲穿的为她平反冤案的文件终于由中共中央组织部下达。无论这一文件来得是多么迟，也无论这一纸文件对于改善她的生活处境并未起到多少作用，但就关露个人的心情感受来说，她已经心满意足了。历史到底归还了她的清白和公正。真所谓死也能瞑目了。如果从1946年算起，她不断地被审查、受冲击、遭迫害，整整三十六年！

关露的脑血栓病经过两年多的治疗，并未取得明显的疗效。生理的病苦一直折磨着她，精神上的孤苦更使她难以承受。长年累月躺在病床上，身边没有一个亲人可以依托和抚慰的她渐渐地不只是感到痛苦而且感到绝望了：想到自己的病大概再难治愈了；她的继续从事文学创作的心愿和计划也将化为泡影。如果说在以前多次受打击遭迫害时，她虽有痛苦，但更有委屈和不平。还有一种坚定自信，她相信并期待着总有一天会使她的冤案能够澄清，她的冤情能大白于世。正是这种信念支撑着她，使她宁愿受种种折磨而不愿轻生弃世。但现在，党中央已亲自为她平反恢复名誉。她就再也没有什么值得牵挂而放心不下的心事了。她知道，冤案可以平反，但近四十年来她所受的折磨和损害是再也无法补偿的。身体被整垮了，一个孤苦无依的老人，一个健康无望的病人，活在这世上还有什么意义？！

禀性难移的诗人气质使她终于萌发了轻生弃世的念头。与其躺在简陋小屋的病床上等待死神的降临，不如自己主动迎接死神的恩赐。从此既不用再累及别人的牵挂与照应，又可以解脱自己生理的病痛和精神的伤痛与悲苦。一了百了。于是，这个在朋友看来不适合谍报工作的女人于生命的最后，却用谍报工作人员的冷静与不动声色安排了自己的结局：

1982年12月5日，星期天。陪伴并帮她撰写回忆录的朋友陈慧芝照例要回自己大女儿家，而在前一天，关露的回忆录也终于完工，她告诉陈说周日有老同学来看她，开车，并带保姆，可以给他们做饭，所以让负责做饭的小金也放一天假。陈慧芝提议她再跟老同学打电话确认一下，关露坚持说不用，已经约定好了："她知道我爱吃鸭子，她来时还带一只鸭子给我吃呢。"傍晚小金回来的时候，发现门锁着，她以为关露外出了，就在门口等。一直不见关露影子，小金就从窗户爬进去，看到关露就在床上，穿得整整齐齐，干干净净，两手叠放在胸前，像睡着了一样，脸色苍白而平静，但已经没有了呼吸。旁边桌上有两个空了的安眠药瓶子。

根本没有老同学,没有约会,没有好吃的鸭子。她只想安静地离开这个世界。当时,陪伴她的,只有一个塑料娃娃。她的身边还一直保存着一张王炳南的照片,照片背面题写着:你关心我一时,我关心你一世。下面有她的一行题诗:一场幽梦同谁近,千古情人独我痴。和王炳南的恋爱,可以说是关露一生中最美好的时光,但这样的美好太过短暂。

关露生前可能没有想到,她的死引起了社会和文坛的一次不小的震动,和她在生前备受冷落、倍感寂寞和凄凉的境况形成了强烈反差。文化部和作协不仅为她举行了庄重的悼念仪式,而且特别为她召开了一个规模不小、规格不低、有数十位名流参加的座谈会,王炳南也参加了。一些文化界的领导和资深的老战士都做了积极热情的发言。

丁玲说:"她是一个善良的人,甚至有点傻,总是牺牲自己。她的心灵负了伤,孑然一身,没有亲人,她是很寂寞的。我们的社会主义国家应该充满阳光,但是阳光照不到她身上。"①

姜椿芳②说:"她一生不幸,受尽苦难,最后在她的枕边陪伴她的,是一个大塑料娃娃,可见她晚景的孤独和凄凉。"

周扬说:"她是一个好人,一个善良的人,但直到她生命结束,方被人提起,才受到表扬。这也是一个教训。"

关露生前的好友之一许幸之的书面发言具有总结性:"关露是值得我们尊重和敬佩的女诗人,忠诚于党的事业的优秀党员,坚强勇敢的好战士。为了党和人民的利益,她不怕艰难险阻,敢于深入虎穴,降伏敌人,不惜牺牲个人的名誉地位,虽身败名裂而在所不计,为抗日救亡事业作出了重要贡献。像她这样一生经历了那么多苦难坎坷曲折离奇的身世的人,在中国妇女界是少有的,在中国文艺界更是少有的。"

二、小说

关露的小说集中创作于20世纪三四十年代,那是民族危机空前严峻的时期,"救亡"成为当时的文学主题。作为一个有着强烈社会责任感的作家,关露

---

① 柯兴:《魂归京都:关露传》。下文中所有悼念关露的文字均出于此书,不再一一注明。

② 姜椿芳(1912 - 1987),我国当代著名翻译家,新中国文化教育、编辑出版事业、外语教育事业奠基者之一,《中国大百科全书》的首倡者之一和第一任总编辑,上海外国语大学首任校长,被誉为中国的狄德罗。

不可避免地要参加此一主题的言说,但由于她自身的性格因素以及工作的特殊性质,注定她的文学创作又需要与主流话语保持适度的距离,如此一来便使她的小说世界变得复杂。

"五四"新文化运动在很大程度上解除了国人思想上的束缚,不少女性大胆挣脱封建镣铐,呼吁自由平等的权利,恋爱自由婚姻自主是她们的迫切要求。《仲夏夜之梦》反映的是封建父权对自由爱情的压抑:青芝和陈灿是一对恋人,但青芝的父亲"愿意她嫁给一个南洋的富商",陈灿因此神经错乱,最终爱情幻灭。陈灿是软弱的,受不了半点挫折,他没有积极争取自己的爱情,缺乏反抗的勇气。

《倒闭》中的陈鹤"是一个典型的朴实而本分的北方人。在沈阳战后携着老婆和女儿逃亡似地来到上海"。他租的一座三层的房子原本打算靠自己的转租赚取差价的,结果没有找到租户,为了生存所做的努力终于失败。关露借陈鹤的悲惨结局表达了对战争的批判:战争使原有的生活秩序遭到破坏,普通人没有躲避的可能。

《殁落》里的老九抛弃了小资产阶级的生活去汽车公司做工,在精神上逐渐与妻子滨有了分歧。滨始终没有勇气放弃小资产阶级的生活,而老九也没有真正在精神上关心自己的妻子,他不知道滨苦闷抑郁的原因,又或者是他知道了但不愿牺牲放弃自己的前途,老九间接造成了滨的死亡。关露较早地注意到了小资产阶级在努力融入无产阶级的生活时可能出现的分化问题。

关露在小说中没有把男性当作救世主,他们同样是有着缺陷的,与女性一样他们也是在时代里苦苦挣扎的人群。这些男性形象的塑造,表现了女性对处于社会上层的男性的彻底失望。可以说在关露的文学世界里,女人可能是"拯救男人的工具","但男人却不是拯救女人的工具"。[①]

作为一位受过新式教育的女性,关露在描写男性形象的同时还以"旁观者"的身份揭示了处于新旧转型时期的知识女性的处境。《殁落》写的是受过新式教育的大学生——滨和老九——自由结合后,归于平淡的婚姻生活。滨在生活中日渐憔悴,她在读大学时有着自己的人生追求,然而婚后却不得不放弃梦想,当老九到工厂去的时候,滨只能"照例地处理着小家庭的任务;喂孩子几遍奶"。对于滨来说,这样的生活肯定是不合理想的,她在心里埋怨过的:"他只知道忙,

---

① ［法］西蒙娜・德・波伏娃:《第二性》,陶铁柱译,中国书籍出版社1998年,第266页。

我的苦闷他一点都不知道。"滨就是一个被新旧两种思想同时控制的傀儡，当生活真实地呈现在她面前时，幻想破灭，她便感到烦闷。偶尔，在"老九或其朋友推动的时候"，她也想着要赶上他们，想着要改变自己现在的生活状态，可惜她没有勇气。心理上的压抑让滨病倒了，最终在医院里静静地死去。滨有着和鲁迅笔下的子君相似的结局，婚后的生活就是个牢笼，甜蜜的爱情经不住现实的打击，滨和子君都要沦为传统的角色，现实不允许她们的理想存在，她们在孤独和无奈中付出了生命。

关露同样关注着女性在觉醒之前的生活和作出选择时艰难的心理历程。《姨太太日记》在呈现特殊阶层妇女的生存与精神状态的同时，也写出了她最后的醒悟与抉择。姨太太过着衣食无忧的生活，×长是她要全力讨好、依附的人。从前她过的是挂牌的生活，现在过的是姨太太的日子，只是从一个笼子转移到了另一个笼子，并没有什么实质性的改变。这个女子最初是囿于旧式思维的，认为女性在社会中处于劣势，唯有依靠强势的男人，所以当×长两晚不回来睡，她便觉得"香水洒在身上辜负了香气似的，口红和粉擦着也觉得有点无聊"。姨太太的所作所为无不是为了维持自己现阶段的生活，因为"假如女人自己有钱的话"，她是不"愿意嫁一个有胡子的男人"的。在这个大家庭里，姨太太觉得自己过得不自由，作为一个寄生式的人物她本该对×长言听计从，可是实际上她并没有。她可以为了一个瘟娟和×长闹脾气，心里有了不满也要把它记下来，不肯让自己受半点委屈。在经历过与×长的吵闹之后，姨太太终于想通了，于是大声喊出"在别人的世界里活都不得痛快"，毅然决定再也不当姨太太。如果说《殁落》写的是觉醒之后无路可走的悲哀与绝望，那么《姨太太日记》写的就是觉醒的痛苦与快乐。

假若我们将关露自身的人生经历投射到她作品中女主人公身上，不难发现二者之间存在某种关联。普实克曾经谈道："在文学中加入个人的、主观的，和自传性的因素，是所有现代作家的共同特点。"①

《新旧时代》可以说正是这一论断的最好阐释。"我"出生在一个"从远古的诗书中传来的礼仪的家庭"里，母亲受过新式教育，一心想要出去教书养活自己和她的母亲，这个想法"体现了那个时代资产阶级民主主义思想和人文主义

---

① ［捷］雅罗斯拉夫·普实克：《普实克中国现代文学论文集》，李燕乔译，湖南文艺出版社1987年，第183页。

的觉醒,要求妇女有独立的经济地位,要求男女平等。'我'就是从母亲那里接受了最初的民主主义的启蒙教育"。① 正因为这样,成为孤儿的"我"才有勇气反抗二姨母给"我"安排的命运,逃脱二姨母的束缚,到上海接受革命教育,最终成长为一个有思想有独立精神能够自觉反抗封建制度的革命者。《黎明》中的杜菱是"我"的延续。在杜菱的观念里,与凌青的恋情是建立在自由的基础之上,然而她没想到凌青是有未婚妻的,爱情受挫的杜菱在进步学生的帮助下,挣脱儿女情长的苑囿,到更广阔的天地寻找自身的价值。书中穿插了其他几对男女的故事,如吴沼和叔父成英的恋爱,尽管二人并无血缘关系,但这场爱情仍然不见容于世俗。暂且不论两人的结局如何,单就他们这一惊世骇俗的"乱伦"行为看,不得不令人联想起"五四"时期的启蒙思想。古老中国的婚姻爱情遵循"父母之命,媒妁之言",女子没有选择的权利,"五四"时期"人的发现"使人意识到发展个性的重要性,人在文学中的地位也开始发生变化,关露的创作正是这一变化的表现。

此外,"五四"新文化运动开始以来,对国民劣根性问题的书写大量出现,"所谓国民性,一般被认为是一个国家的民众在特定的社会、历史和经济条件下思想、情绪和意志特征的总和,往往比较突出的表现在一定社会条件下的大众心理上"。② 以鲁迅为代表的一大批作家致力于"揭出病苦,引起疗救的注意",③他们以文学创作为手段,对国民深层的精神状态进行探究,取得了重要的成绩。鲁迅在《娜拉走后怎样》中说过,中国的群众永远是"戏剧的看客",关露的《一个牛郎的故事》即针对这种心理进行了批判。小说中,白毛以一个疯子的形象出场,"我"只"亲眼看见那个农人把躺在我们窗下这个年青的,但是面目枯蒿的疯子拖到隔壁的院子去"。白毛的思想很单纯,对于在佃主家受到的不平等待遇,"他只想过一次,'大概是这条牛的性格特殊,夜里需要看管',这就完了"。他之所以会疯,是因为一个莫须有的罪名:调戏地主的外甥女儿,右膀子被吊打得已经折断了。对于白毛的悲惨遭遇,周围的人并没有给予真切的同情和帮助,而是采取一种置身事外的态度。老农妇在叙述自己的儿子白毛的故事时也没有明显的情绪波动,平静得如同是讲述一个与自己毫不相干的人的故

---

① 丁言昭:《关露啊关露》,第33页。
② 肖艳丽:《梅娘小说论》,湖南师范大学2007年硕士论文,第54页。
③ 鲁迅:《我怎么做起小说来》,《鲁迅全集》第4卷,人民文学出版社1981年版,第512页。

事。作者在"书写真实"的故事中,将笔触深入到了国民性的幽深层面,批判了民族文化心理的某些劣根性。

关露密切关注着社会现实,关注着民族的命运,她用敏感的笔触,写下了一幕幕时代的悲歌,记录了当时人们真实的生活状态和心理状态,这些特殊时期的特殊创作,无疑是对现代文学史的一种丰富。

不同于其他作家的是,虽然她处于动荡、硝烟弥散的年代,但她却从不正面描写战乱场景,而是采取有意识的回避态度,以女性视角观察社会、思考人生问题,在一片"暴力叙事"的喧嚣中发出属于自己的温柔声音。有人说:"关露给人的印象是一个温润而柔弱的知识女性,但那只是她的表象。……关露对于大是大非问题态度鲜明,她的处事风格泼辣,她的意志有着常人难以达到的坚忍不拔。"①

这种说法是不确的。"孤岛"时期,随着生活环境的改变,关露的创作风格也发生了相应的变化,她的内心世界与外在现实的不平衡性影响了她的创作,使得她的作品具有了迂回婉约、感伤沉郁的风格。综观关露的小说世界,不难发现其人物都是有着丰富的内涵,是软弱、复杂与不彻底的统一体。

二姨母可以说是《新旧时代》里写得最出色的人物,她是个"杂色"的人,高尔基说过:"人是杂色的,没有纯粹黑色的,也没有纯粹白色的。在人的身上渗合着好的和坏的东西,——这一点应该认识和懂得。"②小说中提到姨母的一种奇怪的人生哲学:"她反对别人加在她身上的事,或者是她自己因遇见过而懊悔的事,她却赞成别人去做",所以她"赞成儒家对于女人的贞操教条",她时常向"我们"宣传说"结婚是女人底终身大事",如此一来,封建制度下的受害者又成了维护者。作者表现了二姨母性格中矛盾的一面,即她在不知不觉中充当了吃人的封建礼教的捍卫者,试图将下一代也推向她曾经走过的旧路。她处处限制"我"的自由,最后竟然还想要包办"我"和妹妹的婚事,两姐妹不得已逃离家庭,到上海寻求新的生活。这部小说里的细节描写尤为成功,二姨母爱好喝酒,关露便于文中反复强调,使其性格在这一行为下显现得更加淋漓尽致。在二姨母视为毕生信仰的儿子死了之后,她失去了精神支柱,终日与酒为伴。"她每天总拿着酒杯,把眼泪滴到酒杯里然后再把酒饮进去","让她眼睛里的泪点,通过

---

① 丁言昭:《关露传》,上海文化出版社 2010 年,第 1 页。
② 丁言昭:《关露啊关露》,第 241 页。

从前是美丽而现在是憔悴了的颊上滚到用手端着的酒杯里,然后把一杯酒一口喝下去"。这些细节让二姨母的绝望、痛苦透过文字凸现出来。

与二姨母近乎变态的饮酒嗜好相比,滨的生活更接近于现实。滨可以说是众多城市小资产阶级中的一员,"五四"以后她们大胆挣脱封建枷锁,追求自由的生活,然而最后还是不得不被拖回婚姻的"坟墓",在奋力挣扎后还是成了牺牲品。滨是个很真实的人物,她的身上总是充满了矛盾,在小资产阶级生活和工人阶级的生活之间不断动摇。这种动摇是那个年代里常见的,不愿放弃舒适的生活,也不愿落后于时代,两难的处境带来了深深的苦闷。滨代表了一类人,她们既是知识女性,也是家庭妇女,生活发生了矛盾,矛盾产生了苦闷,苦闷最终导致了死亡。

关露笔下的女性形象,无论是滨、姨太太还是二姨母,都有一个共同的特点,即她们都不是独立的个体而是复杂的集合。因为"真正地了解艺术规律的作家,总在暗暗地追求着丰富的个性,悄悄地向个性丰富的目标靠拢,而不是去无谓地照搬教科书上的典型定义,然后把凝固化的定义映射到自己笔下的人物身上"。① 二姨母在自己受过封建制度的毒害之后又于无形中充当了这种制度的维护者,有些类似于张爱玲《金锁记》中的曹七巧,但如果说曹七巧更多地显示了"人性恶"的一面,让人感到恐怖;那么二姨母则更多地展示了"人性善"的一面,令人同情,二姨母维护封建制度的表现就是她认为"一个女孩子,她底终身任务就是去嫁人",她对"我"和晓凤的婚事格外热心,把这当成是自己的责任,她到底是希望两姐妹生活得好的,而曹七巧却亲手毁了长白和长安的幸福,与七巧相比,二姨母身上多了些善良人的味道。《姨太太日记》里的姨太太,不仅有着独立、叛逆的一面,同时也有着依附的一面。倘若"五四"时期妇女解放只存在于思想中,那么关露笔下的女性则将这种观念落实到行动上了,她笔下的女性形象不仅是对"五四"女性形象的继承,更是一种升华。

随着抗日战争的爆发,丁玲等作家已经开始了"雄性化"的书写,在文本中宣扬革命,而关露却由于身份的制约,不得不与这一创作倾向保持距离,对一位内心充满革命激情的作家来说,这样变相地被限制参与主流话语的言说无疑是一种悲哀,然而在民族生死存亡的紧要关头,她没有选择的权力。

不可否认,关露是属于那个特殊年代的,她的小说情节并不是十分曲折,内

---

① 刘再复:《性格组合论》,安徽文艺出版社 1999 年,第 340 页。

容也不是特别新颖，甚至也没有多少特别激烈的矛盾冲突，只是描写普通的日常生活，但这并不代表她不关心国家命运民族危亡，只是碍于极不寻常的工作要求，而在文学创作中没有让革命的强势话语出现。关露将时代的风云际会，民族的苦痛熔铸于文字背后，以此表现民族危亡时人民的生存及精神状态，展现那个铁血的年代里人们思想的发展史，在特殊的生存境遇下，用文字唱出了曲折的反抗之歌。

但是，关露的创作存在着一个无法超脱的困境。她是"左联"成员，"左联"要求作家从事无产阶级革命文学创作的时候，"在方法上，作家必须从无产阶级的观点，从无产阶级的世界观来观察描写；在形式方面，作品的文字组织必须简明易解，必须用工人农民所听得懂的语言文字；体裁也以简单明了，容易为工农大众所接受为原则"。① 运用革命的现实主义的方法创作的作品在为关露带来声誉的同时也于一定程度上限制了她的小说成就。现实主义要求作家真实地描写现实，并且力图深入生活的本质，揭示人物的心灵世界。《殁落》取材于真实世界，对无产阶级和小资产阶级的矛盾也有一定的披露，但在小资产阶级与无产阶级的"二元对立"的思维定势作用下，人物的性格不够突出，形象不够丰满，对心理活动的描写也明显不足，人物塑造上出现"概念化"的倾向。

关露继承了"五四"以来关注人的解放，尤其是女性解放的文学传统，在小说中对妇女解放话题给予格外的关注，她的这类小说的选材取向主要有两种：一类是在政治环境和时代氛围影响下的创作，以《仲夏夜之梦》《殁落》和《姨太太日记》为代表。这些作品表现了妇女解放在中国发生、发展的整个过程：青芝代表女性意识尚未觉醒的妇女形象；滨代表觉醒后无路可走的牺牲者形象，姨太太则代表觉醒后奋起反抗的叛逆者形象；一类是自身的情感体验和人生经历。母亲过世后关露跟着姨母生活，姨母认为女人唯一的出路就是嫁人，这与关露的想法相悖，她要追求自己的自由权利，因而离开了家庭这片狭小的天地。这段经历被关露写进了小说，她在《新旧时代·后记》里对故事设定有说明："这是一本关于我自己底生活的小说。小说中的事物不尽是我自己所经历的，然而在现在我的回忆中，那些都是与我有着密切的关系，因此我把那些都收集起来，

---

① 转引自方维保：《红色意义的生成：20 世纪中国左翼文学研究》，安徽教育出版社 2004 年，第 12 页。

搁在这部生活小说底没有出现姓名的第一人的生活里,算是我自己的。"①《新旧时代》和《黎明》就是关露对自己少女时期生活的复述。

关露在文学作品中一直思考着妇女解放的问题,但这种思考与探索却被时代赋予的使命所中断。强烈的时代感使她意识到没有阶级、民族的解放,性别解放便只是一种乌托邦似的空想,因而她将这种意识植入文学创作中,尤其是小说,然而"文学的价值取向的内在规定是审美",②把文学的宣传功能置于文学的审美功能之上,导致作品中的女性形象有被"符号化"的倾向,难以在文学史上成为经典。这是关露留给我们的遗憾,也是值得我们深入反思的问题。

三、诗歌

20世纪三四十年代,在我国历史上,社会革命和救亡图存双重势态的急骤遇合,使这二十年间充满了铁与血的记录。生活在当时的一代青年,被五四新文化传统和民族解放事业的洪流拥抱着、推动着,他们必须做出或进或退的选择,用文学来表达实际的人生形式,为时代赋予的信念、责任和理想做出见证。关露的文学创作和人生取向的价值,就是在这样一个特殊的历史背景中凸现出来的。她集结在左翼的旗帜下,担负起诗人以外的历史使命。

(一)诗论

"作为新的现实主义诗人之一的关露先生"(郑伯奇语)崇拜苏联诗人马雅可夫斯基和德国诗人海涅。她翻译过《苏联最天才的诗人》,撰写过评论马雅可夫斯基的《一个真实的诗人》。文章指出:马雅可夫斯基是一个原始的政治抒情者,他以惊人的毅力和伟大的天才为革命服役。她认同马雅可夫斯基所处的历史环境,更赞赏他政治抒情者的诗人选择,呼唤中国的"马雅可夫斯基"。她将诗人的热情倾注在自己的革命追求中,主张诗与政治融合。③

她认为诗是战斗武器。在发表的第一篇诗论中,她就明确指出,诗歌应该推动历史的发展和人类生活的前进,有强烈的社会功能,是一种强有力的战斗武器;并说,新诗的创作方法是社会主义现实主义和革命的浪漫主义。至于两者之间的关系,她说:"浪漫主义并不是向着幻想的天堂,而是向着人间,向着对

---

① 丁言昭:《关露啊关露》,第9页。
② 刘安海、孙文宪:《文学理论》,华中师范大学出版社2002年,第31页。
③ 关露:《一个真实的诗人》,1936年7月5日《生活知识》第2卷第4期。

于敌人和自然的征服"，因此，"把革命的浪漫主义和社会主义现实主义对立起来是毫无意义的"。① 这篇名曰《用什么方法去写诗》的论文，发表于1934年。二十多年后，中国文坛才开始探讨和提倡社会主义现实主义的创作方法，才有毛泽东同志提出的革命的现实主义和革命的浪漫主义相结合的创作主张。而她竟能在中国无产阶级革命文学运动的早期就明确提出，新诗歌的创作方法应该是宗于"社会主义现实主义和革命的浪漫主义"，新诗歌应该以大众为对象，应该从大众的生活那里去挖掘素材，新诗歌的使命应该作为"一种强有力的战斗的武器"，"推动历史的发展和人类生活的前进"。如此远见卓识，让人肃然起敬！

当然，她并不否定诗歌的抒情性。她指出，诗是表达情感的一种文学作品，人们"顺着各种不同的，起伏的感情的调子，在他们的声音中形成了许多不同的自己的音节，把这种由感情表现出来的音节，融合在字句当中，便成了诗"。并进一步将诗与散文、小说对比，分析诗的特征，一是简练性，诗可以用最简单的字和简短的句子构成，在最简单的句子里可以表现最具体的事物，传达最浓烈的感情。二是诗具有听觉效果，散文小说都是阅读的，唯独诗是可以吟诵和朗读，可以从听觉上去了解。诗歌的简练性和可吟诵性更有助于情感抒发，有利于人们在各种生活环境中随时使用。因此，诗歌能简练地表现一种热烈或沉痛的情感，它最直接，也最感动人，最容易激起大众的共鸣。诗歌的这种内在特征有利于发挥它的外部的社会功能，使诗歌成为最好的战斗武器，最大众化、最普遍化的文艺创作。她还认为，一个诗人免不了写抒情诗，一个政治诗人免不了写政治的抒情诗。政治诗人应该利用诗歌抒情性的本质特征，更好地发挥诗歌的社会政治功能，使诗歌成为推动历史和社会运动发展的武器。②

在"左联"时期，文学的社会功能主要是为革命服务，为工人阶级和大众服务。新诗当然也不例外。那么，怎样用新诗的形式出色地完成为革命服务的历史使命呢？关露的思考，集中在以下三个方面：

首先，新诗应该具有形象性和通俗性。新诗如何用简单的字句获取形象化的效果，她以朱湘的"早晨，黄金路上的丈长人影"为例进行分析："诗的篇幅是

---

① 胡楣（关露）：《用什么方法去写诗》，1934年12月1日《新诗歌》第2卷第4期。
② 关露：《诗的起源和它在文学作品中的地位》，1935年12月20日《生活知识》第1卷第6期。

有限的,字句是简短的,在简短的字句里要表现具体的事物,这唯一的办法就是要不放松一个句子,在一句当中不放松一个字,要把表现事物的一切任务加在每一个句子和每一个字上……在简短的字句上,要表现出丰富的内容。"从而达到古典诗歌中"诗中有画"的效果。新诗怎样具有通俗性,关键是"诗人要有通俗的主张,能把握大众的感情,大众熟悉的事件,大众便于了解的语言,然后把它形象化的写在诗里"。①

其次,新诗可以将"口号"诗化。关露认为,文艺是战斗的武器,政治抒情诗具有口号的作用,一个政治诗人把口号诗化是可以而且必要的。但写诗不能随便闹着玩,必须讲究诗的锻炼,有诗的感情,运用诗的技巧,否则写出的诗就是"没有酒精的酒,喝着是不会醉人的"。② 为此,她用德国政治抒情诗人海涅的诗歌与日常的革命口号进行对比,区分了口号和诗歌:"一般的口号是纯粹的,简单的语言似的字句,它的要求是绝对现实的。诗中的呼喊是在一般的语言上加上了艺术的修养,音节与韵律的锻炼,是诗的,带着美好声音,浓烈感情的句子,这种呼喊不一定是现实的,是常常带着浪漫或理想的成分。"而且"口号是表示一种需要,呼喊的诗也是表现一种需要,但是诗的表示需要,是通过了艺术手腕,要有音节,有韵律,要是诗的。'口号的诗'不等于口号"。③

最后,新诗歌谣化。关露认为,诗歌在形式上与歌谣相近,都具有音节和韵律,但是诗的修辞含蓄,表现曲折,歌谣的修辞浅显,表现直白。但是,为了完成诗歌的革命任务,把动乱的现实生活用通俗的形式反映到大众中去,能作诗的作者(诗人)可以多作歌谣,把新的歌谣普及到各种生活形式的大众中,代替旧的封建的民歌。从诗歌自身发展的角度,关露又认为:"在要使诗歌大众化的中国的目前,我们可以用'歌谣化'的方法写诗,而这只是一个时刻的、阶段的问题。因为目前一般大众对于文学作品——特别是诗——鉴赏的能力比较低弱,如果对于内容表现得太曲折的诗恐怕群众难于了解,因此要尽量地把诗写成近于歌谣似的明达。假使换了一个时期,或者换了一批有较高的鉴赏能力的群众,诗的形式,将更自由,更多样的。"④

这些诗论,将社会政治任务摆放在第一位,但没有忽视诗歌内在的艺术特

---

① 关露:《诗的表现方法》,1936年1月10日《生活知识》第1卷第7期。
② 关露:《〈诗歌生活〉创刊号》,1936年4月7日《时事新报》。
③ 关露:《"口号的诗"与口号》,1936年2月20日《生活知识》第1卷第10期。
④ 关露:《关于"诗底歌谣化"》,1936年6月24日《大晚报》。

征和发展规律。在强调诗歌的社会政治功能的同时,区分了"口号与诗歌""歌谣与诗歌",强调诗人有诗的技巧的修养,有诗的感情,讲究新诗的音节、韵律和修辞等表现手法。但随着革命形势的发展,日本帝国主义的大举入侵,关露的新诗观进一步社会政治化:外在的社会政治任务内化为新诗的本质追求,新诗的社会政治功能得到最大限度的强化,诗与政治的联姻中,政治成为主宰。

在"国防文学"和"民族革命战争的大众文学"论争中,关露指出:"一个民族危机最深刻的时期,所有的文艺作者们,都应该站在救亡的统一战线上,创作挽救民族,反抗民族敌人的国防文学。所有我们底文艺作者们,也都应该要使我们文艺底作品,作为反帝抗敌的武器。自然,我们底诗底作者们,要站在和一切文艺作者们底同一个立场,去写作救亡的诗歌,即是说,我们底每一个诗人,都应该站在民族斗争的最前线,做一个民族解放的政治诗人。"①

从中不难发现关露政治抒情诗论的进一步发展:诗歌的社会政治功能在"民族"旗帜下进一步强化,新诗的观念、题材、创作方法都以民族解放为前提。政治的抒情取代个人的抒情,现实的苦难席卷浪漫的纯美,政治因素成为诗歌的主宰。

关露将这种新诗观直接运用于诗歌作品的评价与讨论。1935 年,田间出版了第一本诗集《未明集》,关露对这个当时无名的年轻诗人给予了高度评价:"田间的《未明集》是一个灵魂被囚着,自由和田园都被摧毁和践踏着,然而春天的如火焰一样的意志是欣欣然从铁窗里向着广阔的平原,向着一望无际的、照满日光的旷野奔走,而希冀着自由的少年的歌声。"②她还在总结 1935 年诗歌的文章《一年来中国的诗歌》中指出,田间的《未明集》是贫弱诗坛中有充实的内容和现实生活的诗集。③

关露是一个政治诗人,她注重诗歌发展的外部规律,将诗歌的社会政治功能与抒情方式融合,最后发展成为社会政治功能是诗歌的主宰。关露也是一个女诗人,她的新诗创作和理论不可回避作为女性性别的经历和感受。进而,她将性别、政治和诗很好地融合了起来。诗论《诗歌与妇女》④论述了诗歌与妇女的关系,将妇女解放问题与诗歌联系了起来。《抗战妇女》《女国民》和《战斗的

---

① 关露:《关于国防诗歌》,1936 年 7 月 10 日《大晚报》。
② 关露:《读〈未明集〉》,1935 年 12 月 14 日《时事新报》。
③ 关露:《一年来中国的诗歌》,1936 年 1 月 26 日《大晚报》。
④ 刊 1936 年 4 月 16 日《妇女生活》第 2 卷第 4 期。

妇女》①等诗歌,则抒写出了一个女政治诗人在社会政治运动和民族解放运动中的激情和行动。

(二)创作

正因为有这样的诗歌观念,关露的诗歌没有个人的琐事与悲伤,也没有单纯的爱情恋歌,任何时刻都充满着时代的气息,与广大人民血肉相连,鼓舞着人们的斗志。她认为诗歌创作应该"推动历史的发展和人类生活的前进",诗的社会功能应该是一种强有力的战斗武器。正如《中国诗坛》上石榆在评论文章中称:"她是在怒吼着斗争中的中华民族解放的伟大火线上锻炼着她自己的武器,并取得伟大的收获","是现在中国有数的女诗人"。

关露的代表诗集《太平洋上的歌声》,是 1936 年上海生活书店出版,后又由上海书店重印。从时间上看,正是在她送走鲁迅以后的日子。不知鲁迅在生前,是否读过关露这些诗。关露对鲁迅始终怀有深挚的敬意。1936 年,关露怀着一颗诗人般正义激荡的心,在参加上海万国殡仪馆吊唁鲁迅活动后,随着丧葬队伍到达墓地。她对那天这样描述:"我们带着太阳去墓地,带着星光回来。我们唱着挽歌,述说鲁迅先生生前的光辉的故事,忘记了露草染湿我们的衣服和饥饿致使我们身体的疲乏。"②鲁迅先生逝世七周年的时候,她这样说:"鲁迅为着争取人们的幸福与自由而生,他曾把他的生命作为战场,文章作为他的武器,为着后一代的子孙他努力地生存,也为着后一代的子孙他劳瘁地死!他死了,但是展开在我们眼前的不是灰暗,而是光辉。"③

这诗集虽收诗二十二首,可涉及面较广:有国际的战歌、有针砭时弊的讽刺诗、有对革命者的颂歌等等。这些诗在当时中华民族生死存亡的关头,曾轰动一时。

她的诗来源于生活,内容多描写被压迫的工人生活。同时由于日寇步步入侵,人民不顾蒋介石的卖国投降政策,到处掀起抗日战争的浪潮和抗日救亡运动,如东北的义勇军和 1932 年十九路军的淞沪抗战,1937 年"卢沟桥事变"后的全面抗战,到处都是战火纷飞。而此时国民党政府内部又充斥着主和派和主战派的声音。这些在关露的诗中都有强烈的反映。

---

① 这三首诗分别刊:1937 年 8 月 25 日《高射炮》创刊号,1937 年 8 月 26 日《抗战》三日刊第 3 号,1937 年 9 月 15 日《战时妇女》第 3 期。
② 转引自张建智:《关露和她的诗》,《博览群书》2009 年第 6 期。
③ 关露:《一个可纪念的日子》,1943 年 10 月 25 日《太平洋周报》第 86 期。

诗集中第一首诗的题目就是《太平洋上的歌声》,我们且听诗人铿锵地
唱着:

> 聪明的政治家,
>
> 在暴风雨将临的黄昏,
>
> 披着头发,
>
> 袒着胸臂,
>
> 在太平洋的岸上,
>
> 听着那聪明的歌曲。

这支歌曲不仅婉转动人,而且悲壮激昂:

> 艳丽的太平洋,
>
> 你广阔无边,
>
> 你像一副有机的镜面,
>
> 你照出东方西方,
>
> 南极北极,
>
> 世界上的一切!

于是,那支太平洋上的歌曲又唱出"雄资富厚的美利坚"是一个"不见太阳
的日市"的国家。"如同一样的夜城","煤油,汽车,铜钱";"千万制造者的工
厂",以及"四百磅重的资本大王","堆积如山的过剩的商品",都明显地表现出
"美利坚"这个现代资本主义国家的富有。

同时,我们的诗人又在血肉模糊的太平洋上对准这一面"一副有机的镜面"
唱道:

> 你镜子里不是从前的面具,
>
> 在你镜子里蜂拥着,
>
> 百万纺织的罢工,
>
> 看管生产的机器,
>
> 衣衫褴褛的奴隶,
>
> 缴了地租,
>
> 纳了官税,
>
> 捧了空的饭碗哭泣!

这时诗人笔锋一转,正如诗句"朱门酒肉臭,路有冻死骨"中那样通过对比折射出"美利坚"这个资本主义富有大国财富堆积背后的血腥真相。诗歌就通过这样形象的对比,给读者以刺痛,从而激起读者强烈的愤慨,唤人以抗争。

总的来说,这首诗,以太平洋为观测点,将整个世界的政治舞台包容在自己的视线,既揭露了帝国主义侵略者的罪恶行径,又预示了人民的力量终将打败违背历史发展的反动势力的光明未来。诗人以浩瀚的海洋和广阔的世界作为自己诗情的载体,显得气势豪迈昂扬。

诗集中第二首题名《风波亭》。① 风波亭是中国人家喻户晓的爱国名将岳飞遇害的地方。卖国奸佞秦桧十二道金牌调回精忠报国在前线浴血奋战的岳飞,把他杀害于风波亭。这桩历史冤案虽经历许多朝代,但仍在民间广为流传,它寄托着忠奸的是非判断。关露把历史与现实重叠起来,用历史旧事观照中国现状,借传统的是非观判断现实的黑白。诗一开头就用一长串排比句把读者带入历史长河的思考:

> 风波亭,
> 我在你历史的故事中,
> 记得你两重的命运,
> 记得你屈辱的奴颜,
> 记得你英雄的强硬,
> 记得你卑污底史迹,
> 记得你爱国的忠勇底呼声。
> 记得你那阴冷的柱木上,
> 在被古老的蛛丝缠绕的下边,
> 飘展着两条相互争搏对文:
> 一条是"精忠报国",
> 一条是"卖国求荣"。

这首讽刺史诗,正是针对当时国民党政府内部的主和派与中国共产党影响下的广大人民及国民党内部的爱国将士的尖锐对立而写的。在叙述上多夹用

---

① 该诗刊 1936 年 8 月 25 日《光明》第 1 卷第 6 号,后收入关露:《太平洋的歌声》,生活书店 1936 年。

现代汉语，给人以幽默感，启人对照现实思索。在全世界追悼伟大的革命文豪高尔基的时候，在《悼高尔基》中，我们的青年女诗人真挚而万分悲痛的心情溢于言表，甚至放声痛哭了：

> 高尔基！
>
> 从昨天起，
>
> 全世界有多少读者，
>
> 全世界有多少等着你，
>
> 扶持和养育的孩提，
>
> 流着热的眼泪，
>
> 惊听着你死的消息！

还有诗集中的《故乡，我不让你沦亡》和《逃亡者》等，热烈真情，乐观豪迈，也通俗明快流畅，还带有女性的细腻与别致。作为中国新的现实主义诗人之一的关露，她的诗集《太平洋上的歌声》里，不仅告诉了人们在所谓黄道乐土统治下，中国"逃亡者"的痛苦，不仅告诉了人们在农村宣告破产而都市经济也势将崩溃形势下，贫民奔走"当店"的凄惨，而且还明显地指点出在当时国难严重到空前未有的中国，除了拿出全民族的力量来抵抗我们唯一的民族敌人之外，是再也没有第二条路可以走的。这位政治诗人，就是这样将诗歌的社会政治功能与抒情方式融合，并突出社会政治功能是诗歌的主宰。

关露的诗歌适应了时代的需要，在当时的历史环境中，发挥着举足轻重的社会作用。只可惜，由于历史的原因，她在自身创作的巅峰时期隐退，创作生涯大为缩短。不然，她是会在诗坛上做出更多贡献的。

"戎马从来喜战场，驱驰不为世留芳。文章兴祸成冤狱，犹恋风流笔墨香。"这是关露"文革"期间的一首旧体诗作，将自己一生对革命和诗歌的深情直抒笔端。她的诗歌都鲜明地刻下了诗与政治联姻的印记，激励和鼓舞了无数的革命青年。

后　记

十年回顾

　　眼前放着厚厚的一摞清样,最上面的一页刚刚签上了"同意进入出版程序,不再做修改并同意印刷"。终于要出版了。这本酝酿了七年的书终于要出版了。这是一个幸福的时刻,苦涩被推到了遥远的天际,心中弥漫着愉悦与温情。

　　歌咏基督的赞美诗中唱到:"常常喜乐,不住祷告,凡事谢恩,无何比这更美好。"是的,此刻,对想到的每一个人,我都充满着无限的感激。

　　2004 年 9 月,我开始执教 2003 级语教专业的现代文学课。那是我第一次给大学生上课,即使常常备课到深夜,即使每次课前都做了最充分的准备,却依然有很多惶恐很多不安。好在有李树棣主任、孙洪军主任的支持,有成老、侯老师、老宁、老沈、玉华兄、雪燕兄、慧文兄、立华兄、志芳兄、长远兄等中文系资深名教的鼓励,有金霞兄、盛涛兄等教研室同仁的帮助,于是很快我便获得了同学们的认可,也就很自然地走到了今天。我常常想,没有诸位仁兄同道当初的支持、鼓励与帮助,我不可能走得如此顺畅。谢谢!

　　在备课过程中,我按照李新宇老师所说,读作品,读传记,读长编,读日记。读的多了,就有了一些感悟。我认识到,现代文学时段的中国,始终处在政治激烈动荡、文化急剧转型的特殊时期,作家们处于新与旧、传统与现代、激进与保守,以及进步与反动、革命与反革命等多重矛盾的激烈对抗中,这些矛盾无情地撕裂着他们的人格,痛苦着他们的心灵。这痛苦,使他们变得深刻,变得丰富,也使他们的作品具有了厚重的思想含量,从而增强了现代中国文学的人文品格。于是在成老、向东等师友的督促下,有了《人生苦旅:中国现代文人的心路历程》(初名《怎一个"苦"字了得》,后应编辑要求而改。到现在我还认为,初名

252

更好些)那本书。

　　书中只描绘了十二位现代中国作家的心灵世界,但他们所牵涉到的,以及我在阅读中所接触到的,起码三倍于这个数字。接触得越多,我越有一个强烈的感觉:现代中国文学史的编撰存在着很大的盲区,有不少的盲点,很多作家——尤其是女作家——在文学史叙事中被轻视甚至忽略了。于是,有了从整体上研究被遮蔽的女作家的念头。其时是 2009 年 12 月。

　　在众多女作家中选定了九位为研究对象,搜集了相当的资料,并在很快完成了对陈衡哲、石评梅、凌叔华的总体论述后,我开始了对苏雪林的考察,时在2010 年 6 月。此时的文坛很是热闹:王彬彬指称汪晖《反抗绝望》存有多处抄袭,以"先锋"闻名的作家洪峰"被群殴",韩寒、方舟子关于"代笔"的争执对簿公堂。这一切,让我想起了苏雪林肇始的、在 1920 年代引起学界普遍关注的"《呜呼苏梅》案"中胡适发出的"尊重社会的信任"的呼吁,想到了中国文人唱和辩驳的美好传统,想到了鲁迅和他的论敌,想到了胡适的朋友和敌人,想到了那个年代相对良好的批评氛围与文坛生态。我被深深地迷住了,沉醉其中不愿醒,就停止了对苏雪林的进一步考察,转向了现代文人论争的研究。于是有了那本《中国现代文人的唱和与辩驳》(以下简称《唱和与辩驳》)。

　　苏雪林、张爱玲等女作家也参与了为数不少的文学论争,这使撰写《唱和与辩驳》的过程,也成了我不断丰富被忽略的女作家的研究资料的过程。因此,在该书的《后记》中,我说会立即开始另外一本专著——也就是这本《穿越盲区》——的写作。但事实上却没有做到,没有立即开始不说,甚至不想再去开始了。

　　这与家人生病带来的心情的沉重与身体的疲惫有关,但根本原因在于,我对文学/学术何用产生了怀疑:文学,曾经伴我成长,给过我快乐与力量;但当我以之为业二十年后,却发现它并没有什么力量,起码不能给我带来财富与尊严。不是吗? 在当下的中国,提及文学所歌咏的慈爱、悲悯、美好的人性,在很多时候,在很多人面前,就是不合时宜的笑话,如同落在铁蹄下的花蕾。就像郁达夫曾说的:一天,他早晨醒来,环顾四壁,深觉"为这一屋子诗书,虚掷了大半生的年华",潸然泪下。这个场景在那一段时间里在我的心头时时浮现,让我产生了逃离文学/学术场的想法。

　　好在还读书,几十年形成的习惯不是说改就改的,只是不再为了科研,为了满足"书中自有黄金屋"的功利心和虚荣感,而是纯凭兴趣,为了内心的淡定与生活的从容。也还写点文章，完成基本的科研任务而已。这样看起来很惬意的日子，持续了一年多，四百多个日日夜夜。2015年岁末的某一天，在重读周作人1925年的《元旦试笔》，思考他何以宣布"文学店关门"的时候，我突然意识到，为什么要纠结于财富的多少呢？人生在世，即使腰缠万贯，做一些资助他人之类的善事，也总是在一个很小的范围内，百年后心声不为人知，也是遗憾；而文学的意义在于，无论大环境如何恶劣，拜金拜物如何蔓延，起码它可以让我在一个黑暗的世界里不忘初心，可以唤醒自己灵魂深处的爱、美、善良与温情，如果自己抒发心声的文字，能够在未来的某一天与某一个人产生共鸣，打动他，唤醒他，就像周作人的文字在九十年后与我产生了共鸣，打动、唤醒了我一样，则幸莫大焉！于是我决定回归文学/学术场。文学，还是文学，让我迷途未远。

　　一年多漫无边际的阅读，使我更能从现实混沌中看到璀璨未来，从人性冷漠中看到道德之光，使我对现代中国文学的很多问题，比如文学史的叙事方式、诗话诗歌史的撰写、启蒙与救亡的主题，等等，都有了新的思考，但这回归后的第一笔从哪儿入手呢？我陷入了迷惘。

　　2004年来到滨州后，早已在滨的中学同窗祥军、庆教、河泉在生活的各个方面，给予了我极大的帮助，我们也形成了每年春节后小聚的程式。由于我刚刚搬了新居，2016年的相聚就定在了寒舍。三盏两杯淡酒饮尽，妻子们去说她们的悄悄话去了，我们便各自谈起了自己的新年规划——这是我们年后小聚的保留项目。我说了自己的迷惘后，他们都提醒我，抻得越久，越难以上手，关键是抓紧做起来，可以先从自己最容易看到成果的选题——也就是已经有了充分准备的被遮蔽的女作家研究——入手，并表达了要在下一个春节看到我的新著的期望。想想很是。于是，我重新开始了六年前就已经启动的穿越中国现代文学史盲区的努力。有时候累了，想偷偷懒，但一想到他们那殷殷的期望，就又抖擞起了精神。可以说，没有他们三位的提醒、督促与期望，不会有这本书，起码现在不会有。谢谢！

　　在写作过程中，每有困惑，即通过电邮向周海波老师求教，也总能及时收到他耐心、细致的回复，9月底应邀来滨做讲座的时候，他又克服疲劳，在简陋的宾馆客房内，对我进行了长时间的面对面指导，甚至指出了几处知识性错误。最让我难忘的是，11月中旬向他求序时候，说年底完成就行，后因故提前到了12月中旬，周老师二话没说，放下自己写作中的专著，在赴京参加学术研讨会的紧张行程中写就，洋洋六千余言，对我试图穿越文学史写作盲区的努力多有褒扬，并以更宽广的理论视野、更强烈的现实关怀对女性作家的被遮蔽进行了阐释。周老师为人为文的大家风范,让我受益于学术,更受益于学术之外。谢谢您!

感谢这许多年对我多有指导的刘新生老师、李新宇老师、李戎老师、张全之师兄、郭浩帆教授、温奉桥教授、刘文华先生、王丽娟女士。你们的支持,让我起步很晚的学术之路走得不再崎岖。

每个重要时刻,最重要的感谢总是要留给父母。这是我第一次在铅印的文字里提及我的父母,这一对世界上最爱我的八十多岁的老人。提到他们,任何文字都显得苍白无力:我生命的每一刻都在承受着他们的恩赐。感谢我的妻子刘丽华女士,没有她至今二十余年的默默付出,我恐怕很难做到两耳不闻窗外事,潜心读书、专心教学/学术。

在茫茫人海中与每一位朋友的相遇,都是美丽的缘分。感谢人文学院全体同仁,感谢学长刘文烈教授和李靖莉教授,感谢向东兄、永利兄、学文兄等兄弟姐妹,你们的爱与扶持,如彩云萦绕,让我时时感受着生活的美好。

感谢滨州学院良好的学术氛围,感谢科研处为拙作出版提供支持,感谢图书馆为我查阅资料提供的方便,感谢在紧张的学习之余帮我校稿的婷婷、付丽、兴敏等同学。

耿宝强

2016 年 12 月 18 日